KB263678

열린 당회 리더십

건강하고 계획적이며 권위 있는 교회 리더를 세우는 법

High Impact Church Boards

열린 당회 리더십

초판 1쇄 찍은 날 · 2013년 2월 28일 | 초판 1쇄 펴낸 날 · 2013년 3월 5일

지은이 · 로버트 A. 해리스 | 옮긴이 · 최용준 | 펴낸이 · 김승태
등록번호 · 제2-1349호(1992. 3. 31) | 펴낸 곳 · 예영커뮤니케이션
주소 · (136-825) 서울시 성북구 성북1동 179-56 | 홈페이지 www.jeyoung.com
출판사업부 · T. (02)766-8931 F. (02)766-8934 e-mail: jeyoungedit@chol.com
출판유통사업부 · T. (02)766-7912 F. (02)766-8934 e-mail: jeyoung@chol.com

ISBN 978-89-8350-830-0 (03230)

Copyright © 2013 예영커뮤니케이션

값 14,000원

* 잘못 만들어진 책은 교환해 드립니다.
* 본 저작물은 저작권법에 의하여 한국 내에서 보호를 받는 저작물이므로 무단 전재와 무단 복제를 금합니다.

열린 당회 리더십

High Impact Church Boards

건강하고 계획적이며 권위 있는 교회 리더를 세우는 법

T. J. 애딩턴 지음, 김태형 옮김

예영커뮤니케이션

내 안에 하나님의 교회를 향한 깊은 사랑을 새겨 주신
어머니와 아버지께,
그리고 아무 불평 없이 나의 리더십의 대가를 지불한
사랑하는 아내 메리 앤(Mary Ann)과
아버지의 부재에도 언제나 너그러웠던
사랑하는 두 아들 존(Jon)과 스티브(Steve)에게
이 책을 바칩니다.

마지막으로,
그동안 교회의 리더로서 함께 섬겼던
사랑하는 모든 동역자분들께도
이 책을 바칩니다.

차례

추천사

"모든 교회의 당회원들은 이 책을 반드시 읽어야 한다. 저자인 애딩턴 목사는 사실 그대로를 말하고 있으며, 당회원들을 얽어매고 있는 과거의 잔재를 말끔히 폐기처분하도록 도와주는 통찰력을 제공하고 있다. 모든 당회는 교회에 영향을 주는 것이 현실이다. 이 책은 그 영향력을 긍정적인 것으로 만들어 줄 것이다."

짐 세이버트(**Jim Seybert,**
캘리포니아 아로요그란데 그레이스바이블교회 당회원, **Consulting Futurist**)

"사역의 상황이나 형태에 관계없이, 어떻게 그리스도의 공동체를 최선으로 조직하고, 주님의 사명을 감당할 수 있을 것인지 질문하는 교회 지도자들의 수가 급증하고 있다. 애딩턴 목사는 이러한 질문에 만족할 만할 답을 제시하는 수년의 경험과 입증할 만한 자료를 가지고 있다. 이 책은 분명하고도 명확하게 성경적인 목회사역의 전략과 틀을 제공하고 있다. 이 책이 교회 지도자들의 서재에 교회 건강을 위한 전략적인 필독서로 자리잡기를 바란다. 모든 당회원들과 사역자들에게 이 책을 한 권씩 선물하고, 함께 기도하며 공부하기 바란다."

짐 팬(**Jim Fann, EFCA** 교회건강 책임자)

"이 책은 모든 교회의 당회원들이 반드시 읽어야 하는 필독서이다. 유행을 타지 않고, 실용적인 개념과 전략과 방법들 제공하기 위해 다양한 이슈들을 교차하여 다루는 저자의 능력은 가히 견줄 사람이 없다. 어떻게 일을 처리할 것인가, 무엇이 가장 중요한가, 누구의 책임인가 등의 문제에 있어서 교회가 정체성의 위기를 맞고 있다. 그러한 대부분이 당회와 장로들을 가리키는 논제들이다.

이 책은 당신의 리더십에 새로운 반향을 불러올 것이다. 더불어 강력한 영향력을 발휘할 방편을 마련하는 실제적인 훈련을 제공함으로써 사역의 초점과 개선이 이루어지게 될 것이다."

마크 스티븐슨(**Mark Stevenson, People Management International Inc.** 경영책임자)

"이 책에서 얻은 안목이 우리 장로들로 하여금 지난 수년간 당회를 분열시키던 건강하지 못한 행동과 관습들을 보게 해 주었다. 애딩턴 목사의 도움으로 우리는 발전했고, 이제 변화를 위한 전략을 실행 중이다. 이는 그리스도와 그분의 나라를 위해 현저한 공헌을 하도록 우리를 도울 것으로 믿는다. 자신들이 얼마나 건강하다고 생각하든지 관계없이 이 책을 모든 당회원들에게 적극 추천하는 바이다."

데이비드 돈리(**David Donle,** 텍사스 포트워스 그레이스커뮤니티바이블교회 장로)

"너무나 많은 헌신된 리더들과 목회자들이 이미 죽어 있거나 생명력이 없는 위원회와 당회 모임에 너무도 많은 시간을 허비하고 있다. 더 이상 불평하지 말고 무언가 해야 한다. 팀으로서 이 책을 함께 읽는다면, 죽은 체제를 벗어버리고 골치 아픈 교회 문제의 해결 방안을 찾게 될 것이다. 세상은 건강한 교회로부터 복음을 듣기 원한다."

크리스 돌슨(**Chris Dolson,** 위스콘신 주 베로나 불랙호크교회 담임목사)

"당회보다도 교회의 생명력에 큰 영향을 주는 그룹이 없음을 깨달았다. 그의 사랑의 수고로 인해 애딩턴 목사에게 감사한다. 우리는 이 책을 우리 교회의 리더십을 극대화하는 기폭제로 사용할 것이다."

브래드 브린슨(Brad Brinson, 테네시 주 녹스빌 투리버스교회 담임목사)

"목회자와 당회 간에 현존하는 장벽을 허물고 다리를 연결하고자 하는 이들에게 이 책을 흔쾌히 추천한다. 애딩턴 목사는 다양한 기관들의 문화를 넘어선 성숙한 경험을 바탕으로 건강한 교회를 세우는 일을 바르게 접목시키고 있다."

래머시 리처드(Ramesh Richard, 달라스신학교 교수, RR EACH International 대표)

"이 책은 당신의 삶에 한 획을 긋고, 당신의 사역을 발전시킬 미래지향적인 변화를 가져다 줄 것이다.

애딩턴 목사는 그가 일생에 경험한 전 세계 교회의 리더십을 이 한 권의 책에 담음으로써 하나님의 나라의 진보를 위해 바람직한 기여를 하고 있다. 이 책은 자신들의 현재의 사역을 평가할 귀중한 안목을 바라는 지도자들에게 안내서와 교과서로 사용될 것이다."

조셉 나젬(Joseph Najem, 레바논 베이루트 복음자유교회 목사)

"이 책은 지역 교회를 섬기고자 하는 모든 이들의 필독서이다. 애딩턴 목사는 리더들과 당회원들과 목회자들이 함께 효과적으로 일할 수 있는 방법과 지역사회에 영향을 주는 문화를 창조하는 팀으로 쓰임 받을 수 있는 방법을 분명하게 설명하고 있다.

이 책은 성경적인 원리와 다년간의 경험과 전문성이 훌륭하게 조합되어 실용적이고, 쉽게 이해할 수 있으며, 신뢰할 수 있게 쓰여졌다. 애딩턴 목사는 교회에 뚜렷한 공헌을 하였다."

켄 라슨(Ken Larson, 슬럼버랜드퍼니처 창립자 겸 대표)

"목회 사역에 현존하는 도전과 기회에 모두 대처할 수 있는 훌륭한 자료이다. 나는 이 책이 건강하게 단합된 조직과 영향력 있는 자도자들을 세우는 도구가 될 것을 확신한다."

마크 밴코드(**Mark Bankord,**
일리노이 주 록포드 하트랜드커뮤니티교회 설립자 겸 대표목사)

『열린 당회 리더십(*High-Impact Church Boards*)』은 내가 십대 후반 때부터 지역교회의 제직회와 당회의 임원, 당회장, 목사, 자문위원에 이르기까지 리더십의 자리에서 섬겨 왔던 모든 경험을 통해 완성되었다. 나는 교회를 사랑하지만, 때로 목회를 엉망으로 무너뜨리기도 하는 우리 자신들의 부족한 모습이 드러날 때마다 깊은 좌절감을 느낀다.

이 책은 보다 나은 리더십의 수확을 바라는 모든 목회자들을 위한 사랑의 수고라 하겠다. 수많은 도전과 실망에도 좌절하지 않고, 하나님의 교회를 섬기라는 그분의 부르심에 용감하게 순종한 자들을 위해 쓰여졌다. 더불어 지역교회가 복음의 기쁜 소식을 들고 온 세상에 나아가기 위한 하나님의 도구임을 믿는 모든 성도들을 일깨워 주고, 그들의 수고를 통해 하나님 나라의 더 풍성한 열매를 맺기를 갈망하는 이들의 동기부여를 위해 쓰여졌다.

이 책을 통해 수많은 교회와 목회자들이 더 풍성한 사역을 향해 전
진하고, 열린 리더십을 발휘하는 데 일조할 수 있게 되기를 기도한다.

몬태나의 드넓은 하늘 아래서

애딩턴 목사

T.J.Addington

이 책의 사용법

만약 당신이 담임목사이거나 리더십을 발휘하는 당회의 임원이라면, 이 책을 혼자서만 읽어서는 안 된다! 좌절감만 더 늘어날 것이다. 변화는 공유된 이해, 정직한 교류, 공통의 헌신이라는 조건하에서만 발생한다. 강력한 리더십이 매우 적은 이유는 결국 리더들이 합심하지 않기 때문이다.

교회의 리더십을 구성하는 당회원들이 모두 함께 이 책을 읽어야 한다. 만약 당회원들이 함께 읽는다면, 사역자들도 같이 읽어야 한다. 그래야만 이 두 그룹이 함께 '장단'을 잘 맞추고, 서로의 입장에서 볼 수 있게 된다. 더불어서 이 책을 새로운 당회원이나 사역자를 위한 훈련의 일환으로 사용하기를 권한다. 그리하면 당신이 추구하고 있는 리더십의 패러다임을 공통으로 이해할 수 있을 것이다.

당신이 함께 읽는 동안, 활발한 토론에 참여하라. 만약 당신이 "굳이 증명하려 애쓸 것도 없고, 더 이상 잃어버릴 것도 없다."라는 식의 마음을 가진다면, 오히려 편할 수 있다. 당신 교회의 초창기 때 통했던 것들이 지금은 통하지 않는다. 필요한 변화들에 대해 인정하기를 두려워하지 마라. 건강한 당회는 더 좋은 실천방법들을 찾을 수 있다면 현상유지만 하려 들지 않을 것이다.

책의 여러 곳에 등장하는 '핵심질문'과 '실행연습'이라는 제목의 단락에 특별한 주의를 기울이라. 거기에 나타난 질문을 함께 상고하고 토의해 보라. 어느 순간 잠시 멈추고, "우리가 여기서 무엇을 바꿔야 하는가?"라는 질문을 던져야 하는 시점이 올 것이다. 그리고 난 후에 그 변화를 실행에 옮기는 일을 해야 한다. 당신의 당회는 많이 알아서가 아니라 실제로 움직이는 모습을 통해 강력하고도 효과적인 리더십 기관으로 불리게 되는 것이다.

1장

강력한 혁명

이 문제에 직면해 보자: 지역교회에서 우리는 너무나 적은 것을 얻기 위해 너무나도 긴 시간을 투자한다. "풍성하고 풍부한 열매"에 대한 그리스도의 약속을 기대하기보다는(요 15) 적당한 열매에 만족해 오고 있다. 교회의 구조가 도리어 적극적인 목회사역을 방해하는 장애 요소가 되도록 용인하고 있다. 무계획적인 사역의 모습이 마치 우리의 리더십을 반영하고 있는 것 같다. 그리고 우리는 교회의 구조를 수십 년 동안 바꾸지 않은 채 삐꺽거리도록 방치하며, 리더십을 따분한 허드렛일로 만들고 있다.

『열린 당회 리더십』은 하나님을 위해 교회가 될 수 있는 모든 것이 되기를 원하는 이들, 즉 회중들의 선교적 영향력을 최대한으로 끌어올리고자 하는 리더들을 위해 쓰여졌다. 현재의 상태에 만족하지 않고, 열린 리더십이 가능하게 할 뿐 아니라, 그리스도께서 그분의 교회를 위해 원하시는 유일한 리더십의 모습이라 확신하는 자들을 위한 책이다. 보다 더 건강한 리더십, 계획적인 리더십 패러다임, 권한 위임의 리더십 구조와 성도들의 건강한 교회문화를 갈망하는 자들을 위한 것이다.

이 책은 실용적인 책으로서 궁극적으로 리더십을 실제 발휘하는 자들을 위함이지 학문적인 연구를 위함은 아니다. 교회의 리더로서 당신은 성경적이면서도 실제적인 도구들을 원할 것이다. 나 역시 마찬가지다. 리더십에 관한 기독교 서적이나 일반 서적을 막론하고 열성적으로 탐독하며 배우던 중에 하나님께서 교회 리더들의 모습과 사역에서 무엇을 요구하시는가에 대한 나름대로의 깨달음을 가지고 이 책의 주제를 구성하게 되었다. 물론 교회 리더십의 현장에서 30년의 세월이 넘도록 경험한 것들을 바탕으로 얻은 결과물이라고도 할 수 있겠다. 당신과 마찬가지로 그 동안 나 역시 위대한 일들과 선한 일들, 악하고 추한 일들을 모두 지켜보아 왔다. 교회 리더들이 그저 선한 일에 안주하지 않고, 더 위대한 일을 향해 나아가며, 악하고 추한 일들조차도 효과적으로 다룰 수 있도록 돕고자 한다. 그것이 바로 내가 이 책을 통해 할 수 있는 한 가지 약속일 것이다.

열린 리더십

이 책의 모든 내용은 내가 소위 말하는 열린 리더십에 집중되어 있다. 내게 자문을 구하는 교회에 조언을 할 때, 나는 사역자들과 교회 당회원들(그리고 여러 위원회의 장들)에게 그들을 곤욕스럽게 하는 리더십의 쟁점이 무엇인지 먼저 물어본다. 화이트보드 칠판에 그 문제들을 적어가다 보면, 모두 결론에 이른다. 거의 예외 없이 쟁점은 결국 다음의 세 가지 중 하나다: 당회가 리더십을 발휘하는 방법, 목표 지향적인 사역의 방향성(또는 그것의 결핍), 일을 처리하거나 결정할 때 겪는 난항들.

나는 이 세 가지 영역들에 주의를 기울여야 한다고 믿는다. 그러한 노력이 함께 눈덩이처럼 불어날 때, 당회는 내가 말하는 강력한 혁명을 경험하게 된다. 이러한 등식의 첫 번째 요소는 **건강한 리더**이다. 즉 교회리더들의 건강한 정체성과 하나님께서 그들을 불러 명하신 일의 명확성이다. 이 책의 제1부에서 이것을 중점으로 다룰 것이다.

두 번째 요소는 **계획성 있는 리더십**이다. 충동적이고 무계획적인 사역이 아니라 계획적이고 목표 지향적인 사역을 향한 깊은 헌신을 말한다. 책의 제2부에서는 하나님께서 당신을 부르신 목적지로 성도들을 움직이게 하는 간단하면서도 실행 가능한 패러다임을 제공할 것이다.

세 번째 요소는 **권한 위임 구조**이다. 리더들이 실제로 이끌어 갈 수 있고, 사역자들이 진정으로 섬길 수 있는 편안한 구조와 그들 사역에 필요한 권위가 부여된 교회문화를 말한다. 너무나 많은 교회들이 사역자들에게 필요한 권위와 힘을 불어넣어 주거나, 사역에 필요한 그들의 요청을 수락하기보다도 오히려 그들을 조종하고, 허가를 유보하는 문화를 가지고 있다. 제3부에서 다룰 주제이다.

이 세 가지에 주목을 하는 일은 당회의 리더십과 성도들의 사역에 영향을 주는 일대의 혁명을 가져온다. 강력한 힘을 가진 교회에는 세 가지 영역들이 옳게 자리 잡고 있음을 보게 될 것이다.

당신의 ROM은 무엇인가?

비즈니스 세계의 사람들은 ROI(Return On Investment : 투자수익률)라는 표현에 익숙할 것이다. 성공적인 비즈니스는 ROI에 달려 있다. 투자수익률이 튼튼하지 못하면, 사업은 성장하지 못하고 하향곡선을 그리게 된다.

교회의 당회는 또 다른 수익률에 매우 주목할 필요가 있다. 사명의 수확률, 즉 사명의 결과라고 할 수 있는 ROM(Return On Mission)이다.

그리스도께서는 당신에게 모든 기회와 자원들과 열매, 그리고 공동체와 지역 및 온 세상을 어우를 수 있는 특별한 사역을 선물로 주셨다. 그렇다면 당신의 ROM는 무엇인가? 당신이 이 책의 원리와 수행방법들을 익힘으로 인해 매년마다 ROM이 올라감을 목도하길 기도한다.

　강력한 영향력을 발휘하는 당회는 우연히 만들어지지 않는다. 사역의 극대화로 교회를 이끌기 전까지는 만족하지 않겠다고 결심하는 리더들로부터 그러한 당회가 세워지기 시작한다. 어떠하든지 거기까지 미치지 못한 상태에 머무는 것은 그리스도의 교회로서 받아들일 수 없다.

 **핵심질문**

나는 종종 교회의 리더들에게, "당신이 그동안 만들어 낸 결과물은 무엇입니까?", "당신들의 의사결정 과정에 대해 말씀해 주십시오."라고 묻곤 합니다. 다음 20가지의 질문들에 '예', 또는 '아니오'로 표하면, 앞선 질문에 답할 수 있는 도움을 얻게 될 것입니다. 응답하는 동안, 당신이 섬기는 교회의 당회 리더십과 관리 조직을 생각해 보십시오.

1. 의사결정의 속도에 절망한 적이 있습니까?　　예 / 아니오

2. 일을 처리하기 위해 어떤 한 그룹 또는 그 이상으로부터 승인을 받아야만 합니까?　　예 / 아니오

3. 이미 처리되고 지나간 것이라 생각했던 문제가 당회에서 다시 거론되는 모습을 본 적이 있습니까?　　예 / 아니오

4. 리더십이나 의사결정 문제에 있어서 성도들이나 사역자들 또는 당회원들 사이에 혼란이나 갈등이 야기된 적은 없습니까?   예 / 아니오

5. 직무에 대한 해설과 그것들에 관한 책임을 당회에서 분명히 하고 있습니까?
예 / 아니오

6. 미래를 계획하기 위해 고민하기보다 하루하루의 일과를 처리하는데 급급해하지는 않습니까?   예 / 아니오

7. 회중들을 위해 지향하고 있는 미래의 청사진을 가지고 있습니까? 그렇다면, 그것은 당회원들과 함께 공유하고 있는 꿈입니까?   예 / 아니오

8. 당회원들과 사역자들이 분명한 연중 계획과 목표를 가지고 일하고 있습니까?
예 / 아니오

9. 회중들의 승인을 얻어야 하는 여러 사안들로 인해 좌절하고 있습니까?
예 / 아니오

10. 당회원들 간에 높은 수준의 연합과 건강한 관계를 가지고 있습니까?
예 / 아니오

11. 리더들이 적시에 의사결정을 하는데 있어서 교회의 구조나 규칙들이 도움이 되기보다 오히려 방해가 되고 있지는 않습니까?   예 / 아니오

12. 당회가 함께 기도하고 성경공부하며, 미래를 꿈꾸고 계획하는데 충분한 시간을 가지고 있습니까?   예 / 아니오

13. 어떤 절차를 수행하거나 관계를 맺어 가는데 있어서 당회가 정한 약속이 있습니까?   예 / 아니오

14. 그러한 약속이 없음으로 인해 당회에 문제가 된 적은 없습니까?   예 / 아니오

15. 당회의 장로들을 선출하기 위해 특별히 개설된 과정들이 있습니까?
예 / 아니오

16. 장로 후보들이 리더로 세워지기 전에 그들을 멘토링하고 훈련하는 과정들이 있
    습니까?   예 / 아니오

17. 당신의 교회가 사역의 극대화를 이루고 있다고 생각합니까?
    예 / 아니오

18. 당신의 회중들이 투표로 선출한 한 개 이상의 위원회가 있습니까?
    예 / 아니오

19. 누가 무엇에 책임이 있는지에 관해 사역자들과 당회원들 간의 긴장이나 혼동이
    있지는 않습니까?   예 / 아니오

20. 당회원의 한 사람으로서 최고의 자격을 갖춘 리더들을 끌어 모으고, 그들이 계
    속 남아 있도록 할 수 있습니까?   예 / 아니오

점수계산

'예' 는 몇 개입니까? ______개

질문 5,7,8,10,12,13,15,16,17,20에 대해 모두 '예'라고 답했다면, 최고점수.

'아니오' 는 몇 개입니까? ______개

질문 1,2,3,4,6,9,11,14,18,19에 대해 모두 '아니오'라고 답했다면, 최고점수.

이야기하기

각 당회원들이 질문에 어떻게 답했는지 알아보고, 그 결과를 함께 토론해 보십시오.
모든 회중들의 사역의 극대화를 추구하고자 한다면, 대화를 통해 변화되어야 할 목회
리더십 패러다임의 논제들을 파악할 수 있을 것입니다. 만약 이 책을 진지하게 받아
들이고, 당회에서(그리고 사역자들 간에) 함께 이 책을 가지고 공부하고자 마음먹는다

면, 최고점수를 얻는 일은 시간문제일 것입니다. 당신도 권위가 부여된 구조와 그러한

문화 속에서 위대한 미래를 품은 강한 영향력을 가진 지도자가 될 수 있습니다.

제1부
건강한 리더

사람이 감독의 직분을 얻으려 함은 선한 일을 사모하는 것이라.

(딤전 3:1)

교회 리더십은
그분의 백성들의 안녕과
그분의 나라의 확장을 위해
주님께서
소수에게 허락하신
거룩한 사명이다.

2장

리더십을 향한 높은 부르심

리더십은 경외심 넘치는 막중한 부르심이다. 성경 역사의 초기 때부터 하나님께서는 리더의 역할을 감당할 남자들과 여자들을 부르셔서 임무 완수를 위한 힘과 은사를 부여하셨다. 하나님의 백성들의 역사의 페이지들 속에 한 가지 외치는 교훈이 있다. **신실한 리더가 있을 때 하나님의 백성들은 왕성하였지만, 경건하고 능력 있는 리더가 부재할 때 하나님의 백성들은 고통을 당했다.**

노아가 아니었다면, 인류는 살아남을 수 없었을 것이다. 모세가 없었다면, 출애굽은 실패로 돌아갔을지 모른다. 여호수아 없이 약속의 땅을 정복할 수 없었을 것이다. 드보라가 없었다면, 이스라엘 백성들이 자유로워지기 어려웠을 것이다. 다윗 왕이 아니었으면, 이스라엘 나라가 세워지지 못했을지도 모른다. 느헤미야가 없었다면, 도시는 재건되기 어려웠을 것이다. 에스더가 없었다면, 백성들이 살아남지 못했을지도 모른다.

각 사건 때마다 하나님께서는 그분의 목적을 위해 리더 또는 리더들을 부르셨고, 그들에게 명확한 임무를 부여하셨으며, 필요한 기술과 지혜로 권능을 주셨다. 하나님 나라의 리더들은 하나님에 의해 그분의 목적을 따라 부르심을 받고 그분의 성령에 의해 권능을 받는다. 단순히 우리 스스로 리더가 되고자 선택하는 것이 아니라, 하나님께서 그분의 백성들을 이끌기 원하시는 자를 선택하시는 것이다.

소명이 모든 것을 바꾼다

이제 내가 교회 리더십의 한 일원으로 섬겨 온지도 30년의 세월이 넘게 흘렀다. 때로는 신나고 즐겁기도 했다. 그러나 또한 때로는 매우 힘들고 고통스럽기도 했다. 교회 리더십의 자리는 심장이 약하거나, 쉽게 절망하거나, 인내하지 못하고 조급하거나, 당장의 결과를 얻으려는 사람들에게는 맞지 않는 자리다. 교회는 자원봉사자들로 꽉 차 있기 때문에 누군가 일을 망쳐 놓거나 힘들게 한다고 해서 간단히 해고해 버릴 수도 없는 노릇이다. 우리는 누구든지 우리에게 다가오면 함께 일해야 하는데, 그들은 다름 아닌 우리와 같은 죄인들이다. 불완전하고, 특이하며, 배경도 다르고, 수많은 개인적인 응어리들을 짊어진 사람들이다.

거기에다 영적 전투의 측면도 더해진다. 바울이 말했듯이 우리의 싸움은 혈과 육의 싸움이 아니고, 세상의 악한 영들과의 싸움이다(엡 6:12). 이렇게 영적으로 무너진 세상 속에서 하나님과 멀어진 사람들에게 회복의 은혜를 가져다줄 신성한 도구로 그리스도를 따르는 우리의 공동체를 택하셨다. 대적자 사탄은 하나님의 은총이 상한 영혼들에게 흘러들어 가는 것을 훼방하기 위해 격렬한 싸움에 임하고 있다. 영적 전투는 바로 우리가 이끌고 있는 교회 안에서 가장 강도 높게 고조되고 있다.

그동안 내가 리더십의 역할을 감당해 오던 중 여러 시점에 걸쳐서-특히 성도들이 고통을 경험하고, 리더들이 어려운 결정을 내려야만 했을 때-"당신은 왜 리더의 자리에 앉아 있습니까?"라는 질문을 받은 적이 있다. 정말 중요한 질문이 아닐 수 없다. 나의 대답은 이끌도록 부르심을 받았기 때문이라는 것이다. 부르심, 곧 소명은 모든 것을 바꾼다! 이것이 내가 지구상에서 가장 중요한 기관을 섬기는 방식이다. 나는 내 시간을 때우려 하지 않는다. 나의 인생에서 하나님이 부르신 소명을 채우고 있는 것이다.

베드로는 이러한 신성한 소명을 자신의 표현으로 리더들에게 강조하였다.

"너희 중 장로들에게 권하노니 나는 함께 장로 된 자요 그리스도의 고난의 증인이요 나타날 영광에 참여할 자니라. 너희 중에 있는 하나님의 양 무리를 치되 억지로 하지 말고 하나님의 뜻을 따라 자원함으로 하며 더러운 이득을 위하여 하지 말고 기꺼이 하며 맡은 자들에게 주장하는 자세를 하지 말고 양 무리의 본이 되라." (벧전 5:1-3)

리더십을 향한 소명은 영원한 상급을 약속한다. 베드로는 잘 섬긴 자들을 위한 약속으로 결론 맺으며, 하나님께서 교회 리더십에 부여하는 영원한 가치를 상기시키고 있다. "그리하면 목자장이 나타나실 때에 시들지 아니하는 영광의 관을 얻으리라"(벧전 5:4).

교회 리더십은 그분의 백성들의 안녕과 그분의 나라의 확장을 위해 주님께서 소수에게 허락하신 거룩한 사명이다. 부르심을 받은 리더가 효과적인 리더이다. 경건함으로 남에게 영향을 끼치고, 행위와 은사에 있어서 두드러진 특징을 지닌 사람이다.

영향력을 향한 부르심

아이들이 어렸을 때, 나는 복음주의 자유교회(EFCA: Evangelical Free Church of America)의 사역진흥실행위원장(executive director of ministry advancement)으로 일하고 있었다. 나의 어린 아들들은 그들의 말로 표현하자면, "윗사람(Boss)"이 되는 것이 무엇을 뜻하는 것인지에 대해 단순한 개념밖에 없었다. 그들의 생각에는 내가 직장에서 직면하는 문제들이 쉽게 해결될 수 있는 것으로 여겨졌다. 내가 사람들에게 무엇을 지시하면 그들이 당장 수행하고(그렇다면 얼마나 좋을까!), 내 마음대로 고용하거나 해고할 수 있고(마땅한 절차도 필요 없이), 내가 원하는 곳 어디에든지 돈을 쓸 수 있는(예산도 필요 없이) 그러한 힘 말이다. 그들의 순진한 눈에 비친 리더십은 엄청나게 재밌고 쉬운 일이었다. 정말 유능한 아빠로 보였을 것이다.

그러한 기관들이 실제로 있을 수도 있다. 그러나 그러한 회사라면 리더로서가 아닌 이상 그 누구도 결코 일하고 싶지 않을 것이다. 이러한 유형의 '직위적(positional)' 리더십은 교회뿐 아니라 그리스도께서 제자들에게 가르치신 리더십의 형태(style)와도 맞지 않는다. 교회의 리더들은 삶의 진실함과 언행일치, 그리스도를 따르는 헌신, 그리고 겸손과 섬김으로 사람들을 얻으며, 그들에게 영향을 준다.

베드로전서에서 베드로는 장로들에게 "너희 중에 있는 하나님의 양 무리를 치되"라고 말하면서 건강한 리더십의 세 가지의 자격요건을 제시한다.

1. **"억지로 하지 말고 하나님의 뜻을 따라 자원함으로 하며"**. 좋은 리더는 의무감 때문에 이끌지 않는다. 리더로 섬김을 특권으로 알고, 그리스도의 부르심에 기쁨으로 응답하기 위해 이끄는 것이다. 의무감은 우리 생각대로 일이 잘 풀리지 않을 때, 절망감을 초래한다. 자원하는 마음은 그리스도를 위해 하는 일인 줄 알고, 자신의 시간과 에너지와 리더십 기술들을 마음껏 나누어 주는 관대한 리더를 만든다.

2. **"더러운 이득을 위하여 하지 말고 기꺼이 하며"**. 건강한 리더를 위한 두 번째 자격 요건은 이기적인 이유들 때문에 하지 않는 것이다. 그들의 동기가 사리사욕―전임사역자의 사례비 액수 또는 평신도들로부터의 인정과 존경―에서 나와서는 안 된다. 반면에 그들이 목양하는 자들을 섬김으로써 리더십을 나타내고자 하는 동기부여가 있어야 한다.

3. **"맡은 자들에게 주장하는 자세를 하지 말고 양 무리의 본이 되라".** 건강한 리더는 그들의 직위나 힘으로 이끌지 않고, 그들의 실제 삶을 통해 이끈다. 리더에게 진정한 시험은 그를 따르는 자들이 있는가 하는 것이다. 만약 강제로 강요된다면, 일자리를 잃지 않고자 상관에게 마지못해 순종할 것이다. 그러나 신뢰하고 존경할 만하며, 그의 삶이 그를 따라야 할 가치를 입증하는 사람이라면 주저하지 않고 따를 것이다.

베드로는 리더십이 어떤 힘이나 직위가 가지는 권위(내 어린 자녀들이 당시 생각했던 것과 같은)가 아니라 인격, 사역, 섬김과 영적 성장에서 모범을 보여 가는 것이라 말한다. **위대한 리더십은 사람들에게 영향을 주고, 남을 섬기고자 하는 사심 없는 열정으로부터 나오는 것이다.**

미국인들이 리더십으로부터 인격을 분리하는 시도를 한지 몇 년 후에 우리는 또 다시 성품이 차지하는 중요성에 대한 성경적 교훈을 배우고 있다. 《유에스에이투데이(*USA Today*)》 2002년 6월 7일자 금융란에는 최근 수년간 일천구백만 달러의 현금과 팔천만 달러의 주식을 거두어 들인 후, 자신이 구매한 예술품에 포함된 백만 달러의 세금 납부를 회피한 어느 전(前) CEO의 사진이 게재되었다. 아더 앤더슨(Arthur Anderson)과 앤론(Enron)의 회계 추문에 이어서 투자자들이 떼 지어 그 CEO의 회사에서 도망치듯 빠져나왔다. 고작 하루만에 회사의 주가는 극적으로 하락했고, 오십사억 달러의 시장가치를 휩쓸어 갔다.

인격이 과연 중요한가? 주주(株主)들은 명백하게 그렇다고 여겼다.

그러나 아이러니하게도 그 사람은 최근 뉴햄스피어(New Hampshire)의 한 고등학교에서 "당신의 도덕심을 시험하는 질문들과 매일 직면하게 될 것입니다. 신중히 생각하고, 스스로를 위해 쉬운 것 말고, 옳은 것을 선택하십시오."라며 졸업 축하 연설을 하였다.

우리는 경험을 통해 교회 리더들이 이중적인 삶을 살 경우에 그들의 영향력이 얼마나 빠르게 사라져 버리는지 잘 알고 있다. 왜 그런가? 단순한 말이지만, 우리의 삶의 진실성은 우리가 가진 영향력과 불가분의 관계로 연결되어 있다. 높은 경지의 진실함은 높은 수준의 영향력을 함께 동반한다. 그러므로 결국 리더십의 힘을 가져오는 것이다. 진실성이 결여되면, 영향력은 감소하고, 리더십의 힘도 잃게 된다(그리고 쉽게 회복되지 않는다).

사도 바울은 인격과 리더십의 긴밀한 연결 관계를 강하게 느꼈다. 그리하여 디모데전서와 디도서에서 교회의 지도자가 되려는 사람들이 갖추어야 할 자격조건들을 열거해 놓았다. 이러한 인품에 관련된 자격조건들은 지도자가 자신의 감정과 생활을 얼마나 잘 관리하는지와 가정에서의 리더십 자질, 영적인 성숙함, 일터에서의 명성 등을 모두 포함하고 있다. 다른 말로 하면, 인격은 삶의 모든 영역에서 고려되어야 한다는 것이다.

전략과 방향을 이해하는 것만으로는 불충분하다. 세상에는 전략과 실행력을 붙잡고 있지만 자신들의 부주의한 인격적 결함으로 인해 그들이 이끌고자 하는 사람들에게 별다른 영향을 주지 못하는 리더들로 가득하다. 그러므로 리더를 향한 부르심은 걸어야 할 길로만 걷고, 해야 할 말만 하는 분명하고 투명한 삶을 향한 부르심이다.

행동에 치우침

그리스도께서 그분을 위해 그분의 양들을 인도하라고 명하신 부르심의 또 다른 특성은 수동적이기보다는 능동적인 모습이다. 많은 교회의 당회들은 그들이 지금까지 주도적인 리더로 활동하기보다는 수동적인 이사회처럼 지내온 현실을 직시해야 한다. 그럴 경우, 그들이 부름 받은 역할을 감당하지 못하고, 그리스도께서 교회를 위해 위탁하신 일을 놓쳐 버리게 된다.

그리스도께서 제자들에게 지시하신 말씀을 생각해 보라. "그러므로 너희는 가서 모든 민족을 제자로 삼아 아버지와 아들과 성령의 이름으로 세례를 베풀고 내가 너희에게 분부한 모든 것을 가르쳐 지키게 하라. 볼지어다. 내가 세상 끝날까지 너희와 항상 함께 있으리라 하시니라."(마 28:19-20).

이 사명에는 수동적인 것이라곤 하나도 없다! 우리는 우리의 도시와 나라와 온 세상에서 예수 그리스도를 위해 땅을 정복해야 한다. 이는 그리스도를 따르는 이들이 공동체, 조직, 시장, 가정에 실제적인 변화를 가져오며 분주히 움직이는 모습을 그린 그림이다. 성공적인 목회사역의 표징은 극단적으로까지 행동에 치우쳐 있는 리더의 존재에 있다. 디모데전후서는 디모데를 위한 바울의 상담이라 내 마음을 사로잡는다. 바울은 강직하고, 행동 중심적인 멘토였다. 디모데는 다소 수줍음이 많고, 대립을 회피하며, 주저하는 리더로 보이는 반면에 바울은 타고난 리더였다. 디모데와 마찬가지로 우리의 대다수는 적극적인 리더십이 선천적으로 타고난 리더형의 면모에는 맞지 않기 때문에 나는 바울의 권면에 흥미를 느꼈다.

디모데에게 쓴 바울의 편지를 읽으면, 바울이 리더십의 기본 원칙들을 가르치고 있음을 볼 수 있다. 갈등 해소, 리더 훈련, 담대히 가르치기, 잘못 지적하기, 모범을 보이기, 진실하게 행동하기, 무시한다고 기죽지 않기 등의 여러 가지 실제적인 것들이다. 바울은 그리스도께서 디모데를 부르셨음과 그가 더 배우고 성장할 수 있음을 믿었기 때문에 그의 리더십 역할을 격려했던 것이다.

마찬가지로 목회자 또는 장로의 역할로 부르심을 받은 자들은 필수적으로 리더십을 배우는 학생이 되어야 한다. 만약 리더십이 그리스도로부터 그분의 백성들의 안녕과 그분의 나라를 확장하는 일을 위하여 주어진 거룩한 임무임을 믿는다면, 우리는 반드시 바른 리더의 모습에 대한 이해를 향상시키고, 더 나은 리더가 되기 위해 배우고자 하는 의지가 있어야 한다.

경건한 영향력과 적극적인 행동에 덧붙여서 리더는 또한 그 역할을 감당할 수 있도록 하나님으로부터 거룩한 은사를 받아야 한다.

리더십에 필요한 은사와 연계성

잠재적 리더의 은사와의 연계성을 분별하는 일은 효율적인 리더십을 위해 매우 중요하다. 시장경제에서는 방대한 양의 에너지와 자본이 능력과 연계성에 기초한 회사 부서의 적임자를 선발하는 데 소요된다. 신약성경에서도 그러한 원리들이 분명히 서술되고 있음에도 불구하고 교회에서는 이러한 일에 너무 적게 신경을 쓴다.

미국의 많은 교회들이 정체되고 있거나, 감소하는 이유들 중 한 가지는 리더들에게 충분히 묻지도 않았을 뿐더러 하나님께서 그들에게 주신 은사들과 연관해서 각각 어느 곳에 배치할 것인지 주의하지 않았다는 사실이다. 내 경험에 따르면, 위원회(또는 교회의 문지기처럼 다른 이들에게 봉사를 부탁하는 섬김이)를 구성하는 일은 비록 그들이 은사에 관해 훈련을 받지 못했다고 할지라도 핵심적인 사역 자리로 세우는 일이다.

그리스도께서는 성도 개개인들에게 은사를 선물로 주셨다. 그들이 알맞게 배치될 경우, 성도들은 기쁨으로 하나님의 나라에 최고의 기여를 할 수 있는 자신들만의 "스위트 스폿"(sweet spot: 야구나 크리켓에서 배트로 공을 치기에 가장 좋은 자리)을 얻게 되는 것이다. 영적 은사 중 한 가지는 리더십(롬 12:8)이고, 그것과 아주 가까운 또 다른 은사는 행정력(administration)이다(고전 12:28). 우리가 리더십의 자리에서 섬기도록 권하는 사람들은 그들의 역량들 가운데 리더십 또는 행정의 은사가 반드시 있어야 한다. 그것이 그들의 본질적인 은사는 아닐지라도 말이다.

실행연습

어떠한 리더십이나 사역의 자리에 사람을 세우려 할 때는 항상 그들의 은사와 연계성을 고려하시오.

사람들에게 임무를 부여할 때, 채워져야 할 어떤 틈새 자리 때문이 아니라 그들이 가진 특별한 재능과 은사에 따라 나누는 것이 지혜로운 (그리고 성경적인) 일이다. 그러나 너무도 자주 우리들은 우리 조직의 구성을 만족시키기 위해 전자(前者)의 방법을 택할 때가 많다. 그 결과, 개인에게 있어서는 필요 이상의 좌절감, 그들의 역할에 있어서는 비효율 그리고 회중들에게는 순손실(純損失)을 가져온다. 나는 자신들의 은사가 리더십 외의 것들에 있음으로 인해 상심한 당회원들을 본 적이 있다. 그들에게 리더십 자리는 불편하고 비효율적인 것이었다. 만약 이 글을 읽고 있는 당신도 즐겁게 사역할 수 있는 자신의 은사 영역이 아닌 자리에 있다면, 무슨 말을 하는지 잘 이해할 수 있을 것이다. 심지어 이 책을 다 읽은 후에 하나님께서 당신을 리더십의 자리로 부르지 않았다고 결론지을 가능성도 있다.

그렇다면 리더십을 최우선적인 은사로 받은 사람들만 교회의 리더 자리에 서도록 권해야만 한다는 뜻인가? 나는 몇 가지 이유들과 함께 "반드시 그렇지만은 않다"라고 답할 것이다. 첫째, 그리스도께서 리더십의 은사를 주셨고, 그 은사를 받은 이들은 그 정도에 따라 배치되어야 한다. 둘째, 많은 이들의 경우, 그들의 여러 복합적인 은사들 안에 리더십이나 행정력도 포함되어 있다. 그들에게 리더십이 최우선적인 은사는 아니라 할지라도, 충분히 효율적으로 다스릴 수 있는 사람들이다. 셋째, 이것이 가장 중요한 점이다. **리더십의 자리에서 섬기기로 동의한 모든 사람들은 어렵더라도 그들의 리더십 기술을 개발하며, 리더십의 여러 다양한 측면들을 충족시키려는 의지가 있어야 한다.**

확신하건대 리더십과 돌보는 은사 사이의 다른 점에 더 주목해야 한다. 리더로서 이끌어 가기 위해 필요한 기본적인 은사는 근본적으로 돌봄의 기능을 감당하기 위해 필요한 은사와는 다르다. 어려운 위기에 처한 사람들은 긍휼과 이해와 인내심 많은 돌봄이들(caregivers)을 필요로 한다. 강한 리더십의 은사를 가진 사람들은 종종 다른 사람의 "고통을 공감하는 일"에 약한 면이 있다. 비슷하게도, 긍휼이 많은 사람들은 종종 갈등관계(conflict)를 어려워한다. 리더십은 갈등에서 파생되는 선과 악을 모두 나누어야 한다. 리더들은 어떤 개인이나 그룹에게 불행을 초래할 수도 있는 수많은 의사결정들을 내려야만 한다. 남을 긍휼히 여기는 마음이 풍부하면서도 선임 리더의 위치에 있음으로 인해 자신의 성향과는 맞지 않아 극도의 불편한 감정을 느끼는 사람들도 있다. 그들은 부탁 받았기 때문에 섬기고는 있지만, 그들이 겪는 경험은 실로 고통스럽고 절망스러울 뿐이다.

은사에 따라 리더들의 부르심을 구분한다고 해서 모두가 같은 방법으로 섬긴다는 말은 아니다. 리더들이 여러 다른 모양으로 섬긴다 할지라도 그들을 효과적으로 사역할 수 있도록 만드는 각자만의 세밀한 프로필(profile)이 있다. 그 정의(定義)에 따르자면, 일예로 목회자들은 리더들이다. 그럼에도 많은 목사들이 리더십을 자신들의 근본 은사들 중에 있다고 생각하지 않는다. 이러한 자기평가의 이유들 중 하나는 많은 목사들이 불공평하게 스스로를 높은 수준의 프로필을 가진 사람들, 즉 타고난 리더들과 비교하기 때문이다. 그러나 리더십에는 여러 다양한 유형들이 있다. 심지어 선천적으로 내향적인 사람들조차도 좋은 리더가 될 수 있다. 우리의 의견보다도 더 심오한 것이 있다면, 그리스도께서 리더십으로 부른 자들은 그들의 리더십 역량을 더 발전시킬 수 있다는 사실이다(그리고 그렇게 해야 한다).

강력한 영향력을 가진 당회는 그들의 여러 은사들과 함께 리더십 또는 행정력을 구비한 개인들로 이루어진다. 그들은 행동지향적이고, 영향력이 검증된 사람들이며, 신약성경에 명시된 교회 지도자의 모든 역할을 수행하고자 하는 사람들이다.

부름받은 교회 지도자의 프로필

만약 강력한 당회 리더십을 추구하려면, "효과적이고 부름받은 교회 리더의 성품은 무엇인가?"라고 질문해야 한다. 답을 살펴보기 전에 교회가 리더십 자리를 채우는 전통적인 방법들을 생각해 보자.

* 경건한 사람을 찾는다.
* 교회 안에서 '힘'을 가진 사람에게 고개를 끄덕이며 동조한다.
* 교회 안에서 '세력'간의 균형을 맞추고자 각 세력들이 당회에서 대변하도록 한다.
* 교회의 주요 일꾼들이 리더십의 자리에 차례로 교대할 수 있는 비공식 시스템을 사용한다.
* 교회에서 신앙생활을 오래 해 온 사람을 선발한다.
* 단순히 회중들이 후보를 지명하도록 한다. 만약 후보자들이 표를 얻어 당선되면, 그들의 은사나 자질에 상관없이 결국 당회에 오르게 된다.
* 자격 함량에 미달되는 후보라 할지라도 리더십에 공석이 생기면

채우고 만다.

위의 방법들 중에서 어느 한 가지로라도 효과적이거나 영향력 있는 당회를 세울 수는 없을 것이다. 또한 이러한 방법들은 진정한 리더십의 은사를 가진 사람에게 섬기고자 하는 동기를 부여하기도 어려울 것이다.

리더들을 택하는 방식과 좋은 리더십에 대한 이해는 교회의 건강과 사역의 효과를 좌우한다. 이 장에서 이미 그러한 특징들에 대해 알아보았다. 이제 효과적인 리더의 특성들을 더 확대한 목록을 살펴보고자 한다. 우리가 누군가를 부름 받은 리더로서 고려할 때, 그 사람의 프로필에 이러한 요소들이 들어 있는지 점검해야 할 것이다.

경건한 인격과 생활방식을 나타내라. 이것은 교회의 리더로서 가장 결정적이고, 타협할 수 없는 자질이다. 우리는 목자장으로부터 책임을 부여받은 목자들로서 그리스도를 대신하여 그분의 백성을 목양하도록 부름을 받았다(벧전 5:4). 바울은 디모데전서와 디도서에서 리더의 삶이 그 무엇보다도 그리스도를 닮아가는 변화의 과정에 있어야 한다고 분명히 밝혔다. 자신의 변화와 진실한 삶으로 온전히 헌신한 자들만이 다른 사람들을 그러한 방향으로 인도할 수 있다.

돈, 섹스, 권력이 인격의 선과 악을 검증하는 세계 공통의 시험이라고 종종 말한다. 신약에서도 리더십에 관해 논의하면서 이러한 것들을 언급하고 있다. 하나님의 사역자는 돈이나 탐심에 물들어서는 안 된다(딤전 3:3). 성적(性的)으로도 정조(貞操)를 지키고, 순결해야 한다(딤전 3:2). 권력을 탐하기보다 사람들을 섬기는 데 헌신해야 한다(벧전

5:2-3). 어느 하나에도 의구심이 드는 인격은 교회 리더십에 설 자리가 없다. 긍정적으로 본다면, 진정으로 경건한 인격을 갖춘 사람은 우리가 대변하고 있는 교회와 주님에 대해 권능 있게 말씀을 전할 수 있고 두드러지게 섬길 수 있다.

다른 사람들에게 긍정적인 영향을 끼쳐라. 우리가 앞에서 보았듯이 진정한 리더들은 그들이 리더십의 위치에 있든지 없든지 상관없이 다른 사람들에게 영향을 미친다. 그리고 그 영향은 분명 긍정적인 것이라야 한다. 남을 괴롭히는 자들(교회에 이런 자들도 종종 있다)도 영향력이 있다고 할 수 있겠지만, 결코 좋은 영향은 아니다.

리더십 자리에 부합한 사람을 고려할 때, 다음의 질문을 해 보라. "다른 사람들에게 이미 좋은 영향을 주고 있는 사람인가? 사람들이 그가 리더십 자리에 오르기를 갈망하는가? 사람들을 그리스도께로 가까이 인도하고 긍정적인 사역 방향으로 나아가도록 하는가?"

행동에 치중하는 모습을 보여 주라. 리더들은 실제로 행동하는 사람임을 기억해야 한다! 그들은 현실에 안주하기보다 진취적인 행동의 성향을 가진다. 그들도 무엇을 해야 하는지 항상 알고 있는 것은 아니다. 그러나 그들은 새로운 것들을 시도해 보고, 어떤 것이 효과가 있는지를 알아낸다. 리더들은 결코 현재의 모습에 만족하지 않고 개선되기를 꿈꾸며 보다 효율적으로 사명을 완수할 방편들을 끊임없이 찾는다.

공동체는 안전지대(comfort zone)에 안주하려는 자연스러운 경향을 가지고 있다. 그러나 그리스도께서 교회에 위탁하신 사명은 최고의 사색, 최고의 행동, 최고의 전략, 최고의 실행을 요구하며, 리더들에 의해 모든 하나님의 백성들의 참여가 지속적으로 선도되어야 하는 진취적인 일이다. 리더들은 꾸준하게 할 일들을 부추기고, 사람들이 자신들의 안전지대에서 빠져나와 그리스도와 그분의 나라를 위하여 능동적으로 참여할 수 있도록 독려해야 한다.

예수님에 대한 깊은 열정을 가져라. 교회는 곧 예수님에 관한 것이다! 그분이야말로 교회의 참 리더이시고, 리더들은 그분 밑에서 섬기는 것이다. 그렇기에 예수님에 대한 깊은 열정을 가진 자들만이 그분의 백성들을 이끌 자격이 있다. 교회 지도자들이 그리스도께서 그분의 백성들을 어디로 인도하길 원하시는지보다도 자신들의 안건에만 더 관심을 가지는 모습을 목도하는 일은 매우 고통스럽기까지 하다. 만일 그리스도와 친밀함을 가지는 것과 다른 사람들도 그분과 친밀함을 가지도록 인도하는 일이 리더의 가장 깊은 관심사가 아니라면 그 리더는 주님께서 원하지 않는 곳으로 그분의 백성을 인도하고 있는 것이다.

냉정하게 말하자면, 오직 소수의 성도들만이 그들의 리더보다 높은 수준의 영적 성장을 이루는 것이 현실이다. 리더들이 예수님께 대해 더 많은 열정을 가질수록 성도들도 예수님께 대해 더 큰 열정을 가지게 된다. 그리스도를 향한 열정이 없다면, 결국 크리스천의 삶과 리더십의 가장 중요한 의미들을 모두 잃어버리게 된다.

겸손한 인격을 갖추어라. 교회에서의 리더십은 다른 무대들에서 리더십이 펼쳐지는 모습들과는 크게 두 가지 면에서 다르다. 첫째, 교회에서의 리더십은 섬김의 리더십이지 권력의 리더십이 아니다. 베드로가 말했듯이, 리더들은 기꺼이 섬기되 "맡은 자들에게 주장하는 자세로 하지 말아야" 한다(벧전 5:2-3). 둘째, 이 리더십은 이미 교회의 주님으로부터 정해진 지침을 가지고 있다. 리더십의 우선순위들은 그리스도께 속한 것이지, 우리의 것들이 아니다. 겸손이라고 하는 인격적인 특징은 교회의 머리가 되시는 예수 그리스도께 반드시 복종해야 하고, 다른 이들과 함께 팀으로서 일해야 하며, 경건의 본으로 앞장서야 하는 리더들에게 가장 필수적인 요소이다.

나는 권력과 명성에 굶주린 채 자신의 이기심에 이끌려서 교회의 리더십으로 밀고 들어오는 사람들도 보았다. 권력이 안정되면, 그들은 성도들의 영적 건강에는 별로 관심을 갖지 않는다. 어떤 이들에게 있어서 영적 리더십의 자리는 자기만족을 위한 최음제와도 같다. 그러한 자들이 원하는 바를 얻지 못할 때, 그들 주위에 있는 것은 결코 즐거운 경험이 못 된다.

사람들을 진심으로 사랑하라. 표현할 수 없이 강력하고, 수그러들지 않는 하나님의 사랑-자비와 긍휼과 용서와 은혜의 물결에 잠겨 있는 사랑-의 특성 때문에 그 사랑에 강권하여 하나님은 우리를 그토록 찾고 계신다. 사도 요한은 그리스도를 따르는 이들의 결정적인 표징은 사랑이라고 말한다(요일 3:11-24). 이기심에 이끌린 사람들은 남을 사랑하지 않고 자신만을 사랑한다. 겸손하고 경건한 사람은 그리스도께 그러하듯이 남을 사랑한다. 그리고 그들의 리더십의 연료는 진정한 영적 관심으로 채워진다.

삶을 통해 배워라. 그 어느 곳의 리더보다도 지역 교회의 리더는 일평생 배우는 리더십의 환경에 놓여 있다. 교회 지도자로서 높은 우선순위를 두고 배워야 하는 세 가지의 영역들이 있다.

첫째는 성경이다. 너무도 많은 교회 지도자들이 얄팍한 수준의 성경 지식에 안주하려는 경향이 있다. 성도들을 삶과 사역의 진면목으로 인도하는 우리의 능력은 하나님의 말씀에 대한 이해가 얼마나 넓고 깊은 가에 달려 있다.

또한 우리는 효율적인 사역 방법들을 배우는 학생이 되어야 한다. 과거에 통했던 것들이 오늘날에는 통하지 않을 수 있다. 복음을 전하고, 성도들과 교류하며, 그들을 성장시키고, 사역에 참여하도록 하기 위해 오늘날의 상황과 문화에 걸맞은 효율적인 방편들을 지속적으로 탐구해야 한다.

건강한 리더는 또한 리더십을 배우는 학생이다. 세계관과 문화 사이에 높아진 이질감들과 교회로 유입되는 사람들의 솟구치는 세속적 성향 및 회중들의 영적 건강을 지키기 위한 도전들 속에서 교회의 리더십은 갈수록 복합적인 모습을 취하고 있다. 더 이상 배우는 일에 높은 가치를 부여하지 않는 리더들은 더 이상 효과적인 사역의 날들을 기대하기 어렵다.

팀에 초점을 맞추어라. 리더십 조직은 협력할 사람들이 필요하다. 팀의 건강한 일원으로서 역할을 다하지 못하는 사람은 당회의 리더십 기능에 필수적인 연합정신을 무너뜨리게 된다. 한 팀에서 은혜롭게 일하지 못하고, 공석과 사석 모두에서 팀의 결정사안을 지지하지 않는 사람을 리더십의 자리에 선출하거나 지명해서는 절대로 안 된다.

성숙하고 건강한 리더는 자신의 자아를 그룹의 뜻에 복종시키는 선택을 한다(앞서 살펴본 "겸손한 인격을 갖추어라"라는 특성을 기억하라). 명백한 도덕적 문제로 인해 선한 양심에 거리낌이 없는 한, 그룹의 결정에 온전히 헌신한다는 것이다. 성숙한 리더들은 결단코 당회의 결정을 위태롭게 하거나, 비밀스러운 수단으로 결정을 유도하지 않는다. 바울의 리더십 자격요건에서 언급되었듯이, 그들은 "다투기를 좋아하지 않는다"(딤전 3:3). 또한 건강한 리더는 하나님께서 우리 모두에게 똑같이 은사를 주지도 않으셨을 뿐 아니라, 우리 중 그 어느 누구도 혼자서 모든 지혜를 다 소유하지 않는다는 사실을 인식한다. 건강한 리더는 타인의 관점과 조언 그리고 당회의 공통적 결정사안을 진심으로 가치 있게 받아들인다.

만약 당회원 중 어느 한 사람이 팀의 구성원으로서 함께 일하기를 꺼려한다면, 당회는 반드시 사랑으로 그의 문제를 다루어야 하고, 필요할 경우에는 그를 당회에서 제명해야 한다. 수많은 당회와 회중들이 좋은 의도를 가졌든지 아니든지 간에 "외로운 보안관"(Lone Ranger: 미국 영화, TV 등의 서부극 주인공)처럼 독불장군으로 행동하는 사람들로 인해 갈등과 분열의 고통을 겪어야 했다. 그들은 리더십 팀 또는 교회의 건강보다도 자신들의 문제에만 더 신경 쓰던 사람들이다.

솔선수범하며 이끌어라. 좋은 리더는 베드로전서 5장에서 본 바와 같이 자원하는 리더이다. 자원하는 리더는 내면의 분노나 좌절감 없이 언제든 희생을 치를 준비가 된 사람이다.

리더십의 자리에서 섬기도록 사람들을 강요하는 일은 큰 실수이다. 그들이 리더십에서 발생하는 어려움들(예를 들면 갈등관계)을 잘 다룰 수 있을 만큼 충분히 성숙하지 않은 상태에서 섬기도록 몰아갈 때, 당사자들이 훗날 리더십을 거부하도록 만드는 좋지 않은 경험들을 겪게 된다.

젊은 리더가 "전 아직 준비가 안 되었습니다."라고 말할 때, 그러한 반응을 심각하게 받아들이고 계속해서 그를 미래의 지도자가 되도록 멘토링하는 것이 지혜로운 일이다.

소망을 전파시켜라. 리더는 미래에 대해 낙관적이다. 그러한 낙관적인 믿음과 소망을 그가 이끄는 사람들도 느끼도록 전해 주어야 한다. 권세는 하나님께 있고, 세상 마지막 날까지 그분께서 교회와 함께 하시겠다는 약속을 알기 때문에 리더는 긍정적인 미래의 가능성을 확신하는 것이다.

비관론자들은 리더가 될 수 없다! 비관론자들은 경계심을 전하고, 어떤 일들이 일어나지 말아야 할 모든 이유들을 찾아낸다. 건강한 리더는 소망이라고는 찾아볼 수 없는 상황에서도 하나님의 주권에 대한 신뢰를 바탕으로 밝은 미래를 제시했던 느헤미야와 같아야 한다. 프랭클린 루즈벨트, 로널드 레이건, 윈스턴 처칠 같은 인물들이 그러한 축에 속한다고 볼 수 있다. 느헤미야처럼 그들도 순식간에 퍼져가는 희망의 조달자들이었다.

하나님께서 주신 리더십의 임무를 이해하고 수용하라. 나는 종종 리더십의 위치에 있는 자들에게 그들의 책무를 분명히 표현할 수 있는지 물어본다. 일반론적으로 말하는 것을 제외하고는 대부분의 사람들이 제대로 대답을 하지 못했다. 나는 하나님께서 리더들에게 명확한 책임들을 부여하셨다고 믿는다. 나는 그것들을 6차원적 리더십이라고 정의했다(몇 장 뒤에 살펴볼 것이다). 이 책을 공부하는 한 과정으로서 모든 리더십 조직들이 각자의 책무를 정의하는 시간을 갖기를 권한다.

미래와 씨름하라. 이끈다는 것은 앞장서는 것이다. 진정한 리더십은 미래에 관한 일을 우선순위에 두며, 부차적으로 현재의 일을 한다. 이것이 당연한 것처럼 보이기는 하지만, 뜻밖에도 다수의 리더들은 현

(現) 사안들을 다루는 데 대부분의 시간을 소모한다.

리더는 현재의 위기나 상황들 속에서 씨름하며 이끌 수 있고, 미래와 투쟁하며 이끌 수도 있다. 리더가 때때로 위기를 관리해야 하기도 하지만, 리더라는 말의 뜻—선두 자리에 서서 사람들이 가야 할 방향으로 움직이도록 돕는 사람—자체가 미래를 다루는 것을 요구한다. 이는 오늘날의 여러 세부적인 현안(懸案)들은 자질을 갖춘 다른 사람들에게 양도함으로써 리더는 생각하고, 배우며, 기도하는 가운데 보다 나은 미래로 인도하는 일에 자신의 시간을 투자해야 함을 의미한다. (앞으로 6차원 리더십에 대해 살펴보겠지만, 각 차원들이 모두 미래 지향적이고 행동 중심적임을 알게 될 것이다.)

담대하게 이끌어 가라. 많은 교회 지도자들이 담대한 리더십을 방해하는 결정적인 두려움의 요소들을 안고 있다. 만일 우리의 의사결정을 사람들이 싫어한다면? 누군가는 아마도 그럴 것이다. 리더십은 항상 어떤 식으로든지 반대가 있기 마련이다.

불행하게도 미국 교회의 당회들은 담대하게 이끄는 것을 배우지 못했고, 교회를 미국에서 가장 리더십이 결여된 기관으로 만들어 놓고 말았다. 우리는 용기보다 두려움이 더 많은 존재다. 당신은 이의를 제기할지도 모르겠다. 그러나 한 번 생각해 보라. 그토록 많은 수의 교회가 있음에도 불구하고, 어째서 복음이 우리 사회에 영향을 끼치지 못하고 있는가? 이러한 전반적인 상황에 사탄은 매우 즐거워할 것이다. 겁쟁이 리더는 사탄을 위협하지 못하지만, 담대하고 건강한 리더는 사탄의 세력을 점령한다.

거의 예외 없이 공동체와 삶에 진정한 변화를 경험하는 성도들은 경건하고, 건강하며, 담대하고, 에너지 넘치는 목회자와 평신도 사역자 리더십 팀에 의해 인도를 받는다.

담대한 리더로 부르심

많은 팀들이 리더십에 있어서 중요한 문제들을 붙잡지 않았기 때문에 많은 좌절 속에 처해 있다. 그러나 아직 희망은 있다! 지난 수십 년에 걸쳐 절망했던 많은 당회들이 담대하게 이끌어 가고자 결심함으로 인해 활기차고, 적극적이고 심지어 강한 영향력의 리더십 팀으로 바뀌는 것을 보았다.

당신의 팀에도 이러한 일이 일어날 수 있다. 그 역할을 위해 하나님의 부르심을 받고, 효율적인 교회 리더의 자질을 나타내는 사람들을 선발함으로 가능한 일이다. 리더십을 향한 부르심에 대한 개념을 잘 이해한다면, 힘든 사안이나 사람들을 대면하게 될 때, 우리의 관점이 달라질 것이다. 그리스도께서 진정으로 우리를 리더로 부르셨다면, 우리는 담대하게 이끌어 갈 수 있다.

우리들 대부분은 리더십 훈련을 받지 않았다. 목회자일수록 더욱 그렇다. 목회자의 사역 대부분이 리더십과 관련한 것임에도, 단 소수만이 리더십 훈련이나 멘토링을 받았다.(그리고 신학대학들은 신속하게 구원에 나서지 못했다). 그러나 우리 모두에게 기쁜 소식은 우리도 리더십을 배울 수 있다는 것이다! 타고난 리더들은 거의 없다. 대부분의 우리들은 "훈련 중에 있는 리더"들이고 계속해서 효과적인 리더십을 연마할 것이다. 바울이 말했듯이 리더가 되고자 한다면, "다스리는 자는 부지런"해야 할 것이다(롬 12:8).

리더십의 은사를 가진 한 사람으로서 예수 그리스도의 교회말고는 그 은사를 사용할 수 있는 더 신나는 무대는 상상할 수도 없다. 놀랍게도 많은 도전과 어려움과 문제에도 불구하고, 그리스도께서는 세상을 향해 그분의 복음을 들고 나아가는 도구로서 지역 교회들을 택하셨다. 주님께서는 결코 교회를 포기하지 않으셨기에 우리도 그럴 수 없다. 우리의 도전은 바르게 이끄는 능력을 잘 개발함으로써 리더십이 짐이 아닌 즐거움이 되도록 하는 것이다. 또한 하나님의 나라를 확장하는 일에 성도들의 사명을 주님께서 친히 이루어 주실 수 있도록 이끌어야 할 것이다.

리더십은 정말 중요하다. 우리의 리더십의 자질들이 주님의 제자들과 선교의 효율성에 직접적인 영향을 주기 때문에 하나님께서도 이를 중요시 여기신다. 담대히 이끌어 가라!

 핵심질문

우리 당회는 교회 리더들을 선출하는 사람들에게 효율적이고 건강한 리더의 모습을 제시할 프로필을 가지고 있습니까?

우리의 리더십 프로필이 은사적인 부분들을 잘 다루고 있습니까?

리더들을 선발하는데 의도를 가지고 있습니까? 회중들이 교회 지도자를 선택하는데 사용하는 전통적인 방법들이 우리들에게도 적용되지는 않았습니까? 선거 절차에 있어서 조정이 필요하지는 않겠습니까?

우리 당회의 리더십은 수동적, 중도적, 또는 적극적이고 담대합니까?

우리는 건강한 리더십의 모델입니까? 아니면 병든 리더십 모델입니까?

다음 문장을 완성하는데 3분의 시간을 가진 후에 다른 분과 나누어 보십시오:

"이 장에서 배운 내용들을 바탕으로, 나는

우리가 ________________________________해야 한다고 믿는다."

마무리: 효과적인 교회 지도자의 프로필

* 경건한 인격과 생활방식을 나타내라.

* 다른 사람들에게 긍정적인 영향을 끼쳐라.

* 행동에 치중하는 모습을 보여 주라.

* 예수님에 대한 깊은 열정을 가져라.

* 겸손한 인격을 갖추어라.

* 사람들을 진심으로 사랑하라.

* 삶을 통해 배워라.

* 팀에 초점을 맞추어라.

* 솔선수범하여 이끌어라.

* 소망을 전파시켜라.

* 하나님께서 주신 리더십의 임무를 이해하고 수용하라.

* 미래와 씨름하라.

* 담대히 이끌어 가라.

교회를 위해
우리가 내리는 결정들은
우리가 이끌고 있는 사람들의 영적인 삶에
직접적인 영향을 끼친다.
우리의 삶을
그분의 말씀으로 공급받아
주님과 살아 있는 연결 관계를 맺는 가운데
그들을 돌보는 것이 아니라면,
자신들은 죽은 가지이면서
다른 가지들이 열매 맺도록
돕는 것과 다를 바 없다.

3장

6차원 리더십 I

태국(Thailand)은 내가 오랫동안 좋아 하는 나라이다. 치앙마이(Chiang Mai)와 치앙라이(Chiang Rai)와 같은 북부의 도시는 고대와 현대 문명 사이에 걸쳐 있다. 남부에는 세계에서 가장 순수한 아름다움을 간직한 해변들도 있다. 그리고 이제 당신이 좋아하거나 싫어할 태국의 수도 방콕(Bangkok)이 있다. 당신의 기분에 따라 변화무쌍한 그 도시는 활기차고, 환상적이며, 아름다워 보이거나, 또는 어둡고, 공해로 인해 오염되며, 무덥게 붐비는 대도시일 수도 있다. 대개는 이 모든 것을 한 번에 느낄 수 있다.

차오프라야 강(Chao Phraya River)이 이 거대한 도시를 둘로 나눈다. 강에서 왕복 운행하며 운하를 드나드는 수중 보트 택시를 이용하지 않고서는 방콕을 제대로 방문했다고 말하기 어렵다.

눈부시게 푸르른 유리창이 약 30층 높이로 뻗어 있는 아름다운 호텔을 보았을 때, 나는 그 수중 택시를 타고 있었다. 방콕을 방문할 때마다 그 장면을 본 이후로, 나는 매우 궁금해졌다. 낮 동안에 그 호텔은 굽은 강가에 서 있는 여느 훌륭한 오성급 호텔처럼 보였다. 해가 지고 그 호텔이 다른 호텔들과 다르게 보이기 전까지는 말이다. 선명한 조명 빛의 다른 호텔들과 달리 그 호텔은 높이 솟아난 그 어느 창문에도 불빛이 보이지 않았다.

약간의 뒷조사를 통해서 나는 이 건물이 텅 비었다는 사실을 알아냈다. 초기 건축을 마친 후에, 관계자들은 이 거대한 빌딩이 한 쪽으로만 점점 기울어지는 치명적이고 근본적인 결함이 있음을 발견한 것이다. 호텔은 단 한 번도 사용되지 못했다. 고소를 마치는 대로 이 호텔은 철거될 예정이었다. 그 호텔을 볼 때마다 초기에 발생한 기술적 문제 때문에 지불해야 하는 엄청난 대가를 보며 경악을 금치 못했다.

이전 장에서, 나는 우리가 강한 영향력을 가진 교회 지도자들의 여섯 가지 측면을 살펴볼 것이라고 언급했다. 나는 이것을 **6차원 리더십**이라 부른다. 이 장에서 우리는 리더십의 가장 기본이 되는 책임들을 살펴볼 것이다. 나는 하나님께서 부여하시는 책임들에 관해 가르칠 때, 다음의 사항들을 언급한다.

1. 영적 능력
2. 가르치기
3. 보호하기
4. 돌보기
5. 개발, 권한 위임, 공개하기
6. 지도하기

나에게 있어서 방콕의 호텔 이야기는 첫째 가는 가장 중요한 리더십의 측면을 잘 보여 주었다. 외관상으로는 아름답지만, 그 기초에 하자가 있어서 손님이 하나도 없이 텅 비어 버린 그 호텔은 오늘날의 많은 목회 사역을 보여 주는 상징적 의미라 생각한다. 교인 수, 편의 시설, 목회 전략, 사역자 임용 등에서는 성공한 것처럼 보이지만, 가장 중요한 기초에는 치명적인 결함이 있다. 정작 있어야 할 하나님의 능력은 없는 것이다.

리더십의 첫 번째 차원: 영적 능력

"나를 떠나서는 너희가 아무 것도 할 수 없음이라"(요 15:5). 예수께서 하신 말씀이다. 이 한 문장이 모든 교회의 지도자들의 마음에 큰 충격과 두려움을 주어야 할 것이다. 리더가 되고자 하는 이들에게 매우 중요한 장인 요한복음 15장에서 예수께서는 자신과 제자들 사이에는 유기적인 연결이 필수적임을 가르치신다. 다음 구절들을 교회의 상황과 개인의 삶에 비추어 보라.

"내 안에 거하라. 나도 너희 안에 거하리라. 가지가 포도나무에 붙어 있지 아니하면 스스로 열매를 맺을 수 없음 같이 너희도 내 안에 있지 아니하면 그러하리라. 나는 포도나무요 너희는 가지라. 그가 내 안에, 내가 그 안에 거하면 사람이 열매를 많이 맺나니 나를 떠나서는 너희가 아무 것도 할

수 없음이라." (요 15:4-5)

당신은 이 말씀을 믿는가? 예수님 없이는 아무것도 아니다. 아무것도 아니다? 당신이 답하기 전에 내가 먼저 고백하자면, 나는 이 말씀을 항상 믿지 못했다. 내가 예수님을 믿지 않았다는 말이 아니고, 내 스스로의 힘과 은사들을 가지고 주님을 위해 뭔가 큰 일을 할 수 있을 것이라는 어리석은 착각에 자주 빠지곤 했던 것이다. 내 모든 사역에 있어서 그분의 능력의 절대적 필요성을 심각하게 고려하지 않았다. 내가 그렇게 어리석은 실수들을 범한 이유 중 한 가지는 때로 꽤나 근사한 결과물들을 얻었기 때문이다. 그 때문에 나는 교만해졌고, 그분을 떠나서는 아무것도 할 수 없다는 말씀을 항상 믿지 못했다.

많은 회중들도 이 말씀을 믿지 않고 있다. 우리는 하나님의 큰 도움 없이도 우리 스스로 근사한 성취감들을 어느 정도 맛볼 수 있다. 우리는 최신식의 예배를 드릴 수 있고, 탁월한 신학을 가르치기도 하며, 멋진 프로그램을 고안하고, 사람들을 배려한 건물을 짓기도 하며, 성도들이 성장하는 것을 보고, 선교사들을 해외로 파송하며, 가난하고 버림받은 자들을 구제하며, 수없이 많은 위대한 사업들을 성공적으로 이루기도 한다. 하나님의 도움이 없이도 말이다. 이러한 일들은 좋은 전략과 에너지가 충족되는 한 어느 정도의 리더십과 재정과 봉사의 손길들만 있으면 가능하다. 이러한 업적들을 이루면 이룰수록 예수께서 말씀하신 것을 믿지 않게 된다.

외관상으로 본다면, 우리가 일구어낸 것들이 꽤 멋있게 보일 수 있다. 그러나 차오프라야 강 위에 세워진 럭셔리한 호텔처럼 무언가 중요한 기초가 부족하다. 전력 공급은 끊겨 있다. 텅 빈 건물에 불과한 것이다.

열매 맺는 능력을 받으라

쟁점은 우리가 어떠한 화려한 일들을 성취할 수 있는가에 있는 것이 아니라, 우리의 모든 에너지와 노력들이 영속적인 결과물을 얻을 수 있는가에 있다. 우리는 다양한 방법들로 결과를 평가한다. 회중의 인원 수, 소그룹 참여도, 주일학교 출석 현황, 재정예산, 프로그램, 건물, 사역자 수 등이다. 그러나 예수께서도 교회를 평가하시는 기준을 가지셨다. "너희가 열매를 많이 맺으면 내 아버지께서 영광을 받으실 것이요 너희는 내 제자가 되리라. … 내가 너희를 택하여 세웠나니 이는 너희로 가서 열매를 맺게 하고"(요 15:8,16)

예수님의 나라와 그분의 교회에서 진정으로 중요한 것은 우리가 종종 판단하는 결과물들이 아니라 영적 열매이다. 어느 그룹의 리더이든지 예수님 없이 결과물들을 끌어올 수 있지만, 그분의 능력 없이 영원하고 풍성한 열매를 거둘 수는 없다. 신약성경에 나타난 영적 열매들의 증거는 무엇인가?

* 사람들이 하나님과의 인격적인 관계를 맺어가는 모습(막 4:1-20; 눅 19:10; 몬 6)
* 그리스도께서 그분의 형상으로 우리를 변화시켜 우리가 그분의 성

품과 우선순위들을 평생 닮아가고자 하는 열망 (골 3:1-17; 벧
후 1:3-11)

* 하나님의 말씀과 기도의 친밀함을 통해 그분을 더욱 알고자 하는
열정 (요 15; 약 1:19-25)

* 삶의 모든 영역에서 그리스도께 복종하고 그분을 따르고자 하는
우선순위 (요일 2:3-6)

* 마음속에 자라고 흘러넘치는 이웃 사랑이 친절한 행동으로 나타나
는 삶 (요 15:9-17)

* 하나님의 영광을 위해, 우리 주위의 세상을 변화시키고 영향력을
발휘하는 일에 참여하도록 이끄는 그리스도께 대한 절대적 순종
(벧전 1:9-12)

* 우리의 삶 속에서 영적 열매가 맺어지는 모습들을 보기를 갈망하
는 마음 (요 15:5,16; 골 1:10)

* 성령의 열매들을 드러내는 삶의 꾸준한 성장 (갈 5:22-25)

영적 열매를 맺도록 부르심을 받았다는 사실 앞에, 어떤 이들은 결
과는 전혀 중요하지 않은 것으로 치부해 버리고자 하는 유혹에 빠지기
도 한다. 이보다 더 진리와 어긋나는 말은 없을 것이다. 결과 또한 하
나님 앞에 중요하다. 지상명령(The Great Commission)은 우리에게 세상
으로 가서 제자를 삼고, 사람들을 그리스도께로 인도하며, 그들이 성
장하도록 도우라고 말씀하신다. 바울은 우리가 옛 사람을 버리고 새
사람이 되어야 한다고 자주 명하고 있다. 예수님께서는 더 많은 신자
들과 더 잘 믿는 성도들을 모두 원하신다! 그러나 우리가 어떻게 이러

한 열매를 맺을 수 있는가? 요한복음 15장에 나타난 포도나무와 가지의 비유가 그 해답을 제시한다.

영적 열매는 주님 안에 거함으로 온다

고대 팔레스타인 지역에서 예수님의 제자들은 날마다 포도원 밭을 지나쳤다. 그들은 울퉁불퉁한 포도나무와 그로부터 뻗어난 가지들을 힐금 쳐다보았을 것이다. 일 년에 두 차례, 농부들이 더 많은 열매를 맺도록 가지치기를 하는 것도 보았을 것이다. 그러므로 예수님께서 제자들에게 그분 자신과의 지속적이고, 친밀하고 유기적인 관계의 중요성을 각인시키고자 상징적으로 포도나무를 비유로 말씀하셨을 때, 이는 제자들에게 매우 친숙한 개념으로 와 닿았다. 예수께서는 제자들이 그분과 연결되기를 간구함으로 인해 그들의 삶과 사역의 현장에서 영원히 지속되는 열매들을 경험하기를 원하셨던 것이다.

"나는 참포도나무요 내 아버지는 농부라. 무릇 내게 붙어 있어 열매를 맺지 아니하는 가지는 아버지께서 그것을 제거해 버리시고 무릇 열매를 맺는 가지는 더 열매를 맺게 하려 하여 그것을 깨끗하게 하시느니라. 너희는 내가 일러 준 말로 이미 깨끗하여졌으니 내 안에 거하라. 나도 너희 안에 거하리라 가지가 포도나무에 붙어 있지 아니하면 스스로 열매를 맺을 수 없음 같이 너희도 내 안에 있지 아니하면 그러하리라.

나는 포도나무요 너희는 가지라. 그가 내 안에 내가 그 안에 거하면 사람이 열매를 많이 맺나니 나를 떠나서는 너희가 아무 것도 할 수 없음이라. 사람이 내 안에 거하지 아니하면 가지처럼 밖에 버려져 마르나니 사람들이 그것을 모아다가 불에 던져 사르느니라. 너희가 내 안에 거하고 내 말이 너희 안에 거하면 무엇이든지 원하는 대로 구하라. 그리하면 이루리라. 너희가 열매를 많이 맺으면 내 아버지께서 영광을 받으실 것이요 너희는 내 제자가 되리라." (요 15:1-8)

예수께서는 매우 중요한 대조를 하시면서 말씀을 시작하신다. 그분은 포도나무, 즉 우리 인생의 근원이고 힘이다. 반면에 우리는 가지, 즉 그분으로부터 삶에 필요한 양분을 얻어 내는 존재이다. 이것이 우리 스스로는 영적 열매를 창출해 낼 수 없는 이유이다. 어떤 가지도 나무로부터 생명의 수액을 공급받지 못하면 열매를 맺을 수 없다.

결정적인 단어는 '거하다'(remain)이다. 예수께서는 위의 본문 1절부터 8절까지 모두 여덟 차례나 이 단어를 사용하셨다. 이는 매순간순간의 관계 속에서 나무의 수액이 가지로 흘러들어 가는 모습을 보여 준다. 가지의 생명 자체가 나무와 연결됨에 의존하고 있는 모습이다. 예수께서는 우리의 자만, 재능, 삶의 스트레스, 망각이 이러한 유기적인 관계에서 멀어지게 유혹할 것을 잘 알고 계셨다. 그래서 여덟 차례나 친밀하게 연결된 상태로 거해야 함의 중요성을 우리에게 상기시키신 것이다.

이러한 연결 관계는 리더에게 있어서 매우 중요하다. 우리는 이끌도록 부르심을 받기 전에 먼저 그리스도와 연결되도록 부름을 받았기 때문이다. 마치 포도원의 농부가 그의 포도나무를 정성스레 돌보듯이 우리도 그러한 연결 관계를 잘 보살펴야 한다. 우리의 영적인 삶이 전체 회중들에게 영향을 주기 때문에 더욱 그러하다. 실제로 성도들은 리더들로부터 본을 받으며, 리더보다 더 높은 영적 수준으로 오르는 일은 극히 드물다. 예수님과의 친밀한 연결 관계로 헌신한 리더들은 그 연결을 유지해 주는 일종의 습관들을 쌓게 된다. 여기에는 하나님과의 시간, 말씀의 공급, 기도를 통한 하나님과의 대화가 포함된다.

서두르지 말고 하나님과 깊이 교제하는 시간이 필수적이다. 우리들의 배우자, 친구, 가족, 또는 예수님과의 사랑을 깨뜨리는 것들 중 하나는 바로 바쁜 삶이다. 그러나 친밀감은 충분한 시간을 필요로 한다. "서두르지 않는 시간"이야말로 아무런 방해 없이 하나님과 함께 교제하기 위해 날마다 추구해야 하는 것이다. 이러한 일은 단호하게 결심하지 않고서는 매우 어렵다.

잘 관리된 포도원에서는 가지들이 땅에 닿지 않도록 각별히 신경을 쓴다. 만일 가지가 땅바닥으로 떨어져 닿게 되면, 곧 썩게 되고 포도열매를 망치게 된다. 매일 서두르지 않고 하나님과 교제하는 시간이 우리를 땅바닥에 떨어지지 않고도 생명의 근원되시는 참포도 나무이신 예수님과 잘 연결되도록 만든다. 우리가 이 연결을 소홀히 하면, '땅바닥'에 닿게 되고, 주님과의 친밀감에 손상이 오며, 열매를 망치게 된다.

하나님의 말씀을 발견하고 재발견한다. 포도나무와 연결되는 질적 차이는 말씀과 연결되어 있는가와 직접적인 관련이 있다. 이는 모든 신자에게도 통용되는 진리이지만, 특별히 교회의 지도자로 부름 받은 자들에게는 더욱 그러하다. 우리가 가 보지도 못한 곳으로 남을 인도할 수는 없는 노릇이다. 우리의 영적인 삶은 하나님의 말씀에 의해서만 채워지고 풍요로워진다.

나에게는 몇 명의 영웅들이 있다. 그 중 한 명은 내 인생의 거의 대부분의 시간 동안 알고 지낸 가까운 친구다. 그는 중서부를 가로지르는 거대하고 성공적인 사업을 이루었고 그의 산업의 리더가 되었다. 그는 또한 내가 아는 매우 지혜로운 교회 리더들 중에 한 사람이기도 하다. 그러나 내가 정말로 그를 사랑하는 이유는 그의 모든 성공에도 불구하고, 그의 최고의 우선순위가 하나님을 기쁘시게 하고 예수님들 더 알아 가는 데 있다는 사실이다. 내가 그에게 하나님께서 무엇을 가르치고 계시는지 물어볼 때마다 매우 흥미롭고 통찰력 있는 답변들을 듣곤 한다. 그는 매순간마다 대화를 통해 무엇인가를 배울 수 있는 사람이다. 그 친구의 한 가지 취미는 매년마다 성경을 통독하는 것이다. 성경 읽기를 통해 하나님의 깊은 뜻과 우리의 인생을 향한 계획과 교회를 위한 가르침을 발견하고 또 재발견하고 있다. 성경 읽기가 지루해지지 않고 늘 새롭게 느껴지도록 이전에 읽지 않았던 번역본을 선택해서 읽곤 한다. 이러한 성경 읽는 습관이 하나님을 알고자 하는 그의 열정을 더욱 충만히 채우고 있다.

교회를 위해 우리가 내리는 결정들은 우리가 이끌고 있는 사람들의 영적인 삶에 직접적인 영향을 끼친다. 우리의 삶을 그분의 말씀으로 공급받아 주님과 살아 있는 연결 관계를 맺는 가운데 그들을 돌보는 것이 아니라면, 자신들은 죽은 가지이면서 다른 가지들이 열매 맺도록 돕는 것과 다를 바 없다.

영적 능력을 발휘하는 리더십 차원의 또 다른 필수적인 습관은 기도를 통해 규칙적으로 연결하는 것이다.

기도 사역을 통해 능력을 받으라

우리가 날마다 주님을 겸손히 의지하면서 기도를 들으시고 응답하실 것을 기대하며 하나님과 대화해 나아갈 때라야 에너지가 공급되는 상태로 남을 이끌어 갈 수 있다. 기도가 없는 삶은 우리를 땅에 떨어진 썩은 나뭇가지로 만든다. 반면에 풍성한 기도의 삶은 열매를 많이 맺는 건강한 가지가 되도록 한다. 기도하라는 명령과 권면보다도, 더 자주 반복되는 다른 명령은 성경에서 찾아보기 힘들다.

우리가 포도나무와의 연결을 도모하는 동안 반드시 기억해야 할 것들이 있다.

기도하고 기대감으로 의지하는 것은 리더의 특징이다. 예수님과 친밀한 관계를 맺는 남녀들은 모두 기도를 많이 하는 사람들이다. 그들은 하나님께서 실제로 그 기도를 이루실 것이라는 큰 기대감을 지니고, 삶의 영적 열매들을 위해 기도한다. 예수께서 엄청난 약속들을 연이어 말씀하신 요한복음 15장을 다시 한 번 생각해 보자.

* 우리가 만일 그리스도 안에 거하면, 우리는 열매를 맺을 것이다(5절).
* 우리가 만일 그리스도 안에 거하면, 우리는 열매와 관련된(이 구절들의 정황과 문맥은 열매와 관련 있다) 그 무엇이든지 원하는

것을 구할 수 있고, 하나님께서 주실 것이다(7절).

* 우리가 풍성한 열매를 맺는 것이 아버지의 영광을 위함이고, 그
  리스도의 제자임을 증명하는 것이기에 하나님께서 우리의 기도를
  들어 응답해 주실 것이다(8절).

여기에 나타난 그리스도의 약속은 명백하다. 그분 안에 거하고 구하는 자는 열매를 맺을 것이다. 만약 우리가 열매를 맺지 못하고 있다면, 우리는 지금 주님 안에 거하고(예수님과 친밀하게 연결되어) 있지 않거나, 구하고 있지 않다는 말이다. 요한복음 15장 16절에서 예수님은 이 약속을 다시 반복하신다. "너희가 나를 택한 것이 아니요 내가 너희를 택하여 세웠나니 이는 너희로 가서 열매를 맺게 하고 또 너희 열매가 항상 있게 하여 내 이름으로 아버지께 무엇을 구하든지 다 받게 하려 함이라." 그분의 자녀로서 우리는 영생의 열매를 맺도록 그리스도에 의해 택함과 지명을 받았고, 구체적으로 위임을 받았다.

기도는 힘든 노동이다. 기도에 대해 말하고 글로 쓰는 것이 실제로 기도하는 것보다 훨씬 쉽다. 특히 행동 중심의 리더들에게 있어서는 "무엇인가 해치우는 일"이 가만히 앉아서 기도하는 것보다 더 편하다. 대다수 결혼한 부부들에게 서로의 내면 깊은 것들을 나눌 수 있는 유익한 시간을 마련하는 일은 쉽지 않은 도전이다. 그렇다면, 눈에 보이지도 않고 귀에 들리지도 않는 분을 위해 우리의 마음을 고요히 하고, 대화의 시간을 마련하는 일이 얼마나 어렵겠는가.

그러나 사랑하는 이와의 친밀감은 서두르지 않는 충분한 시간뿐만 아니라 마음과 영혼을 담은 표현을 요구한다. 우리가 기도할 때, 우리

는 이 땅에 사는 동안에 취할 수 있는 가장 친밀한 방법으로 하나님의 임재 안으로 들어간다. 비록 항상 그렇게 느끼지는 못한다 할지라도, 우리는 기도 중에 우리가 열매를 풍성히 맺기를 원하시는 인격적인 하나님과 대면한다. 변화되지 않은 모습으로는 그분의 임재 안에 머무를 수 없다. 주님과 시간을 함께 보낼수록 더욱 그분의 인격을 닮아가게 된다.

비록 하나님의 임재 안으로 나아가게 하는 기도가 힘든 노동과 같을지라도, 그 결과로 하나님의 사역과 능력이 이루어지기 때문에 우리의 기도하는 노력이 가르침을 가져오는 것이다. 야고보서는 요한복음 15장의 예수님의 약속을 재생시킨다. "너희가 얻지 못함은 구하지 아니함이요"(약 4:2). 내가 젊었을 때는 종종 기도에 별로 신경 쓰지 않은 채 하나님을 위한다는 명목으로 많은 힘을 들여 노력하곤 했다. 오늘에서야 비로소 나는 만약 내가 하나님과 더 많은 시간을 가졌다면 하나님께서 친히 그분의 초자연적인 능력으로 나의 사역을 더 효율적으로 이끄시며 형통하게 인도하셨으리라는 것을 깨닫게 된다.

적극적인 경청이 필수적이다. 하나님께서는 우리에게 말씀하시는가? 하나님께서는 당신과 정기적으로 대화하고자 하신다는 사실을 믿는가? 포도나무와 가지의 비유가 "그렇다!"라고 답을 외치고 있다. 포도나무의 수액이 가지로 흘러가는 모습을 통해 분명히 깨달을 수 있는 사실이다.

"하나님께서 말씀하시는가?"라고 묻지 말고, "우리는 듣고 있는가?"라고 물어야 한다. 하나님께서 소리를 내시는 일은 거의 없다. 그분은 우리의 영혼에 세미한 음성으로 다가오신다. 듣는 법을 배우지 않는

한, 그러한 부드러운 속삭임은 우리 삶에 가득한 소음에 묻혀 침식되어 버릴 것이다.

나의 사역에서 그분의 세미한 음성을 여러 번 경험한 적이 있다. 나는 때마다 터져 나오는 문제들을 감당할 지혜나 해답을 갖고 있지 않았다. 많은 시간 동안 가야 할 방향을 알지 못한 채 그러한 상황들을 숙고하고 기도하며 기다렸다. 그러자 운전하던 중에, 또는 하루 일과 중에, 해답이 전구불빛처럼 번쩍하고 떠올라 극적으로 대처할 수 있었다. 내가 천재라서 그러했는가? 아니다. 하나님께서 세밀한 음성으로 필요한 순간에 깨우쳐 주신 것이다. 때때로 그 해답이 너무나 기발해서 **'나 스스로는 결코 그렇게 해결해 내지 못했을 거야.'**라는 생각도 한다. 정말 사실이다. 내가 아니라 하나님께서 하신 일이다.

하나님의 세밀한 음성을 듣는 방법을 어떻게 배울 수 있을까? 그분의 음성을 더 분명히 듣기를 원한다고 고백하는 것으로부터 시작할 수 있다. 다음과 같이 기도했을 때 나의 인생은 변화되었다.

"주님, 저는 주님께서 더 자주 제게 말씀하시기를 원하신다고 믿습니다. 제가 더 자주 그리고 분명히 들을 수 있도록 도와주시길 간구합니다. 또한 주님께서 세밀한 음성으로 말씀하실 때 제가 민감하게 반응할 수 있도록 도와주세요. 나의 생각과 주님께서 주시는 뜻을 온전히 분별할 수 있도록 도와주세요."

 핵심질문

잠시 시간을 가진 후에, 하나님께서 다음의 영역들에 대해 당신에게 말씀하시는 음성을 듣고 적어 보십시오.

* 나의 삶: ____

* 나의 사역/일: ____

* 나의 리더십: ____

* 나의 교회: ____

* 나의 가족: ____

근래에 아무 말씀도 듣고 있지 못한다면, 위의 기도를 시도해 보고 날마다 귀를 기울이는 가운데 다시 실행해 보십시오.

하루가 시작되는 아침에 나는 종종 "만일 주님께서 오늘 내게 말씀하고자 하시는 것이 있다면, 내가 들을 수 있도록 도와주십시오."라고 하나님께 아뢴다. 당신이 그렇게 기도한다면, 하나님께서 당신의 요청을 귀하게 보시고, 그분의 음성에 보다 민감해지도록 도우실 것이다.

그런 후에 당신이 직면한 문제들을 가지고 하나님의 뜻과 인도하심을 구하는 습관을 가지라. 하나님께 아뢰고 기다려 보라. 하나님께서 무엇인가 영감을 주시는 것처럼 느껴진다면 그것이 때로 위험하고 이상해 보일지라도 한 번 따라보라. 마치 우리가 보다 효과적으로 기도하는 방법을 배울 수 있듯이 보다 분명히 들을 수 있는 방법도 배울 수 있다.

기도하는 시간을 마련하는 일처럼 경청하는 일도 많은 노력이 따른다. 세밀하게 속삭이는 음성을 듣기 위해서는 고요하고, 심사숙고하며, 서두르지 않고 그분과 교제할 수 있는 시간이 필요하다. 모든 라디오와 TV가 꺼진 상태에서 우리가 생각하고, 기도하고 들을 수 있는 시간이 필요하다. 하나님의 음성을 보다 잘 듣는 사람들이 자신들의 삶을 잘 절제하고 훈련한다는 것은 그리 놀라운 일이 아니다. 세미한 속삭임은 고요함 속에서 귀를 기울일 것을 요한다. 당신이 고요한 가운데 운전을 하거나, 공부를 하거나 또는 일을 할 때에도 들을 수 있다.

포도나무에 진정으로 연결된 리더는 그가 이끄는 회중들에게 의미심장한 영향을 끼치게 되고, 하나님의 능력이 성도들 안에서 그들을 통해서 나타남을 보게 된다. 우리가 인격적이고 친밀하게 생명의 근원이 되시는 주님과 연결만 되어지면, 마치 전기 에너지가 공급되는 전원이 켜져 있는 상태처럼 사역을 할 수 있다. 그러나 그러한 연결됨이 우리 개인만을 위한 것은 아니다. 우리 양들의 필요를 함께 구하기 위한 것이다.

양들을 위한 능력 있는 기도

"진실로 다시 너희에게 이르노니 너희 중의 두 사람이 땅에서 합심하여 무엇이든지 구하면 하늘에 계신 내 아버지께서 그들을 위하여 이루게 하시리라. 두세 사람이 내 이름으로 모인 곳에는 나도 그들 중에 있느니라"(마 18:19-20). 회중들을 위해 양질의 기도 시간을 가지고자 하는 리더는 반드시 다음의 성경의 진리들을 이해하고 믿어야 한다.

* 우리 가운데 거하시는 예수님의 능력이 아니고서는 영적으로 가치 있는 그 어떤 것도 우리는 행할 수 없다.
* 예수님께서는 우리의 사역에서 풍성한 영적 열매들을 보기 원하신

다.

* 예수님께서는 우리의 요구들을 들어 주실 준비가 되어 계시지만,
우리가 구하지 않는 한 우리의 사역에 축복을 부어 주시리라 약속
하지 않으신다.
* 예수님께 겸손히 의지하는 모습이 성숙한 리더의 특징이다. 영적
세계에서는 결코 스스로 자급자족할 수 없다는 사실을 깨달아야
한다.

그러므로 기도는 필연적이다. 그러나 리더가 해야 하는 기도는 무엇
인가? 좀 엉뚱한 질문 같지만, 실제 기도 모임에 참석해 보면 기도의
방향성과 재료가 부족하다는 사실을 곧 깨닫게 된다. 우리가 기도할
때 하나님께서 정말 일하신다면, 우리가 기도하는 내용은 매우 중요한
것이 아닐 수 없다.

서로를 위해 기도하라. 강한 리더십 그룹은 자신들 안에서 하나의 공
동체를 형성한다. 그러므로 리더들은 더 구체적으로 각자의 필요와 영
적 건강, 성장과 가족들의 안전 등을 위해 기도할 수 있다.

에베소서 6장 10-20절에서 바울은 우리가 실존하는 영적 대적자
들과 영적 전쟁 중에 있다는 사실을 상기시킨다. 모든 악의 세력들은
성도들의 신앙을 무너뜨리고자 가장 먼저 그들의 지도자의 영적 생활
을 탈선시키려 한다. 그렇기 때문에 다수의 영적 지도자들이 종종 영
적인 위기에 놓이게 되는 것이다. 우리는 영적인 보호의 필요성을 심
각하게 받아들이고, 악한 세력에 맞서는 첫 방편으로 서로를 위해 기
도하기를 힘써야 할 것이다.

의미 있게 서로 기도하기 위해서는 관계의 투명성이 필요하다. 개인 사생활을 더 개방할수록(안전과 비밀이 보장된 상황에서), 리더로서 직면하는 다른 여러 문제들에 대해서도 더 개방할 수 있다.

회중들의 필요를 위해 기도하라. 재정적, 육신적, 영적, 감정적 괴로움이 영적 건강에도 영향을 준다. 작은 규모의 교회 리더들은 이러한 필요들에 관해 대체적으로 잘 숙지하는 편이다. 그러나 상대적으로 큰 교회에서는 그렇지 못하다. 기도의 네트워크를 구축하여 성도들끼리 정기적으로 돌아가면서 일정 기간 동안 기도하는 일이 필요하다. 큰 교회일수록 리더십은 사역자들과 리더들을 위한 기도의 네트워크가 되어야 한다.

고유의 사명 완수를 위해 기도하라. 교회를 향한 가장 고귀한 두 가지 사명은 아직도 그리스도를 알지 못하는 사람들에게 복음을 전하는 것과 그분을 아는 이들을 도와 더 성숙한 그리스도인이 되도록 돕는 것이다. 지상명령의 앞뒤 부분이 이를 잘 반영하고 있다. 그러나 각 회중들마다 하나님께서 주신 독특한 DNA가 있다. 회중들은 지상명령을 이루고 평신도 사역에 참여할 각기 다른 기회와 강점들을 가지고 있다.

최근에 나는 한 친구로부터 그의 교회에서 MOPS(Mother of Preschoolers: 취학전 아동들의 어머니 모임)라는 좋은 사역의 기회를 제공한다는 소식을 들었다. 사백여 명의 성도로 구성된 교회에서 육십 명의 엄마들이 참여하였다. 대부분 외부에서 온 사람들이었는데, 신앙생활을 하지 않은 엄마들을 전도할 수 있는 특별한 사역의 기회였다.

우리는 주님께서 우리의 성도들이 많은 열매를 맺기 원하심을 잘 알고 있다. 또한 영적 열매를 위해 간구할 때, 그 기도를 들어 응답하신

다는 약속도 알고 있다. 여기, 교회의 지상명령을 위해 우리가 간구해
야 할 기도들이 있다.

* 주여, 우리의 회중들이 아직까지 주님을 모르고 영원한 소망 없이
  살아가는 이들을 향한 위대한 열정을 가지도록 도와주소서.
* 아버지여, 우리가 풍성한 열매를 맺기 원합니다. 우리 주변의 공
  동체와 성도들의 이웃과 친구들에게 효과적으로 복음을 전할 수
  있는 방법을 보여 주옵소서. 다른 사람들이 쉽게 할 수 없는 우리
  들만의 독특한 사역의 기회를 가르쳐 주옵소서.
* 주여, 우리는 이 회중들이 성숙하게 자라기를 간절히 원합니다.
  각자의 수준에 맞는 다음 단계의 영적 성장을 모두 도울 수 있는
  길들을 보여 주옵소서.
* 아버지여, 전도와 제자훈련에 은사가 있는 봉사자들을 많이 일으
  켜 주셔서 그들을 통해 하나님 나라를 위한 영적 열매들을 거두어
  들일 수 있도록 도와주소서.

영적 회복을 위해 기도하라. 사람들의 마음을 빼앗고 있는 수많은 일
들이 오히려 그들의 영적 건강에는 어긋나게 작용하고 있다. 과부하
(過負荷)에 따른 스트레스, 부(富)의 추구, 건강하지 않은 결혼, 자녀
양육, 정서적인 문제, 학대 등 여러 경험들이 그리스도 안에서의 온전
한 자유와 온전한 제자의 삶을 누리는 것을 방해한다. 하나님께서 영
적으로 그들을 깨우치도록 기도하는 일은 우리의 부담이 아니라 특권
이다. 하나님께서 그들의 삶의 최우선 순위가 되고, 하나님 나라의 확

장이 그들의 가장 위대한 꿈이 되도록 기도해야 한다. 정말로 하나님 께서 우리의 기도를 들으시고, 그분의 백성들이 풍성한 열매를 맺기를 원하심을 믿는다면, 사도 바울처럼 우리 회중들의 영적 회복을 위해 꾸준히 기도해야 한다.

실행연습

구약성경 또는 신약성경에서 영적 리더들(예수님 포함)이 백성들을 위해 기도한 것을 사용하여 당신도 성도들을 위해 기도해 보십시오.

하나님의 나라가 공동체 안에 임하도록 기도하라. 교회의 리더들로서 우리는 교회 문 밖에서 일어나는 일들까지 변화시킬 수 있을까? 예수 님께서는 그렇다고 하신다. 여기에 주님께서 기도하라고 가르쳐 주신 가장 놀라운 말씀들이 있다. "하늘에 계신 우리 아버지여 이름이 거룩 히 여김을 받으시오며, 나라가 임하시오며 뜻이 하늘에서 이루어진 것 같이 땅에서도 이루어지이다"(마 6:9-10).

비록 우리가 죄 많고, 불공평하며, 타락하고, 악한 세상에 살고 있지 만, 하나님의 뜻이 이루어지기를 기도하라고 권면하고 있다. 하나님의 나라가 우리의 법원, 학교, 경찰서 그리고 모든 공동체에서 하나님의 거 룩한 의와 사랑과 함께 지상천국처럼 임해야 한다는 것이다. 엄청나게 들리지만, 예수님께서는 실제로 우리가 그렇게 기도하도록 부르셨다.

리더들이 기도하는 것들을 회중들도 함께 기도해야 한다. 우리가 그 와 같이 과감하게 기도할 때, 하나님께서 성도들에게 일터와 세상의 무 대에서 어떻게 하나님 나라의 일에 참여할 수 있는지를 보여 주신다.

그리스도를 대신하여 그분의 회중들을 이끄는 동안 초자연적이고 신령한 지혜를 얻도록 기도하라. 리더십은 매우 복합적인 일이다. 리더들은 그들에게 상처를 안겨 줄 수 있는 관계적 문제와 갈등의 문제로 뛰어들어야 한다. 리더들은 성도들이 안주하고자 하는 안락한 테두리 밖으로 뛰쳐나와야 한다. 때로 리더들은 푸른 초장이 아니라 무섭게 광활한 벌판으로 성도들을 이끌어야 한다. 더군다나 교회는 복음 전파를 위한 하나님의 택하신 도구이다. 최선으로 섬기려면 어마어마한 지혜가 필요한 일이다. 그리고 그 지혜는 참 포도나무이신 예수 그리스도로부터 궁극적으로 얻게 된다.

하나님께서 우리를 불러주셔서 취하라고 하신 땅은 사탄의 지배를 받고 있다. 영적 존재들이 관여하는 곳이다. 그러므로 지혜롭게 이끌어 가하기 위해서는 하나님의 뜻과 인도하시는 방향을 잘 알아야 한다. 신령한 지혜는 신령한 뜻으로부터 오는데 이는 합심하여 정기적으로 진지하게 기도하기를 우선할 때 주어진다. 위대한 일들을 계획하고, 위대한 것들을 생각하며, 위대한 일들을 하라. 그러나 그 무엇보다도 위대한 일들을 위해 기도하라.

 **핵심 질문**

전략적으로 기도하기 위해 당회는 어떠한 방법으로 양질의 시간을 가지고 있습니까?

당회원들로서 우리는 다음의 사항들을 위해 전략적으로 기도해야 할 것입니다.

• ____

• ____

- ____

- ____

- ____

이 장에 관해 토의할 때, 당신의 답을 나누어 보십시오.

 실행연습

당회에서 합의점에 이르지 못할 때(만장일치는 아니라도), 또는 방향이나 결정이 잘못 되었다고 느낄 때, 시간을 가지고 하나님의 인도하심을 구하십시오. 당회 모임 외의 시간이 더 추가적으로 필요할지라도 하나님께서 분명 당신의 기도를 응답하시고, 방향을 제시해 주실 것입니다. 힘들어도 자주 구해야만 합니다.

함께 경청하며 기도하라. 개인적으로 하나님과 시간을 가질 때, 경청의 중요성에 대해 이미 논의했다. 이것은 함께 기도할 때에도 적용된다. 하나님의 뜻과 인도하심을 구하며 함께 기도할 때, 하나님께서 응답하시길 기대할 수 있다. 종종 그 응답은 하나님의 부드러운 감동과 함께 몇 또는 모든 이들의 마음에 동시 다발적으로 임하기도 한다. 리더들이 함께 기도할 때 하나님께서 마음을 녹이시는 모습을 보고 있노라면 실로 놀랍기만 하다.

기도하는 가운데 하나님께서 임재하시기를 구하며, 침묵으로도 함께 하라. 때로 조금 어색하게 느껴질 수도 있지만, 침묵은 하나님의 세미한 음성을 들을 수 있는 좋은 수단이다.

함께 예배하라. 음악과 찬양과 말씀은 주님께로 마음을 모으고, 다음 단계의 기도로 넘어가도록 돕는다. 예배는 예수님과의 친밀감을 느끼게 하고, 사람들 간의 벽을 허물어뜨리며, 하나님 앞에 겸손히 엎드리게 하고, 기도하며 경청하는 일을 준비시킨다.

시간의 압박이나 사업의 계획 없이 매달 또는 분기별로 특별한 시간에 모여 예배하고 기도하는 당회를 알고 있다. 당회원들은 다른 사역자들이나 다른 그룹의 리더들을 초대하여 함께 하기도 한다. 음악이 말씀과 기도 곳곳에 흐르는 가운데 그 모임은 경배와 찬양의 분위기로 들어간다. 때로는 기도제목을 가지고 함께 소리 내어 기도하기도 하고, 때로는 침묵기도와 묵상, 하나님의 임재 경험을 위해 고요한 적막이 흐르기도 한다.

만일 어느 멤버가 하나님께서 감동을 주셔서 기도하도록 하신 주제가 떠오르면, 함께 나누고 기도한다. 그리고 만일 하나님께서 어떤 문제의 해결 방향을 제시하시고자 함을 느낀다면, 그 마음의 감동을 함께 나누며 다른 사람들도 그렇게 느끼는지 살핀다. 하나님께서 원하신다면, 함께 기도함을 통해 응답과 인도함을 주실 수 있다는 기대감이 내재해 있다.

한 그룹으로서 하나님의 영에 귀 기울이고, 경배하며, 간구하는 시간인 것이다. 무엇보다 교회의 주인 되시는 그리스도께 겸손함으로 나아가 주님의 임재를 갈망하고, 그분께 온전히 의존함을 서로 확인하며, 함께 연합되기를 구하는 시간이다.

그 누구도 진정한 하나님의 임재를 경험한 후에는 변하지 않을 수 없다. 단순한 리더십에 머물지 않고, 그 역할 중에서도 그리스도와의 친밀한 관계로 리더가 나아올 때, 그 리더와 그룹에는 변화가 생긴다. 어떤 이들에게는 처음에는 다소 힘든 것일 수 있겠지만, 이러한 친밀한 연합 기도회 모임이 전략적으로 가장 중요한 행사로 교회 달력에 자리매김해야 한다. 이를 실행하는 사람들은 리더십의 막대한 영적 돌파구를 마련하기도 한다.

전원파워가 켜진 리더십

차오프라야 강가에 세워진 호텔의 모습이 내 마음을 심란하게 만들었다. 낮에는 아름답지만, 밤에는 조명 빛 하나 없이 텅 비어 있음을 드러낸 호텔. 이 호텔은 오직 예수님을 통해서만 열매를 맺을 수 있고, 기도로서 그것이 가능하다는 사실을 잊어버린 리더의 모습과 똑같다고 생각한다. 우리 스스로는 뛰어난 시설들을 개선하고, 훌륭한 프로그램들을 만들어 갈 수 있지만, 성령의 능력이 없이는 영속하는 영적 열매들을 맺지 못한다. 이러한 상태라면, 우리의 리더십은 그 저주받은 호텔처럼 아무리 외관이 그럴싸하게 보여도 실제로는 텅 비고, 비효율적인 사역이 되는 것이다.

그러나 기도를 자신들의 리더십 사역에 가장 큰 최우선순위로 여기는 이들은 한 번도 상상하지 못한 놀라운 방법으로 하나님께서 일하심을 보게 될 것이다. 하나님의 초자연적이고, 생명을 주관하며, 삶을 변화시키는 능력을 의지함으로 영원한 영적 열매를 얻는다. 우리는 이를 선택할 수 있다. 전원파워가 켜진 상태로 혹은 꺼진 상태로 이끌어

갈 수 있다.

핵심질문

이 장에서 내가 가장 잘 배우고 얻게 된 세 가지:

- ____
- ____
- ____

예수님과 서두르지 않고 교제할 수 있는 시간을 마련하는 데 가장 큰 장애물들은:

- ____
- ____
- ____

나는 더 풍성한 영적 열매가 내 삶의 다음과 같은 영역에서 얻어지도록 주님께 도우심을 구하겠습니다.

- ____
- ____
- ____

당회토론을 위하여: 우리는 우리의 공동기도를 위하여 다음과 같이 다짐할 것을 동의

합니다.

- ____
- ____
- ____

 ## 마무리하기: 영적 능력 유지하기

* 리더는 하나님과 서두르지 않는 시간을 가진다.

* 리더는 하나님의 말씀을 발견하고 재발견한다.

* 리더는 기도와 기대감으로 주님께 의지한다.

* 리더는 기도의 힘든 노동을 기꺼이 수행한다.

* 리더는 적극적으로 하나님의 음성을 경청한다.

* 리더는 서로를 위해 기도한다.

* 리더는 회중의 필요를 위해 기도한다.

* 리더는 고유의 사명의 완수를 위해 기도한다.

* 리더는 영적 회복을 위해 기도한다.

* 리더는 하나님의 나라가 공동체와 세상에 임하도록 기도한다.

* 리더는 회중을 인도하는 동안 하나님의 초자연적이고 신령한 지혜를 구한다.

* 리더는 합심으로 하나님의 음성에 귀 기울인다.

* 리더는 함께 하나님을 예배한다.

4장

6차원 리더십 II

　　　　　　　　전략이 중요하고 리더십도 중요하다.
그러나 하나님의 능력이 결여된 전략과 리더십은 그리스도께서 교회가
경험하도록 부르신 영원한 영적 열매를 생산해 내지 못한다.

　6차원 리더십의 첫째 측면은 교회 리더들이 자신과 양들을 교회의
머리시요 주인이신 예수님과 친밀하게 연결하도록 하는 것이었다. 이
장에서 살펴볼 리더십의 모든 다른 측면들은 예수님과의 지속적이고,
친밀하고, 유기적인 연결을 통하여 영적 능력을 유지하는 일에 부차적
인 것들이다. 그리스도와의 친밀함이 없는 리더십, 즉 "전원파워가 꺼
져 있는" 리더에게는 나머지 리더십의 측면들조차도 삶의 변화나 반향
을 가져다줄 수 없다.

　그리스도와의 연결이 확고하다면, 나머지 리더십의 차원들 – 가르
치기, 보호하기, 돌보기, 개발하기, 권한 위임하기, 공개하기, 지도하
기 – 또한 건강하고 활기찬 몸을 만드는 데 기여할 것이다. 그리스도

와의 친밀함과 더불어 이러한 리더십의 측면들이 더해진다면, 회중들
을 건강하고 즐거운 사역으로 인도할 수 있다.

그럼 지금부터 강력한 리더십의 두 번째 측면인 가르치기를 살펴보
자.

리더십의 두 번째 측면: 가르치기

그의 책 『교회의 재림(*The Second Coming of the Church*)』에서 조지 바
나(George Barna)는 '길거리 수준의 신학(street-level theology)'을 언급하
고 있는데 상당한 비율의 미국인들이 다음과 같은 믿음을 가지고 있다
는 것이다.

* 성경은 스스로 돕는 자를 하나님께서 도우신다고 가르친다
  (81%).
* 당신이 어떤 종교적 믿음을 가졌는지는 중요하지 않다. 결국 다
  같은 교훈이다(38%).
* 종교적 신앙에 관계없이 죽음 이후에는 모두 같은 결과를 경험할
  것이다(44%).
* 성경은 돈이 모든 악의 근원이라고 가르친다(49%).
* 성경이 가르치는 교훈들이 모두 옳은 것은 아니다(34%).
* 사탄은 실제 살아 있는 존재가 아니다. 악의 상징일 뿐이다
  (60%).

* 사람들이 영적 존재에 어떤 이름을 사용하든지 상관없이 그들은 모두 같은 신, 또는 같은 영에게 기도하는 것이다(53%).
* 모든 종교적 신앙은 똑같이 유효한 진리를 가르친다(40%).
* 인생의 가장 중요한 과제는 가족을 돌보는 일이다(56%).
* 사람들은 하나님께 복을 받았기 때문에 최대한으로 인생을 즐길 수 있다(72%).[1]

당신은 이들 중 어느 것 하나도 성경의 가르침과 일치하지 않는다는 사실을 곧 알아차렸을 것이다. 그러나 오늘날 우리의 교회로 출입하는 사람들의 상당수가 – 심지어는 오랫동안 교회를 다녔던 사람들까지도 – 이러한 믿음을 가지고 있다!

이전 세대에는 헌신된 그리스도인들이 아니라 할지라도 제법 많은 사람들이 성경적인 기본 지식들을 공유하고 있었다. 오늘날의 교회 회중들은 하나님의 진리에 대한 이해가 상대적으로 적은 편이다. 만약 이들이 진정으로 하나님의 백성이 되고자 한다면 성경말씀을 배워야 하고, 스스로도 공부할 수 있는 방편들을 마련해 주어야 할 것이다. 그렇게 되도록 하는 일이 리더의 중요한 역할이다.

얼마나 가르치는 사역을 잘하고 있는지에 관한 평가방법이 에베소서 4장 11-13절에 잘 나와 있다.

"그가 어떤 사람은 사도로, 어떤 사람은 선지자로, 어떤 사

---

1) George Barna, *The Second Coming of the Church* (Nashville: Word, 1998), 21. See www.barna.org for updated information.

람은 복음 전하는 자로, 어떤 사람은 목사와 교사로 삼으셨
으니 이는 성도를 온전하게 하여 봉사의 일을 하게 하며 그
리스도의 몸을 세우려 하심이라. 우리가 다 하나님의 아들
을 믿는 것과 아는 일에 하나가 되어 온전한 사람을 이루
어 그리스도의 장성한 분량이 충만한 데까지 이르리니" (엡
4:11-13).

성도들을 영적 성숙함에 자라도록 하는 일이 사역자의 임무 완성도
를 나타내고 있다. 성숙함의 증거들에는 봉사의 일을 하도록 준비하는
것과 한 몸으로 연합하는 것, 그리고 그리스도께서 이루신 일에 대한
확고한 이해를 포함한다.

하나님의 말씀은 우리의 모든 존재와 우리가 하는 모든 일의 기초가
된다. 성경이 성도들로 하여금 "모든 선한 일"을 할 수 있도록 훈련하
는 가장 중요한 수단임을 회중들이 알도록 해야 한다(딤후 3:14-17).
이 책임은 보기처럼 쉬운 일이 아니다. 예를 들어보자.

* 당신의 회중들 중에서 성경 전체를 통독한 사람은 몇 명이나 되는가?
* 당신의 회중들에게 신앙의 근본이 되는 교리들을 조직적으로 가르
  치려는 노력을 하고 있는가?
* 젊은이부터 노인에 이르기까지 개인 성경 공부를 할 수 있도록 돕
  고 있는가?

그러나 신학만으로 충분한 것은 아니다. 사람들은 예수님과 함께 거

하는 관계로 깊이 들어가야 한다. 그래야 그들의 가정과 직장과 사역과 삶에 영속적인 영향을 줄 수 있다. 중요한 것은 성도들이 하나님 말씀의 원리를 그들의 삶에 어떻게 적용해야 하는지 이해하도록 도움으로써 주님을 향한 사랑과 그분과 함께하는 삶 모두 성숙해지도록 하는데 있다.

목표를 정해 가르치기. 에베소서 4장 11-13절 말씀대로 우리의 가르침이 영적 성숙을 목표로 한다면 리더들에게 있어서 영적 성숙이 무엇을 뜻하는지 성경적인 관점에서 정의하는 것은 매우 중요한 일이다. 일리노이 주의 사우스 베링턴에 위치한 윌로우크릭교회는 영적 성숙의 목표를 "Five Gs"라고 부르며 정해 놓고 있다. 다음에 나타나는 문구들이 "그리스도와 그분의 교회에 헌신한 사람의 특징"을 보여 준다.[2]

* Grace(은혜): 그리스도의 구원의 은혜를 이해하고 선물 받은 사람.
* Growth(성장): 의지적으로 영적 성장을 추구하는 사람.
* Groups(모임): 다른 사람들과 연결되어 있고 함께 성장하는 사람.
* Gifts(은사): 자신의 영적 은사를 발견하고, 개발하고 사용하는 사람.
* Good Stewardship(선한 청지기): 하나님께 자신의 수입의 십일조를 온전히 드리는 사람.

당신은 영적 성숙에 대해 윌로우크릭교회와는 다른 견해를 가질 수 있다. 그것은 문제가 되지 않는다. 요지는 나름대로의 정의를 가지고

---

2) Copyright 1995 Willow Creek Community Church Participating Membership Manual. Used with permission.

있어야 한다는 것이다. 영적 성숙의 목표를 분명히 정해 놓지 않으면, 당신과 회중들 모두 제대로 표적을 맞추고 있는지를 확인할 수 있는 방법이 없다. 우리의 사역의 결과로서 성숙한 그리스도의 제자들을 양성할 수 있기를 소망한다. 그러나 제자 된 모습이 어떠한 것인지를 명확히 하지 않고, 그 결과를 주의 깊게 관찰하지 않는다면, 우리 스스로를 어리석은 자들로 만들어버리고 말 것이다.

 **핵심질문**

리더들로서 우리는 그리스도를 따르는 제자, 영적으로 성숙한 사람에 대한 정의를 가지고 있습니까?

그렇다면 회중들도 그러한 정의를 잘 알고 있습니까?

혹 그렇지 않다면, 성숙한 그리스도인의 주요한 특성들은 무엇이겠습니까?

- ____
- ____
- ____
- ____
- ____

나의 삶이 그러한 특성들을 잘 반영하고 있습니까?

성도들이 진리를 직접 시운전해 보도록 도우라. 우리의 목표를 설정한 후에 회중들이 배운 것들을 실제로 행할 때 비로소 우리의 가르치는 사역이 완성된다. 가르치는 사역의 목적은 지식으로만 가득 찬 두뇌를 만드는 일에 있지 않고, 예수님을 향한 깊은 사랑으로 실제 순종하는 삶을 양성해 내는 데 있다. 배움의 길의 마지막에 다다라서는, 사람들이 그동안 배운 내용들을 바탕으로 연습할 수 있도록 도전과 기회를 제공하는 것이다. 마치 시운전(test-drive)과도 비슷하다.

앤디 스탠리(Andy Stanly) 목사는 그의 회중들에게 하나님의 나라의 진보를 위해 자원을 사용해야 함을 가르치면서 시운전해 보도록 도전하였다. 우리의 모든 것이 하나님께 속한 것임을 설교한 후에 조지아(Georgia) 주의 알파레타(Alpharetta)에 위치한 노스포인트커뮤니티교회(North Point Community Church)의 모든 성도들이 각기 5달러, 10달러, 20달러의 돈이 들어 있는 밀봉된 봉투를 받았다. 모두의 것을 합하면 총 37,000달러였다. 각 봉투에는 카드가 한 장씩 들어 있었는데, "나는 하나님 나라에 __________한 방법으로 투자하겠습니다."라고 적혀 있었다. 회중들은 그 돈을 교회 밖에서 사용하고, 그들이 어떻게 하나님 나라에 투자하였는지 다시 돌아와서 보고하도록 하였다. 수천 개가 넘는 응답이 들어 왔다. 스탠리 목사는 그들의 37,000달러가 아마도 50만 달러 이상의 가치로 하나님 나라의 일에 투자된 것으로 계산하였다.[3]

스탠리 목사는 그의 회중들에게 그가 설교한 것들을 가지고 직접 시

---

3) "Invite Them into the Kitchen," an interview with Andy Stanley, *Leadership* (Winter 2000), http://www.ctlibrary.com/le/2000/winter/1.22. html (accessed September 1, 2006).

운전하여 결과를 확인해 보도록 한 것이다. 이러한 교회 전체의 실험을 통해서 그들은 순종의 기쁨을 깨달았고, 그들의 모든 소유가 하나님의 것이라는 진리를 경험하였다.

배움의 증거는 지적 변화가 아니라 인격적 변화이다. 성경적 습관들을 실행에 옮길 때, 인격의 변화가 시작된다. 우리의 발을 진리의 강가에 담그고 그 물을 시험해 보고자 도전할 때, 비로소 새로운 습관들이 형성될 것이다.

 **핵심질문**

지난 해 동안 회중들이 직접 시운전해 보도록(배운 말씀들을 연습해 보도록) 격려한 일들이 구체적으로 어떤 것이 있었습니까?

- ____
- ____
- ____

시운전을 더 자주 해 보도록 하려면 어떻게 해야 하겠습니까?

리더십의 세 번째 차원: 보호하기

강력한 리더십의 세 번째 차원은 보호하기이다. 에베소의 연안 해변에서 바울이 장로들에게 권고한 말에서 왜 회중들을 보호하는 일이 중요한지 이해하도록 돕는다.

"여러분은 자기를 위하여 또는 온 양 떼를 위하여 삼가라. 성령이 그들 가운데 여러분을 감독자로 삼고 하나님이 자기 피로 사신 교회를 보살피게 하셨느니라. 내가 떠난 후에 사나운 이리가 여러분에게 들어와서 그 양떼를 아끼지 아니하며 또한 여러분 중에서도 제자들을 끌어 자기를 따르게 하려고 어그러진 말을 하는 사람들이 일어날 줄을 내가 아노라. 그러므로 여러분이 일깨어 내가 삼 년이나 밤낮 쉬지 않고 눈물로 각 사람을 훈계하던 것을 기억하라." (행 20:28-31).

바울은 리더들에게 양들을 위협하는 상황들을 다루는 일도 그들의 책무에 포함되어 있음을 알려 주고 있다. 이는 그들에게나 우리들에게나 그리 놀랄 만한 일이 아니다. 모든 지역 교회들에게는 적이 있다. 바로 하나님의 백성들을 혼란스럽게 만들고, 상처 입히고, 하나 됨을 파괴하기 위해 모든 수단과 방법을 가리지 않는 원수 사단이다.

리더가 회중들을 무엇으로부터 보호해야 하는가?

* 성경과 위배되고 성도를 파멸의 길로 빠뜨리는 가르침으로부터(행 20:28-31)
* 성도가 명백하고 지속적인 죄악에 관련되는 상황으로부터(고전 5)
* 권력 장악을 위해 또는 교리적 논쟁을 위해, 그리스도의 몸 된 교

회의 분열 원인이 되는 행동이나 태도를 취하는 사람들로부터(롬
16:17-19; 딤후 3:1-5; 딛 3:10-11)

리더십 우화

공격당하는 양들에 관해 설명할 수 있는 일화를 하나 소개하고자 한
다.

빌(Bill) 목사는 교회 개척을 위해 펜실베이니아(Pennsylvania) 주로
이사했다. 얼마 후, 모(母)교회의 사역자들이 그를 방문하기 위해 지나
가다 들렀다. 그들은 "목사님을 위해 정말 기도하고 있어요"라고 말하
며 떠났다.

빌 목사는 처음엔 그저 사역의 성공을 빌어 주는 줄로 생각했다. 그
러나 곧 자신이 알지 못하던 사실을 그들이 알고 있었다는 것을 깨닫게
되었다. 새로운 교회의 개척 멤버이자 당회원인 크리스 장로가 당회의
결의안에 거부권을 행사하고자 한 것이다. 또한 당회가 크리스 장로의
마음에 들지 않았던 의사결정을 내렸을 때, 회중들 중에 있는 크리스
장로의 친구들에게 은밀히 진행되어야 할 모든 토의 내용들이 알려진
것이다. 당회 정책을 해친 것이다. 그리고 그 친구들이 크리스 장로와
몇몇 이들을 섭외해서 다른 방향으로 결정하도록 유도하였다.

수 년 후, 당회의 모임은 매우 힘들어졌고, 때로는 완전히 추한 모
습까지 띄게 되었다. 몇 명의 당회원들의 언어와 태도들은 빌 목사를
충격에 빠뜨렸다. 크리스 장로가 관계 속으로 들어오면서 빌 목사의
가까운 지지자였던 다른 장로들도 거리가 멀어졌고 비판적으로 변했
다. 여러 가지 논쟁들로 지적을 당한 후에 빌 목사는 당회 모임에 들어

가는 것을 두려워하기 시작했다. 그는 자신의 리더십이 천천히 그러나 분명히 무시되고 있다고 결론지었다.

교회는 급속도록 성장하고 있었고, 대부분의 성도들은 배후에 숨어 있는 고통스러운 일을 알지 못했다. 그러나 빌 목사는 좌절감으로 곤두박질하고 있었다. 그의 눈에는 크리스 장로가 교회 전체에 불을 지르고 다니지만, 소방관이 불을 진화하러 올 때면 꼭꼭 숨어 버리는 방화범처럼 보였다.

얼마 되지 않아서 크리스 장로를 필두로 한 반대 인사들이 빌 목사의 사임을 요구했다. 공동의회에서 빌 목사를 압도적으로 지지하는 표가 나오자, 한 반대자가 자신의 모든 재정 지원을 철회하겠다고 큰 소리를 치며 회의장을 박차고 나갔다.

빌 목사는 모교회의 교역자들에게 물어보았고, 크리스 장로가 그곳에서도 과거에 그러한 문제가 많았음을 알게 되었다. 심지어 모교회의 목사는 크리스 장로가 다시는 그곳 당회의 리더십에 더 이상 참여할 수 없도록 투표까지 했었던 것이다! 크리스 장로와 그의 친구들은 결국 빌 목사의 교회를 떠났다. 그러나 그들은 계속해서 남아 있는 지인들과 친구들에게 다툼과 반대의 씨앗을 심곤 했다.

시간이 흐른 후, 빌 목사와 그의 아내는 결국 교회를 떠나기로 고통스러운 결정을 하였다. 당회원들이 두 주요 반대자들을 징계 처분하고자 강력하게 건의하였지만, 당회는 아직 그것을 수행할 준비가 되지 않았던 것이다. 빌 목사는 낙담과 우울증에 빠진 채 교회를 떠났다.

회중들은 점차 교회 내부에 힘겨루기 싸움이 잠재하였음을 알게 되었다. 빌 목사의 사임과 정치 싸움에 대한 해결책의 부재로 인해 몇 차

레에 걸친 공동의회 이후 회중의 절반이 넘는 성도들이 교회를 떠났다. 그리고 심지어는 크리스 장로가 돌아와 리더십 팀에 다시 합류했다.

새로운 목사가 부임되었지만, 몇 해 가지 않아 그 역시 사임했다. 세 번째로 부임한 목사 역시 힘겨루기에 밀려 몇 년 후 사임했다. 결국 지역 노회장이 관여했고, 크리스 장로가 더 이상 어떠한 리더십의 자리에도 오르지 못하도록 조치했다.

교회는 세 명의 목회자들이 거쳐 갔고, 그 여파로 인해 상처 입은 성도들만 무수히 남겨졌다. 그동안 교회의 붕괴된 사건을 지켜본 한 성도는 교회가 도와준 사람들보다 오히려 상처 입히고 괴롭힌 사람들이 더 많아진 꼴이라 했다.

독을 품고 주님의 양들에게 상처와 분열을 일으키는 사람에 대해 지도자들이 용감하게 대응하지 못한 상황을 목도한 경험이 있는가? 목자에게 가장 기본적으로 중요시되는 역할은 양들이 해를 입지 않도록 보호하는 일이다. 다윗은 그가 목자였을 때, 양들을 지키기 위해 사자와도 싸웠다. 그런데 교회의 리더들은 양무리 중에 풀어놓은 사자만큼이나 위험한 교회의 분열을 가져오는 사람들과 용감하게 대면하기를 주저하기만 한다.

갈등 상황 다루기

아주 사려 깊은 목자가 있는 교회라 할지라도, 회중들을 보호해야만 하는 시점이 생길 수밖에 없는 것이 현실이다. 그렇다면 그 상황과 동반하는 갈등을 어떻게 다룰 것인가 하는 문제는 매우 중요하다.

마태복음 18장, 고린도전서 5장, 고린도후서 2장 5-11절, 그리고 갈라디아서 6장 1-2절에서 나타난 성경적 원리들에 대해서 친숙할 것이라 생각된다. 공동체에 해를 입히는 자들이 자신들의 죄악에서 떠나도록 설득할 수 있기를 바라는 마음으로 기도하면서 먼저 그들과 대화를 시작해야 할 것이다. 만일 그것이 성공하지 못하면, 압박하기, 해결방안 모색하기 그리고 관계 회복하기의 각 단계들을 차례로 적용해야 한다. 이 모든 것들이 실패로 끝나면, 성경은 그러한 자들이 몸(교회)을 떠날 것을 요구한다. 이 극단의 조치가 그들이 하나님께로 회개하고 돌아올 수 있는 자극이 되기를 염원하는 간절한 마음에서 출발해야 한다. 모든 갈등 상황에서의 대처는 단호함을 가지고 사랑으로 임해야 한다.

그러나 우리는 성경적 처리 과정들을 알고 있으면서도 그것을 피하려고 한다. 대부분의 사람들은 갈등과 대립을 좋아하지 않는다(혹 좋아하는 자가 있으면 경계해야 한다). 그리고 우리는 현재 다른 사람의 행위를 틀렸다고 하거나 판단하기를 좋아하지 않는 정치적 형평성의 시대에 살고 있다. 우리 중 누구도 악한 사람들과 추한 상황들을 다루기를 소망하면서 리더십의 자리로 서약하지는 않는다.

우리가 반드시 던져야 할 질문은 "하나님께서 그분의 양들을 사랑하듯이 우리도 양들을 사랑하고 있는가?"이다. 거짓된 가르침이나, 죄악된 행위나 분열에 직면할 때, 우리는 하나님의 편에서 그분을 대신하여 하는 것이고, 양들을 지키라는 명령에 순종하는 자세로 임하는 것이다. 예수님께서 죽기까지 사랑하신 그분의 양들을 지키기 위하여 잠시 겪는 불편함을 기꺼이 참을 수 있는 용기와 의지가 있는가? 그러한 어려운 대립의 상황들은 분명 환영할 일들은 아니지만, 리더십으로 부르심에 있어서 필연적인 부분이기도 하다.

어려운 사람을 다루는 원리

영적 능력이 충만한 상태에서 이끌면, 그러한 어려운 상황에 뛰어들어도 당신은 혼자가 아니라는 확신을 가지게 된다. 우리의 참 목자 되시는 주님께서 모든 과정 속에 함께 인도하고 계신다. 주님은 또한 우리가 기억해야 할 다음의 원리들을 가르쳐 주셨다.

* 당신의 진정한 관심사가 하나님의 양무리의 건강과 보호임을 확인할 수 있도록 자신의 동기를 점검해 보라(갈 6:1-2).
* 온유하면서도 확고히 하라(갈 6:1).
* 마태복음 18장 15-20절에 나타난 대로 회복에 목적을 두고, 순차적인 절차를 밟으라.
* 문제를 일으킨 사람이 공동체의 친교의 자리에 다시 돌아올 수 있도록 당신이 할 수 있는 최선을 다하라.
* 도움이 된다면, 전쟁 중인 두 사람 사이에 이해를 가지고 중재할 수 있는 제 삼자를 데려오라(마 18:16).
* 갈등 상황을 전제로 리더들을 훈련하여 최대한 선호하는 방법으로 해소될 수 있도록 하라.
* 동기를 판단할 수 없을지 몰라도 행동은 판단할 수 있다. 바울은 목회 서신서들에서 특정한 행동들은 교회에서는 불법으로 간주되어야 한다고 밝혔고, 그러한 행위를 스스럼없이 행하는 자

들 또한 단호하고 신속하게 다루어야 한다고 분명히 밝혔다(롬 16:17-19; 딤후 3:1-5; 그리고 딛 3:10-11). 그렇게 하지 않을 경우, 주님의 양들에게 상처 입히고, 몸된 교회를 고통스럽게 하게끔 내버려 두는 것이 된다.

리더십의 네 번째 차원: 돌보기

초대 교회 때부터 성도들 간의 사랑은 교회의 가장 두드러진 특징이었다. 예를 들면 이러한 사건도 기록되어 있다. "믿는 사람이 다 함께 있어 모든 물건을 서로 통용하고, 또 재산과 소유를 팔아 각 사람의 필요를 따라 나눠 주며"(행 2:44-45). 사도 요한은 사랑이야말로 성도임을 확증하는 명백한 표증이라고 했다. 이 사랑이 6차원 리더십의 네 번째 차원을 불러온다. 바로 돌보는 것이다. 요한일서 3장 16-18절의 말씀을 생각해 보라.

"그가 우리를 위하여 목숨을 버리셨으니 우리가 이로써 사랑을 알고 우리도 형제들을 위하여 목숨을 버리는 것이 마땅하니라. 누가 이 세상의 재물을 가지고 형제의 궁핍함을 보고도 도와 줄 마음을 닫으면 하나님의 사랑이 어찌 그 속에 거하겠느냐. 자녀들아 우리가 말과 혀로만 사랑하지 말고 행함과 진실함으로 하자." (요일 3:16-18)

회중들 속의 개인과 가정의 필요를 돌보는 일은 하나님께 영광이 된다. 그러나 또한 시간이 많이 소모되는 일이기도 하다. 결혼에 문제가 생길 경우에 일반적으로는 순식간에 간단히 해결할 수 없다. 재정적 어려움에 처한 가정은 즉각적인 도움도 필요하지만 장기적인 재무 상담이 필요하다. 심각한 질병은 돌봄을 제공하기 위해서 지속적인 계획을 필요로 한다. 감정적으로 깊은 어려움에 처한 사람들도 이와 비슷하게 긴 인내와 사랑을 필요로 한다.

어떻게 하면 성도들이 그들이 필요할 때마다 보살핌을 받을 수 있을지 연구해 보고, 회중들 모두가 예수님의 방법으로 사랑할 수 있도록 도울 수 있는 네 가지 방편들을 고려해 보라.

돌봄을 위한 팀을 만들어라. 당회가 직접 개인적인 필요들을 다루는 책임을 지도록 하기보다는 긍휼과 돌봄의 은사를 가진 사람들을 중심으로 팀을 조직하라. 초대 교회가 모든 것을 다 할 수 없다는 사실을 깨닫기까지 오래 걸리지 않았다. 조직적인 첫 결정사안들 중의 하나로 "성령과 지혜"가 충만한 자들을 세워서 형편이 어려운 사람들을 돌보도록 팀을 구성하였던 것이다(행 6:1-7).

회중들이 필요들에 관심을 기울이고 개인적으로 대응하도록 훈련하라. 만일 사랑이 신자들의 중요한 표증이라 한다면, 우리는 성도들이 사랑의 전문가들이 되도록 도와야 한다. 우리의 개인주의적인 문화는 도움을 요청하지도 않고, 도움이 필요한 사람들을 찾아보지도 않도록 만들었다. 그러나 우리의 공동체 몸 안에서 채워 줄 수 있는 필요들을 파악할 수 있도록 내부적인 체제 개발이 필요하다.

안전망을 구축하라. 당신의 사역에 설치해 놓은 안전망은 필요를 식별하고 채울 수 있는 정황을 제공한다. 우리는 대부분 관계를 통해서 필요들을 인식하기 때문에 이 안전망은 교회의 관계 네트워크에 중점을 둔다. 예를 들면, 소그룹 모임은 사람들의 깊은 관계가 형성되고, 서로 마음을 열어 문제들을 나누는 장소가 될 수 있다. 리더들을 다양한 사역으로 훈련시킬 때, 그들의 그룹 안에 있는 필요들을 인식하도록 당부하고, 그룹의 회원들이 그 필요를 채울 수 있게 격려하라.

주도적인 돌봄을 실천하라. 전 세계 모든 회중들이 공통의 문제들을 겪는다. 결혼, 자녀 양육, 재정적 압박, 정서적 문제 등이다. 이러한 문제들을 한 가지씩 다루기보다는 교회 안에서 문제점으로 부각되기 전에 그러한 주제들을 다루는 강의나 소그룹을 개설하라. 구체적인 어느 부분에서 어렵게 씨름하고 있는 이들에게 멘토가 될 수 있도록 자질을 갖춘 사람들을 훈련하라. 당신의 교회나 공동체 안에 깊고 넓게 퍼진 문제들이 보여 주는 동향이 무엇인지 살펴보라. 교회가 그것들에 대해 격려하고 도울 수 있는지 알아보라(예를 들면 이혼, 실직, 외로움 등).

돌봄을 위한 최선의 계획과 프로그램은 모든 성도들이 서로 사랑하는 사람들이 되도록 변화시킬 것이다. 자질을 갖춘 자들에게 전문 봉사 팀을 조직하도록 하고, 성경적인 훈련과 함께 관련 쟁점들을 적극적으로 다루어야 할 것이다. 회중의 특징적인 자질의 하나로 사랑을 발현시켜 보라. 그리하면 걷잡을 수 없게 사랑이 번질 것이다.

 핵심질문

최근에 당신의 교회에서 운영하는 돌봄 체제에 대해 잠시 생각해 보고 적어 보십시

오

- ____
- ____
- ____
- ____
- ____

리더십의 다섯 번째 차원: 개발, 권한 위임, 공개

전쟁의 싸움을 위한 이 전략을 생각해 보라. 자원자들로 구성된 민병대가 엄격하게 모집되었고 어떻게 전투에 임할 것인가에 관해 매주 한 시간의 세미나가 제공되었다. 워크숍에서 부대의 사령관이 위대한 전쟁 이야기를 들려주고, 싸움 전술에 관해 조언을 해 주었다. 몇 년 후, 그 민병대는 전쟁에 투입하기 위해 모병되었다. 사상자가 속출한 가운데 몇은 중도에 탈락했다. 그들 중 천부적으로 싸움의 기술을 가진 극소수는 "이거 재밌는 걸."이라 말하며, 전투에 참가했다. 그러나 대다수의 자원자들은 더 많은 세미나가 필요하다고 결의했다(그리고 세미나실은 훨씬 더 안전했다).

우스꽝스러운 이야기로 들렸겠지만, 이 세상의 수많은 교회들이 비슷한 모습을 띄고 있다. 신자들을 훈련하고 파견하는 그들의 현실 수준이 그렇다. 결과는? 아직 부상당하지 않은 군인들은 여전히 세미나에 참가하는 중이고, 전투 현장에는 거의 뛰어들지 않고 있다.

오늘날 사역의 가장 큰 도전 중 한 가지는 사역을 위해 훈련된 성도들을 확신시키고, 보람 있게 섬길 수 있도록 그들을 배치하는 것이다. 이것이 곧 리더들의 책임이다. 성경의 진리를 다시 되새겨 보자.

1. 성령께서는 모든 신자들에게 영적 은사 또는 은사들을 주셨다. "우리에게 주신 은혜대로 받은 은사가 각각 다르니"(롬 12:6-8; 고전 12:12-31).

2. 하나님께서는 각 성도들이 각각 고유한 방식으로 하나님 나라의 확장에 기여할 수 있도록 할당하셨다. "우리는 그가 만드신 바라. 그리스도 예수 안에서 선한 일을 위하여 지으심을 받은 자니 이 일은 하나님이 전에 예비하사 우리로 그 가운데서 행하게 하려 하심이니라"(엡 2:10). 구절 중에 Workmanship(개역개정: 만드신 바)이라는 단어는 헬라어로는 '예술 작품(work of art)'의 의미를 가진다. 우리 각자는 하나님께서 우리를 위해 예비하신 일을 각자 고유한 방식으로 기여할 수 있도록 그분에 의해 구체적으로 만들어졌다.

3. 하나님께서 주신 은사들을 모든 지체들이 사용하기 전까지 몸은 완전한 모습이 아니다. "각 사람에게 성령을 나타내심은 유익하게 하려 하심이라. … 몸은 하나인데 많은 지체가 있고 몸의 지체가 많으나 한 몸임과 같이"(고전 12:1-26). 성도들이 하나님께서 주신 그들의 은사를 사용하게 될 때, 교회는 건강해지고, 회중들도 하나님께서 의도하신 영향력을 발휘할 수 있게 된다.

4. 리더의 가장 근본 되는 한 가지 책무는 사람들이 발전하고, 능력을 받아 현장으로 나가는 것을 지켜보는 일이다. "그가 어떤 사람은 사도로, 어떤 사람은 선지자로, 어떤 사람은 복음 전하는 자로, 어떤 사람은 목사와 교사로 삼으셨으니, **이는 성도를 온전하게 하여 봉사의 일을 하게 하며** 그리스도의 몸을 세우려 하심이라"(엡 4:11-12).

가르치는 것만으로는 충분하지 않다. 하나님께서는 우리로 하여금 사람들을 그분의 영광을 위하여 개발시키고 파송하도록 임무를 주셨다. 자동적으로 그러한 일이 생길 것이라고 가정해 왔으나 이제야 아니라는 것을 깨달았다. 성도들을 훈련시키고 배치시키기 위한 의도적인 전략을 세워야 전 공동체가 함께 삶을 변화시키고, 영향을 끼치며, 하나님 나라를 확장하는 사역에 동참하게 한다.

개발하고, 훈련하고 보내는 일은 곧 사람들이 자신들의 영적 은사를 분별하도록 돕고, 그 은사들을 개발하는 동안 그들을 멘토링 하는 것이다.

영적 은사들을 분별하라. 우리의 회중들 중에 신자들이 자라는 모습을 지켜보면서 어떠한 은사들을 발견했는가? 다른 사람의 필요에 도움을 주고, 위로를 주는 사람은 아마도 긍휼과 돌봄의 은사가 있을 것이다. 조직을 잘 구성하는 사람은 행정의 은사가 있을 것이고, 성경 말씀을 생동감 있게 설명하고, 말씀을 따르도록 동기를 잘 부여할 수 있는 사람은 가르치는 은사가 있다. 은사를 잘 살펴보는 방법은 주기적으로 사역자들과 봉사자들에게 공적인 사역이나 사적인 분야에서 은사가 두

드러지는 사람이 있는지 물어보는 것이다.

교인이 삼백 명 이하 되는 회중이라면, 가까이에서 지켜보거나 사역자들을 통하여서 사람들의 은사를 구분할 수 있다. 그러나 그 이상의 교인 수로 넘어가 회중의 규모가 커지면, 보다 더 조직적으로 접근해야 분간할 수 있을 것이다.

사람들의 은사를 발견하고 나면 그들의 은사를 사역에서 활용할 수 있는 훈련을 계획해야 한다.

멘토링을 통한 양육. 너무 오랜 기간 동안 교회는 사역을 위한 전문가들을 고용했다. 그러나 성경에서는 그렇게 말씀하지 않는다. "이는 성도를 온전하게 하여 봉사의 일을 하게 하며 그리스도의 몸을 세우려 하심이라"(엡 4:12).

예수께서는 멘토링 모델을 통해 제자들을 훈련하셨다. 그들과 함께 시간을 보내셨고, 큰 일을 맡기기 전에 제한된 사역 기회를 맡기셨으며, 피드백(feedback)을 주셨고, 교회를 이끌게 될 때를 위해 그들을 미리 준비시키셨다. 초대 교회에서 사용된 배가의 원리(multiplication principle)도 볼 수 있다. 새 신자로서 바울은 바나바로부터 멘토링을 받았다. 그 후에 바울은 그가 멘토링을 했던 자들 중 하나인 디모데에게 "또 네가 많은 증인 앞에서 내게 들은 바를 충성된 사람들에게 부탁하라 그들이 또 다른 사람들을 가르칠 수 있으리라"고 명했다(딤후 2:2). 우리가 행하는 모든 것에서 "배가시키는 일"을 생각하지 않고서는 사역의 깊은 변화를 가져오기 어렵다. 그리고 다른 사람을 멘토링을 하고 훈련함으로 배가는 시작된다.

사역의 모든 과정에서 한 명 또는 그 이상의 사람을 그 사역을 위해 반드시 멘토링을 해야 한다. 그러므로 평신도든 전문 사역자든 멘토링을 잘 할 수 있는 훈련이 필요하다. 멘토링은 주일학교 교사가 잠재적인 교사를 초대하여 그들과 함께 실습해 보도록 하는 간단한 일에서부터 소그룹 리더들을 소그룹 리더십 프로그램을 통해 의도적으로 훈련하는 일 모두를 포함한다.

교인 수가 육천 명이 넘는 캘리포니아(California) 주의 비스타(Vista)에 위치한 노스코스트교회(North Coast Church)의 래리 오스본(Larry Osborne) 목사는 사역자들에게 그들 스스로 배가하도록 권한다. 선두를 달리기 위해 그는 다른 리더들과 자신의 설교 책무를 나누었다. 그 결과, 노스코스트교회는 잘 훈련된 리더들을 보유하게 되었다. 모든 과정의 사역에서 리더들이 준비되었다. 래리 목사는 배가하는 일에 성공한 것이다!

주님께서는 그분의 자녀들이 부여받은 은사들을 갖고 최대한의 영향력을 끼치기 위해 자유함에 거하기를 바라신다. 하나님의 사람들은 그들의 은사를 이해하고, 적극적으로 주님을 섬기는데 그 은사들을 사용하지 않으면 불완전한 모습으로 남게 된다. 덧붙여서, 성도들이 함께 어우러져 각자 보람 있는 사역에 참여하게 될 때, 교회는 온전하고 건강한 모습이 되어갈 것이다.

 **핵심질문**

우리 회중들의 "능력을 개발하고 사역 권한을 위임하여 섬기도록 보내는" 전략을 의도적으로 취하고 있습니까? 아니면, 그러한 계획 없이 임하고 있습니까? 왜 그렇게 하고 계십니까?

리더십의 여섯 번째 차원: 지도하기

강력한 리더십의 마지막 차원은 지도하기(이끌기, lead)이다. 너무나 뻔해 보이는 것이기도 하다. 그러나 오늘날 교회에는 리더십의 본질에 관한 논쟁들이 잔재해 있다. 목사들과 리더들이 그들의 회중들을 목양(shepherd)하도록 부름 받았는가 아니면, 이끌도록 부름 받았는가?

'목양'을 선택한 사람들은 기도하고 말씀을 가르치면 모든 것이 다 잘될 것으로 생각한다. 구약 성경에서 묘사된 목자의 모습을 본보기로 삼아본다면, "양들과 함께 있다."는 느낌은 받지만, "양들을 이끈다"는 인상은 부족하다. 극단적으로 가면, 이러한 본보기를 옹호하는 사람은 계획, 전략, 평가, 비전과 같은 리버십의 개념들을 거부한다. 반대편의 입장을 취하는 사람들은 강하고, 지향적이고, 방향성 있는 리더십을 주장하며 회중들이 최대한 움직이도록 도전한다. 이들의 극단적인 경우는 '추진력 강한' 사업적 원리를 '정적인' 영적 원리보다 앞세워 강조한다.

이는 목회자들만의 논쟁이 아니다. 양쪽 주장 모두 당회의 리더십에서 대변되고 있다. 한 당회원은 기도를 강조하고, 또 다른 당회원은 전략적인 사고를 강조한다. 둘 다 사역의 목표를 이루고자 하는 의도이다.

과연 성경은 무엇이라 말하고 있는가? 돌보는 목자의 이미지가 성경에서는 가장 친숙한 그림이기는 하다. 그러나 교회의 리더들과 관련된 성경 구절들은 의도적이고 계획적인 리더십(intentional leadership) 또한 암시하고 있다. 베드로전서 5장 1-4절에서 리더들은 양무리를 치는 일에 부름 받았다. 바울의 서신서들 가운데 몇 부분은 그가 목회자로 키우기 위해 멘토링하던 디모데와 디도와 직접적인 연관이 있다. 바울은 그의 편지에서 그들로 하여금 담대히 말씀을 전하고, 지속적으로 기도하며, 거짓 교훈과 분열을 일으키는 자들을 대면하여 꾸짖고, 신실한 자들을 멘토링하고 훈련하며, 경건한 자들을 리더로 세우라고 격려한다. 이러한 것들은 분명히 리더십의 임무이다! 우리가 보기에 디모데는 선천적인 리더는 결코 아니다. 그러나 바울은 그에게 리더십의 책무들을 가지고 담대히 지도하도록 권고하고 있다. 그에게 불편하고 어색할지라도 말이다.

'목양'과 '지도' 중에 어느 것이 옳은지에 관한 질문은 우리가 다른 관점들에서부터 리더십의 임무에 접근하고 있다는 사실을 잘 이해하면 풀릴 수 있는 문제라 생각한다. 나는 이 리더십 스펙트럼(spectrum)의 양끝을 각각 '영성주의자(spiritualists)'와 '전략주의자(strategists)'로 부르겠다. 영성주의자는 하나님께 의지함을 강조할 것이고, 전략주의자는 계획적인 행동과 삶에 초점을 맞출 것이다.

당회나 사역자들 속의 영성주의자는 하나님의 능력의 필요성을 강하게 감지하고, 때로는 계획이나 전략을 무시한 채 기도로 그것을 현실화하려는 사람이다. 모세야말로 영성주의자의 대표적인 인물이다. 어려움을 겪을 때면, 그가 기도를 소홀히 한 탓이었다. 그는 그 무엇보다 여호와 하나님의 임재 앞에 나아오기를 즐거워하였고, 하나님께서도 그와 직접 대면하시면서까지 그의 소원을 들어주셨다(출 33:11). 금송아지 우상 사건 이후, 모세는 하나님께서 이스라엘 백성과 계속 함께하실지 걱정했고, 그들의 어처구니없는 어리석은 죄악에도 불구하고 그 백성들 가운데 머무시기를 간청했다(출 33:12-23).

전략에 대한 은사는 모세에게는 거의 없었다. 실제로 그는 수많은 사람들의 문제를 한 명씩 개인적으로 다루다가 탈진하기까지 했다. 그의 장인인 이드로는 리더들을 조직하고 그들이 모세를 대신하여 백성들의 항소를 중재할 수 있도록 전략을 제안해 주었다.

반면에 전략주의자는 계획하고, 미리 생각하고, 목표를 정하고, 결과를 평가하고, 실행에 질문을 던지며, "사역의 결과물"에 집착하는 면이 강하다. 이들은 때로 영성주의자들을 견디지 못한다. 이들의 편에서 보자면, 영성주의자들은 단순히 하나님께서 주신 이성적으로 생각하는 능력을 사용하기를 꺼리는 자들이기 때문이다. 더구나 영성주의자들은 별반 노력 없이도 마치 하나님께서 모든 일을 다 하실 것으로 믿는 순진한(naive) 사람들로 보일 수 있다.

나는 개인적으로 바울은 전략주의자의 스펙트럼에 있다고 생각한다. 선교 여행 중에 그는 어느 장소에 교회를 개척할지 매우 신중히 생각했고, 복음이 가장 큰 영향을 끼칠 수 있는 로마 제국의 주요 요충지들을 선택했다. 교회를 개척하자마자 그는 리더를 지명하고 그들을 멘토링하는 일에 의도적으로 임했다. 전도할 때는 청중들이 복음을 이해하고 반응할 수 있도록 자신의 메시지를 전략적으로 다듬었다(고전 9:22-23).

바울이 영적이지 않았거나, 기도의 사람이 아니었다는 의미는 아니다. 단지 바울은 그의 사역을 전략적인 관점에서 바라보는 경향이 더 강했다는 말이다. 때로 성령께서는 바울이 잘못된 방향으로 갈 때, 환상을 통해서 깨우쳐 주시기도 했다(행 16:6-10).

상상이 가겠지만, 전략주의자와 영성주의자가 함께 리더십에서 일할 경우, 서로 도전에 직면하게 된다. 마가라 불리는 요한에 대한 문제로 인해 바울과 바나바가 갈라졌을 때에도 서로 다른 리더십 유형이 가장 큰 근본적인 원인이었을 것이다(행 15:36-41). 바울은 그의 전략주의자적인 성향으로는 마가에 대해 인내할 수 없었고, 그가 가져온 유익들조차 볼 수 없었다. '격려자(encourager)'의 뜻의 이름을 가진 바나바는 아마도 전략적이기보다는 관계적이고 영적인 부분에 더 기울여진 사람으로 보인다. 바나바는 이해심을 가지고 접근했다. 그는 마가를 그의 품에 데리고 바울 곁을 떠났다. 후에, 바울은 보다 누그러진 자세로 마가를 대했고, 분명히 그들의 관계도 회복되었을 것이다(딤후 4:11).

바울과 바나바가 삶과 사역에 대한 다른 접근 방식으로 인해 관계의 어려움을 겪었다면, 우리들이 함께 리더로서 사역할 때 도전받는 것은 그리 놀랄 일도 아니다. 완벽한 균형을 갖추셨던 예수님을 제외하고는 그 누구라도 스펙트럼의 연속선상 안에서 한쪽으로 치우쳐 버리기 쉽다. 우리는 삶의 전체를 한 눈에 다 볼 수 없고, 은사도 각기 다르지만 그렇기 때문에 서로를 필요로 한다.

구약 성경의 느헤미야에서 영성주의자와 전략주의자가 서로를 필요로 했던 좋은 예를 찾아볼 수 있다. 에스라는 포로 된 이스라엘 백성들 중에서 남은 자들을 예루살렘으로 다시 데려 왔다. 그는 모든 면에서 이스라엘에 적합한 영적 지도자로 기록되고 있다. 그러나 에스라는 타고난 전략들을 많이 가지고 있지는 않았던 것으로 보인다. 다시 고향 땅에 돌아오긴 했지만, 황폐된 도시와 주변 적들에게 무방비한 환경 속에서 백성들은 곧 깊은 상심과 혼란의 상태로 빠졌다.

하나님께서는 결국 행동, 계획, 전략에 깊은 은사가 있는 느헤미야를 예루살렘으로 부르셔서 단번에 조직적 체계를 갖추고 도시를 안정시키도록 했다. 느헤미야는 단순히 사명(성벽을 수리하는)에만 이끌린 사람이 아니었다. 그는 누구에게도 휘둘리지 않았고, 적들의 조롱과 음모에도 위축되지 않았다.

하나님께서는 이들 중 누구를 더 필요로 하시겠는가? 모두이다! 하나님께서는 에스라를 사용하셔서 백성들을 돌아오게 하셨고 영적 방향을 제시하셨다. 또한 느헤미야를 부르셔서 당면했던 심각한 문제를 해결하도록 하셨다.

이는 곧 영성주의자와 전략주의자 중에 누가 더 옳은가 하는 질문에도 적용된다. 성경적으로 보면 양쪽 모두이다. 어느 한쪽만을 두둔하는 사람은 함께할 때 얻는 유익을 이해하지 못한다. 리더십은 기도와 전략이다. 곧 그리스도를 따르고 그분의 나라를 위하여 최선의 아이디어를 적용하는 것이다. 열정적으로 의지하고 맹렬하게 해결하려 드는 것이다.

그렇다면 어째서 우리는 그 문제를 전체적으로 이해하기보다는 양극화해서 다루는 경향이 있는가? 자신들의 성향이 마치 옳은 것처럼 보이기도 하고, 자신만의 방법으로 할 때 마음도 편하기 때문일 것이다.

하나님을 신뢰하고 의지하도록 하는 영성주의자들과 하나님의 나라의 진보를 이루기 위해 전략적인 사고로 도전하는 전략주의자들 모두를 허락하신 주님께 감사해야 한다. 두 가지 접근 방식이 모두 성경적이라고 이해할 때, 어느 한쪽도 폄하하지 않고, 균형을 가진 최선의 사역에 임할 수 있게 된다. 하나님께서는 우리에게 각기 다른 은사들을

주셨고, 은사의 다양성을 인정하는 가운데 우리는 보다 온전해질 수
있다.

 **핵심질문**

당신은 영성주의자/전략주의자의 연속선상에서 어느 부분에 위치해 있습니까?

영성주의자   전략주의자

―――◆――――――――――――――――――◆――

다른 당회원(또는 사역자)들이 스스로를 어느 정도에 위치한다고 생각했는지 서로 나
눠 보십시오. 그리고 다른 사람들의 눈에도 그렇게 보이는지 서로 물어 보십시오.

당회원들 간의 다른 성향으로 인해 의견이 불일치하고 갈등을 빚었을 때는 언제입니
까?

리더십 유형 이러한 맥락에서 우리가 깨달을 수 있는 또 하나의 진실
은 사람들마다 각기 다른 리더십의 모습이 있다는 것이다. 단 하나의
완벽한 리더십 유형(leadership style)은 존재하지 않는다. 강직하고 현명
한 비전을 가진 리더들조차 너무나도 다양한 유형들이 있다. 예를 들
어, 윌로우크릭교회의 빌 하이벨스 목사는 열 가지의 리더십 유형을
구분하였다. 영성주의자와 전략주의자의 요소가 모두 이 목록의 군데
군데마다 들어 있음을 보게 될 것이다.

* **비전가형 리더**(Visionary). 필요로 하는 일이 무엇인지 분명하고 명백한 그림을 가지고 사람들을 선발하여 그 꿈을 꾸게 한다. 이 상주의자이기도 하고, 흑백이 명확하다. 비전을 위해 목숨도 바친다.

* **방향지시형 리더**(Directional). 조직이 중요한 전환점에 다다를 때, 조직을 위해 가장 옳은 길을 선택할 수 있는 초자연적 능력을 가졌다. 조직의 목적, 가치, 인원, 기회들을 기초로 하여 선택사항들 중에서 최선의 것을 찾아낼 수 있다.

* **전략가형 리더**(Strategic). 흥분되는 비전을 순차적이고 설명가능하게 분해할 수 있는 능력이 있다. 팀이 필요한 구성 요소들을 갖추고 함께 일할 수 있도록 한다.

* **관리자형 리더**(Managing). 비전을 이루기 위해 사람, 절차, 자원, 체계를 조직할 수 있는 능력이 있다.

* **동기부여형 리더**(Motivational). 팀원들의 동기부여를 유지하도록 한다. 피로와 수준 이하의 도덕심, 절망, 무관심과 애매한 것들을 모두 극복할 수 있다.

* **목자형 리더**(Shepherding). 천천히 팀을 구성한다. 그들을 깊이 사랑하고 공동체 안으로 이끌어서 서로에 대한 헌신으로 사명이 완수되도록 한다.

* **팀을 세우는 리더**(Team-building). 직위에 걸맞는 사람을 발굴하고 개발하여 궁극적으로는 이끌어 가게 만든다. 비전과 전략, 그리고 정확한 인사(人事)를 추구한다.

* **사업가형 리더**(Entrepreneur). 전형적인 리더의 유형들을 모두 닮고

있으나, 시작 단계에서 최고의 기능을 발휘한다. 활력 넘치고, 창조적이며, 쉽게 따분해 하고, 도전을 추구한다.

* **재구축형 리더(Reengineering)**. 반전의 분위기를 창조한다. 비전과 주제를 갱신하고 조직에 생기를 불어넣는다. 자문가식 접근형이다.

* **중개형 리더(Bridge-building)**. 사명을 이루기 위해 연합전선을 형성한다. 융통적이고, 협상의 기술이 있으며, 타협할 수 있고, 다양한 사람들과 복합적인 환경을 좋아한다.[4]

좋은 리더십은 무엇인가? 위의 목록 중에서 모두 다 가능하다. 우리는 자신들의 구미에 맞는 것을 최고로만 여길 것이 아니라, 다양한 측면의 리더십 유형을 환영하고, 인정하며 받아들여야 할 것이다.

 **핵심질문**

위 목록에서 당신의 리더십 유형과 가장 가까운 것은 무엇입니까?

당회원들 또는 사역자들에게 각자의 리더십 유형이 무엇인지 물어 보십시오. 그리고 서로 다른 리더십 유형 때문에 긴장감이 조성될 수 있는 상황과 오히려 서로 이해할 경우 더 강한 팀이 될 수 있는 상황들에 대해 논의해 보십시오.

이름＿＿＿＿＿＿＿＿＿＿＿＿＿＿＿＿＿＿　　리더십 유형＿＿＿＿＿＿＿＿＿＿＿＿＿＿＿＿＿＿＿

이름＿＿＿＿＿＿＿＿＿＿＿＿＿＿＿＿＿＿　　리더십 유형＿＿＿＿＿＿＿＿＿＿＿＿＿＿＿＿＿＿＿

4) Adapted with permission from Bill Hybels, *Courageous Leadership* (Grand Rapids, MI : Zondervan, 2002),

이름_________________________ 리더십 유형_________________________

이름_________________________ 리더십 유형_________________________

이름_________________________ 리더십 유형_________________________

이름_________________________ 리더십 유형_________________________

이름_________________________ 리더십 유형_________________________

이름_________________________ 리더십 유형_________________________

이름_________________________ 리더십 유형_________________________

능력 있는 목자

어떠한 리더십 유형이든 간에 교회의 리더들에게는 언제나 "목자(shepherd)"라는 개념이 더 상징적인 것은 사실이다. 고대의 목자는 그의 양들에게 리더였다. 그는 양들을 먹이고, 보호하고, 돌보며, 길 잃은 양을 찾고, 물가와 초원으로 인도했다(시 23). 좋은 목자는 그의 양들을 부드럽고 친절하게 긍휼한 마음을 가지고 인도한다.

양들이 푸른 초원으로 인도함을 받듯이 회중들도 하나님의 나라를 위해 건강하고 생산적으로 활동할 수 있는 장소로 인도받아야 한다. 가르침, 돌봄, 보호, 훈련을 통해 리더는 회중들을 건강한 성장과 사역이 이루어지는 구체적인 방향으로 목양하며 인도한다. 이는 돌발적이고 충동적이기보다 의도적이고 계획적인 리더십이며, 리더십의 모든 측면을 두루 갖춘 리더의 모습이다. 그는 회중들로부터 적절한 의견을 듣고, 그들과 소통하는 가운데 교회가 무엇인지, 왜 존재하는지, 어느 방향으로 가야 하는지, 무엇을 할 차례인지를 명확히 규정한다.

 **핵심질문**

우리 당회 리더들은 하나님께서 리더들에게 주신 성경적인 리더십의 차원들이 잘 반영된 직무해설서(job description)를 가지고 있습니까?

3–4장에서 보여 준 6차원 리더십의 요소들이 우리 교회의 리더십에는 각각 어느 정도 있는지 1에서 10까지의 점수를 매겨보십시오. (10이 가장 큰 점수)

영적 능력 ___점

가르치기 ___점

보호하기 ___점

돌보기 ___점

사역 능력 개발, 권한 위임, 공개하기 ___점

지도하기 ___점

앞으로는 더 구체적으로 주의를 기울여야 하는 측면이 있습니까?

 **마무리하기: 6차원적 리더십**

1. 영적 능력

2. 가르치기

3. 보호하기

4. 돌보기

5. 사역 능력 개발, 권한 위임, 공개하기

6. 지도하기

새로 탈바꿈하기 위해서
가장 핵심이 되는 것은
리더들이 기준을 정하고
스스로 먼저
건강하게 행동하려는 의지이다. 회중
들은
리더들이
먼저 솔선수범해야 반응한다.
그렇기 때문에
건강하고 일관성 있는 리더십이
또한 건강하고 일관성 있는
회중을 만들 수 있다.

5장

교회의 유전자 암호를 해독하라

　　모든 교회의 회중들은 각기 독특한 유
전자 암호(code)를 가지고 있다. 이는 교회의 역사, 사역철학, 목회자,
리더, 갈등과 해소, 회중의 구성(인종적, 사회적, 경제적), 그리고 여
러 수많은 요인들이 조합된 복합적인 것이다. 이러한 요소들이 모두
합하여짐으로써 왜 회중이 현재 이러한 모습을 하게 되었는지, 그리고
왜 이러한 방식으로 돌아가고 있는지를 설명하고 있다.

　　교회는 엄청나게 복합적인 기관이다. 리더가 교회의 이러한 유전자
암호를 잘 이해할수록 회중들의 강점들을 더 발전시킬 뿐만 아니라 연
약한 부분들도 잘 다룰 수 있게 된다.

훼이스교회 이야기: 사례 연구

훼이스교회(Faith Church)는 시카고의 한 교외에서 30년 전에 시작했다(교회명과 장소는 변경되었음). 개척 멤버들의 철학은 훼이스교회가 250명 이상의 신도 수를 넘지 말아야 한다는 것이었다. 이 철학은 한 편으로는 가족적 분위기를 갈망하는 꿈과 또 한편으로는 다른 교회를 개척하고자 하는 헌신에서 만들어졌다. 이러한 방침을 벗어나지 못하도록 시설을 쉽게 확장할 수 없게끔 건축가에게 설계를 부탁하였다(나는 훼이스교회의 리더들이 그들의 철학과 일치하는 결정을 내린 것에 대해 경의를 표한다).

수년이 흐르면서 훼이스교회는 여러 교회의 개척을 도우며 계속 성장해 갔다. 절정이었을 때는 500명에 이르기도 했다. 회중들은 교회의 장소를 새로 옮기는 것에 대해서 첫 20년 동안 두 차례 고려하였다. 그러나 교회의 근본 철학을 생각할 때, 그러한 결정은 논란의 여지가 많았다. 회중들은 결국 갈등을 피하기 위해 그 결정을 두 번 다 철회하였다.

몇 년 전에는 여러 신도들이 더 큰 사역에 대해 교회가 전혀 대응하지 못하는 것으로 인해 들고 일어나기도 했었다. 그래서 교회는 비전위원회를 결성하고, 훼이스교회의 미래와 사명에 대해 고민하기 시작했다. 교회 밖에서 온 외부 조력자가 주관하는 위원회는 옛 리더들과 새로운 리더들로 함께 구성되었다.

그들의 결정은 곧바로 논쟁거리가 되었다. 사실 비전위원회가 회중들에게 결정 사안을 제시하기가 무섭게 갈등이 시작되었다.

위원회는 세 가지의 결의 사안을 내 놓았다. 첫 번째로 강력하게 권고한 사안은 훼이스교회가 회중들에게 집중하는 내부 지향적인 교회에서 전도를 강조하는 외부 지향적인 교회로 전환을 필요로 한다는 것이었다. 그리고 위원회는 다음 10년 동안 500명의 새신자들을 목표로 세웠다.

두 번째, 위원회는 훼이스교회가 사역의 결과를 더 온전히 하나님께 맡기는 자세를 취할 것을 강력하게 당부했다. 지금까지 훼이스교회는 자신들의 은사와 에너지와 재정적 능력에 너무나 많이 의지하였지만, 성령의 능력에는 별로 의지하지 않았음을 많은 이들이 인정했다.

마지막으로, 위원회는 회중들이 현재의 부지에서 확장을 할지, 아니면 새로운 장소를 물색할지 결정할 대책위원회를 구성할 것을 권고했다. 이 대책위원회는(교회의 새로운 성도들과 기존의 성도들을 포함) 현재의 부지에 확장하는 일은 가당치 않다고 결론지었다. 이들은 회중들이 미래의 새로운 장소를 찾아볼 것을 권고하였다.

이 세 가지 논제를 놓고 갈등이 빚어졌다. 반대자들은 구체적인 회심자들의 수를 정해서 기도하는 것은 비성경적이라며, 그러한 목표는 비전 선언문에서 제외되어야 한다고 주장했다. 그들은 또한 회중들이 아무리 찬성표를 던진다고 할지라도 교회를 다른 장소로 옮겨서는 절대 안 된다고 반박했다. 마지막으로, 리더십이 '회중적'인 교회 정치 조직의 본질을 앗아가 버린 채, 이러한 문제들에 대해 자신들만 너무 많은 특권을 가지고 행세한다며 리더들을 고소했다. 회중들이 구체적인 사안들을 토론하고 각 결정들에 대해 투표를 했었음에도 불구하고 이러한 반발을 했던 것이다.

교회 리더십은 불만을 품은 이들과 수차례의 만남을 주선하여 상이점들을 극복하려 노력했지만, 아무런 소용이 없었다. 결국 반대 세력들은 담임목사와 당회원들의 사임을 강제로 밀어붙이려고까지 했다. 회중들이 두 차례의 힘든 회의 끝에 이러한 움직임을 무산시키자 반대자들은 교회를 떠났고, 다시는 돌아오지 않았다. 그 반대 그룹에는 교회의 개척 멤버들도 여럿이 포함되어 있었다.

불행하게도 실제 있었던 이 이야기는 많은 교회들이 겪은 비슷한 이야기들의 또 다른 변형이기도 하다. 이것은 종종 교회의 연합을 깨뜨리는 죄 많은 인간들의 이야기이기도 하지만(바울이 고린도인들에게 편지를 쓸 때부터 있었던 일이다), 또 한편으로는 그 교회의 DNA 유전자가 어떻게 그러한 문제를 키워 왔는지에 관한 이야기이기도 하다.

과연 무슨 일이 있었나?

교회의 그 어떠한 일도 아무것도 없는 텅 빈 허공에서 일어나지 않는다. 훼이스교회의 사건의 많은 요인들이 그 교회의 유전자 암호와 관련되어 있다. 또한 그 교회의 지난 과거들이 합쳐져서 갈등과 불행한 결과를 설명하고 있다. 이 이야기는 '착한 사람들'과 '나쁜 사람들'에 관한 것이 아니다. 경건하지 못한 행동과 태도들도 있었지만, 훼이스교회의 이야기는 근본적으로 그들의 유전자 암호와 관련된 것이다.

새 신자들에 대한 염려와 장소 이전(移轉)에 대한 불만은 비전에 대한 반발심에 의해 증폭된 것이었다. 훼이스교회는 가족과 같은 작은 교회를 꿈꾸는 리더들에 의해 세워졌다. 500명의 신도 수는 더 이상 작은 교회가 아님에도, 일부는 여전히 작다고 생각했다. 그들은 훼이스교회가 더 많은 사람들을 받아들이려 하고, 추가 성장을 위한 시설을 확장하려 하는 계획에 실망과 위기를 느꼈다. 논쟁의 요지는 500명의 새 신자를 위해 기도하는 일이 옳으냐 아니냐의 문제가 아니라, 그러한 비전이 교회 개척 멤버들의 가족적 본질을 거부하는 데 있었다. 새로운 장소로 옮기기 위해 부지를 매입한 일도 교회의 원래 비전으로부터 멀어져 간다는 추가적인 증거였다.

리더십이 너무 과하게 특권을 행세했다는 항의도 몇 년간의 일어난 역학관계에 의한 것이었다. 지난 수년간, 훼이스교회의 투표로 선발된 리더들은 새로 바뀌었지만, 여전히 개척 멤버들이 강한 영향력을 가지고 있었다. 이들 중 여럿은 현 리더십은 아님에도 비공식적으로 새로 선출된 당회원들의 결정에 거부권을 유지하고 있었다. 이들이 자신들의 거부권을 행사하려 애쓰고 있었지만, 교회가 새로운 비전을 가지고 미래를 향해 나아가야 한다고 확신했던 당회원들은 과거에 그랬던 것처럼 눈도 하나 깜짝하지 않았던 것이다.

이것은 규칙이 새로 바뀐다는 것을 의미한다. 훼이스교회가 회중적 특성을 가지는 동안, 교회는 비공식적 영향력을 가진 이들과 갈등이 생기지 않도록 의사결정에 신중을 기울였다. 그래서 두 번씩이나 장소 이전을 하려다가 취하(取下)했다. 이번에는 대다수의 회중들이 당회의 권고를 지지하였음에도, 반대 그룹들은 여전히 결정과 싸우는 것을 자신들의 권리로 여겼으나, 모든 일이 수포로 돌아가자, 당회원들과 담임목사의 교체를 강압적으로 몰아가기까지 시도하게 된 것이다.

훼이스교회의 리더십이 이제는 본질적으로 바뀌었다는 그 반대 그
룹들의 두려움은 정확했다. 교회의 초창기 때는 당회 리더들을 투표
가 아니라 제비뽑기로 선출하였고 그들에게 권한을 많이 부여하지는
않았었다. 그 의미는 비공식적이지만 영향력을 가진 어떤 성도들이 당
회 리더십이 특정한 결정을 내릴 권리가 없음을 주장할 실질적인 여지
를 남겨 주었다. 어느 정도는 정당성 있는 주장이기도 했다. 그러나 세
월이 흐르고, 당회는 보다 강한 확신과 담대함으로 이끌어 가기 시작
했다. 회중들도 그들의 리더십을 받아들이고 따르기 시작했다. 투표로
선출된 당회원들이 이제는 진정한 리더십의 영향력을 가지게 된 것이
다.

대부분 교회의 갈등은 둘 중 하나의 논쟁에 맴돈다. 권력경쟁(power
game) 또는 풀리지 않은 관계 문제이다. 훼이스교회의 경우, 많은 문
제들이 표면에 떠 있었지만, 궁극적인 논점은 힘의 문제였다. 교회의
향방(向方)을 정하는 중대한 결정을 내릴 수 있는 힘을 가진 이는 누구
인가? 특정 개척 멤버들은 자신들이 본래 세운 비전을 포기하지 못한
채, 자신들의 비공식적인 거부권도 이번에는 통하지 않음을 보고, 교
회 안에서 위기상황을 촉발하여 규칙들이 바뀌는 것을 막아보려고 했
다. 그러나 규칙들이 결국 바뀌게 됨이 분명해지자, 현재의 대다수의
뜻에 굴복하기보다는 떠나는 것을 선택했다.

훼이스교회의 새로운 리더십은 교회의 유전자 암호 조각들을 곧바
로 이해하지 못했다. 그러한 갈등이 훼이스교회의 과거 역사에 강하게
자리 잡은 역학구조에서 시작된 것임을 이해하기까지 리더들에게는 오
랜 시간이 걸렸다. 역사적으로 투표로 선출된 리더를 어떻게 보아 왔

는지, 갈등을 어떤 식으로 해결해(또는 덮어) 왔는지, 교회가 어떠한 모습이어야 하는지에 대한 비전, 그리고 강한 영향력을 가진 사람들이 교회의 향방을 결정하는 일에 관여하도록 허용하는 교회의 관례를 다 알지 못했던 것이다. 훼이스교회의 이야기는 교회의 DNA의 집요한 특성을 잘 보여 주는 교훈이다.

회중들의 DNA를 이해하라

교회 리더로서 회중들을 지금의 모습으로 만든 것들이 무엇인지 잘 이해할수록 리더십도 더 지혜롭게 발휘할 수 있다. 덧붙여서, 회중들의 과거나 현재의 모습 속에 건강하지 않은 특성을 발견하게 된다면, 그러한 부분들에 대해서 언급하고, 그들을 보다 건강한 방향으로 나아가도록 할 수 있다. 이해가 부족할 경우, 실수를 반복하기 쉽고, 리더로서 직면하는 쟁점들에 대해 자칫 오해하게 될 수도 있다. 회중들의 유전자 암호를 이해하기 위해 살펴보아야 할 질문들이 있다.

* 교회의 개척 과정에 관하여 알고 있는가? 교회를 개척할 당시의 회중들의 동기와 태도가 현재 교회에 끼친 영향에 관한 당신의 생각은 어떠한가? 긍정적인가 아니면 부정적인가?
* 처음 회중들을 이끌었던 사람들의 철학은 무엇인가? 오늘날에도 같은가? 아니면, 사명, 비전, 사역에 관한 철학이 현저하게 바뀌었는가? 어떻게 그렇게 바뀌었는가?

* 교회 회중들은 의견이 불일치한 상황을 어떻게 다루는가? 당신의 회중들이 갈등을 다루는 방식에 대해 어떻게 점수를 매길 것인가? 그러한 상황이 일정하게 반복되고 있는가?

* 당신의 회중들 안에 아직까지 해결되지 못한 중요한 문제들이 잔재하고 있는가? 어떠한 것들인가? 왜 그러한 것들이 아직도 해결되지 않았다고 생각하는가?

* 당회의 연합 상태를 당신은 어떻게 평가하는가? 당회는 서로간의 의견 차이가 있을지라도 사랑으로 연합하고자 하는 과거의 역사가 있는가? 아니면, 갈등과 분쟁의 역사가 있는가?

* 만일 회중들이 과거에 상당 기간 동안 갈등을 겪은 일이 있었다면, 그 기간 중에 일어난 일들에 관해 알고 있는가? 그 갈등의 원인 또는 다루어진 방식에 대해 알 수 있는가?

* 리더십에 있어서 현재 또는 역사적으로 누가 가장 큰 영향력을 가지고 있는가? 성도 개인(투표로 선출된 리더 또는 선출되진 않았지만 영향을 가진 모든 사람 포함)에게 당회의 결정이나 회중의 결정에 거부권을 행사하는 권한을 주는 관례는 없는가? 교회 안의 힘과 영향력의 구조가 지난 시간 동안 어떻게 변해 왔는가?

* 철학, 장소, 사역, 사역자 등과 관련하여 회중들이 가져온 주요 변화들을 생각해 보라. 회중들이 변화에 쉽게 적응했는가? 아니면 저항했는가? 아니면 그 중간인가?

* 이 장을 읽으면서 어떤 유전자 문제가 생각나는가? 그 조각들이 어디로부터 왔는지 알 수 있는가?

* 교회의 사역과 관련하여 사람이나 상황 등 어떠한 주제라도 논의

에 금기시되는 것은 없는가? 만약 있다면, 언급되어서는 안 되는
이유가 무엇이라고 생각하는가?

 **핵심질문**

당회로서 위의 질문들을 함께 나누되 가능하면 칠판(white-board)을 이용해서 적어
보십시오. 만일 토의하다가 문제되는 논제들이 표면에 드러나면, 그것들을 잘 기록하
고 나머지 장을 읽는 동안 잘 기억해 두십시오.

건강한 DNA와 건강하지 못한 DNA

회중들의 건강한 특징들은 칭찬받고 지지받아야 할 것들이다. 당신
의 교회는 지역사회에서 어려운 사람들을 잘 돌봐 주는 좋은 명성이 있
을지 모른다. 그렇다면 그러한 위대한 성경적 장점으로 인해 기뻐하
라. 또는 성도들이 재정적으로나 개인적으로 특별히 관대할지도 모르
겠다. 그들에게 감사하고 그 나눔을 기뻐하라. 강점들을 더 명확하게
할수록 회중들도 그 강점을 인식하고, 더 잘하도록 노력하게 된다. 우
리는 하나님의 백성들이 그분의 뜻에 따라 순종하며 사는 모습에 끊임
없이 지지하지 않을 수 없다.

리더들은 사역의 효과를 극대화하기 위해 반드시 회중들의 강점을
이해하는 전문가가 되어야 한다. 일반적인 법칙으로는, 강점 위에 무
엇인가를 세워가는 일이 약점을 고치는 일보다 더 쉽다. 당신의 성도
들이 자신들의 강점을 이해하고 즐거워하도록 도우라. 그리고 보다 더

영향력 있는 사역을 위해 강점들을 더 키우도록 도우라.

 **핵심질문**

리더로서 회중들 안에 내재한 건강한 특성들을 어떠한 방법으로 인정하고 있습니까?

우리는 더 적극적으로 그렇게 해야 하지 않겠습니까?

강점들과 함께 모든 회중들은 또한 건강하지 못한 DNA도 가지고 있다. 리더들은 회중들이 정면으로 그 문제를 다루고 싶어 하지 않는다고 할지라도 그들의 건강하지 못한 부분이 어느 곳인지는 알고 있어야 한다.

나의 결론이기는 하지만, 잘못된 신학 다음으로 교회 공동체에 치명적으로 해로운 DNA는 각박한 관계이다. 성도들이 직면하는 가장 건강하지 못한 유전자는 관계의 영역 속에 들어 있다는 사실은 그리 놀라운 것도 아니다. 건강한 관계를 세우고 유지하는 일은 많은 양의 에너지를 필요로 한다.

바울은 초대교회들에게 정기적으로 좋은 관계를 맺는 것의 중요성을 언급했다. 그의 서신들에는 34회에 걸쳐 "서로"(one another)라는 표현이 들어 있다. 우리는 서로 사랑해야 하고, 서로 돌봐야 한다. 서로 기뻐하고, 서로 용서해야 한다. 서로 가르치고, 서로 나눠야 한다. 서로에게 복종하고, 함께 아파해야 한다. 바울은 서로를 위한 사랑과 그 사랑의 파급효과들이 그리스도께 대한 진실한 사랑에 대한 자연스러운 결과이며, 신자들 사이에 작용하는 그리스도의 사역이라고 이해했다.

회중들 안의 건강한 관계를 어떻게 측정할 수 있는가? 당신의 교회를 생각하면서 다음의 성경적 특성들을 고려해 보라.

* 실제적인 방법으로 서로를 돌본다.
* 죄에 넘어졌을 때, 친구들이 그들을 사랑으로 감싸되 단호하게 회개하고 변화하도록 격려한다.
* 서로 의견이 일치하지 않더라도 여전히 서로 사랑한다.
* 마태복음 18장에 제시된 방식을 가지고, 자신들의 갈등을 다룬다.
* 리더들은 성경적 원리를 가지고, 갈등을 해소하도록 가르치며, 회중들에게 기대하는 모습의 윤곽을 그려 준다.
* 신속히 용서하고, 원망을 품지 않는 교회 문화를 조성한다.
* 건강한 관계가 강단으로부터 사역의 모든 영역에서 격려되고 강화되도록 한다.
* 높은 수준의 신뢰가 회중들과 선발된 리더들 사이에 형성된다.
* 교회에 당파싸움이나 주도권 다툼이 없다.

나쁜 관계들이 건강하지 못한 DNA의 두드러진 특징이라면, 그 반대의 것도 그렇다. 건강하고 하나님께 영광 돌리는 관계를 형성하는 교회는 불가능한 것이라고는 거의 없다고 볼 수 있다.

실행연습

당신의 회중들이 관계적인 문제들을 다루게 될 때, 마태복음 18장의 사고방식을 이해하고 그대로 수용하도록 도우십시오. 이 사고방식을 교육하여 머리에 각인시키고, 성도들의 관계 안에 문제가 발생할 때에는 사역자나 리더를 포함한 제 삼자에게 말하기 전에 먼저 당사자에게 찾아가 문제에 관해 말하게 하도록 하십시오.

건강한 관계는 리더에 의해 만들어진다

우리 모두는 사람들과 관계하는 방법을 가족을 통해 가장 먼저 배웠다. 관계에는 건강한 면들도 있고 건강하지 못한 면들도 있다. 회중들은 건강하거나 건강하지 못한 관계들을 그들이 가르치거나 허용한 것들에 의해 강화시키는데 특별히 리더들의 유형을 통해서 그렇게 한다. 리더들은 회중들에게 기대하는 모습을 스스로가 먼저 행하고, 회중들에게 원하지 않는 모습들을 스스로 먼저 회피해야 하는 무거운 중책을 짊어진다.

여러 교회의 목회자, 당회원, 자문위원을 거치면서 관찰한 바에 의하면, 리더들은 결국 그들에게 마땅한 응보를 회중으로부터 돌려받게 된다는 것이다. 대체로 관계성이 부족한 회중들은 경건의 원칙대로 살지 않는 리더들의 본을 단순히 따르던 경우가 많다. 그들은 서로 간에 겸손함으로 복종하기보다 자신들이 원하는 것을 얻으려 하기에 바쁘다. 교회의 연합은 당회의 연합에서부터 출발하며, 당회의 연합은 특정 행동을 '불법'임을 명백히 선언한 결과로 주어진다.

당회의 언약은 리더십 관계에 있어서 무엇이 수용할 만하고, 무엇이 수용할 수 없는 것인지를 명확히 하는 방식이 된다. 우리들이 리더로서 살아가는데 필요한 약속으로 정한 규칙이 되는 것이다.

잠깐! 위의 언약에 제시된 사항들 중에서 당회에서 실행하고 있거나, 깨뜨리고 있는 것은 무엇입니까? 만일 이들 중에 정기적으로 깨뜨려지는 조항이 있다면, 그로 인해 당회에는 어떤 결과가 있었습니까?

리더들이 성경적인 방법으로 일관성 있게 관계를 맺어간다면, 교회에서 갈등을 겪는 일이 대폭 감소될 것입니다. 만일 리더십 팀 안에서 건강하지 못한 관계들과 행위들로 문제를 겪고 있다면, 그 문제가 해결되기 전까지는 이 책의 어떠한 원리도 도움이 되지 못할 것입니다.

당회원들이 성경적인 관계의 원리에 따라 살기로 동의하고, 서로에게 책임을 가지고 준행할 때, 비로소 회중들에게 가서 그 원리대로 살도록 요청할 수 있습니다. 이것이야말로 효과적인 교육이고 교회 안에서 행해진 잘못된 관계의 습관들을 변화시킬 수 있는 확실한 방법입니다. 회중들은 대개 리더들을 따르게 되어 있습니다.

건강한 관계를 위한 언약

회중의 리더로서 사람들과 교회 앞에 경건한 관계의 모델이 되어야 함을 인지하고, 우리 자신들을 아래와 같이 헌신한다.

* 리더십 팀의 동료 회원들을 위해, 교회의 사역을 위해 매일 기도한다.
* 팀의 어느 회원에 관해서도 험담을 하지 않는다.
* 개인적으로 깨진 관계들을 신속히 해결한다.
* 상처를 받을 때 서로 용서하고, 분을 품지 않는다.
* 한 번 결정된 당회의 결의안이 성경과 윤리에 어긋나지 않는 이상, 항상 지지한다.
* 회원이 고통을 당할 때, 서로 돌본다.
* 당회에서는 항상 정직하고 신중히 임한다. 개인의 안건(agenda)를 가지고서 이중적인 생각을 하지 않는다.
* 당회의 기밀사안을 결코 누설하지 않는다.
* 이 언약에 대해 서로에게 책임감 있게 행동한다. 만일 지속적으로 이러한 사항들을 깨뜨릴 경우, 당회에서 물러나는 것에 동의한다.

회중의 근본적인 유전자 코드가 바뀔 수 있을까?

리더들이 건강한 관계와 DNA를 추구할 때, 회중들의 근본적인 유전자 코드가 정말로 바뀔 수 있는지에 대해 종종 의구심을 갖는다. 이는 곧 문제가 많았던 과거와 건강하지 못한 유전자 코드를 상당량 보유한 회중들이 확실하게 영적 쇄신을 할 수 있는가 하는 질문이다. 내 경험에 비춰 보면, 답은 그렇다. 리더들이 직면한 문제를 이해하고, 장기적인 안목으로 회중의 쇄신을 계획하며, 하나님을 굳건히 신뢰할 때 가능하다는 것이다. 그러한 영적 쇄신은 하나의 과정으로 인식되고, 리더들이 회중들을 영적 건강으로 인도하기 위해 개인적으로 대가를 치르고자 할 때, 가장 근접하게 이루어질 수 있다. 이 장을 읽는 중에 만일 당신의 회중들 가운데에도 상당한 수준의 영적 쇄신이 필요하다고 깨닫는다면, 그것은 아마도 하나님께서 당신의 교회에 원하시는 것일 수도 있다. 그리고 그분은 당신보다도 더 회중들의 변화를 원하고 계실 것이다.

새로 탈바꿈하기 위해서 가장 핵심이 되는 것은 리더들이 기준을 정하고 스스로 먼저 건강하게 행동하려는 의지이다. 회중들은 리더들이 먼저 솔선수범해야 반응한다. 그렇기 때문에 건강하고 일관성 있는 리더십이 또한 건강하고 일관성 있는 회중을 만들 수 있다. 교회 안에서 건강하지 못한 행동들이 발견될 경우에 리더들이 가장 먼저 정직하게 자신들을 돌아보고, 혹시라도 그러한 일에 본인들이 기여하거나 참여한 적이 없었는지 스스로 돌아봐야 한다.

내가 한때 속했었던 회중의 경우, 회중들과 당회가 모두 건강하지 못한 행동에 기여한 적이 있었다. 그러나 리더 자신들이 먼저 변화하고자 했을 때, 그들은 회중들도 그러한 변화의 길로 인도할 수 있게 되었다.

변화를 주도하기

이 교회에서 우리는 문제가 있는 개인을 제외한 다른 모든 사람들에게 말하는 방식으로 갈등을 다룬 긴 역사를 가졌다. 분명히 이런 일은 손을 봐야 할 일이지만, 하룻밤에 변화되지는 않을 일이다. 그런 경향은 우리에게 상처를 준 사람을 '대면'하고 싶지 않지만, 결국 다른 사람들에게 대신 이야기함으로 문제를 악화시키는 우리의 문화 속 깊이 뿌리 내린 것이다. 악한 행동일 뿐 아니라 성경의 기본적인 가르침조차 배격하는 것이다.

우리가 이것을 깨달았을 때, 사람들이 불만을 가진 대상들에게 찾아가도록 하지 않고, 우리들에게 불만을 토로하도록 허용함으로써 우리 자신들이 이러한 문제에 간접적인 기여를 했다는 사실을 보게 되었다. 우리는 마태복음 18장의 원리를 깨뜨리면서 의도하지 않게 건강하지 못한 행동들이 지속되도록 한 것이다. 문제를 해결하기 위해 회중들에게 행동의 변화를 요구하기 전에 우리 자신들의 행동을 먼저 바꿔야만 했다. 리더들이 먼저 변해야 한다.

그리고 난 후에 우리는 회중들에게 그 문제를 세 가지 방법으로 지적했다.

첫째, 우리는 그 문제에 관해 말하고 가르쳤다. 강단과 제자훈련반에서 언급했다. 갈등 해소를 향한 하나님의 기대와 회중으로서 따라야 할 단계들을 가르쳤다.

둘째, 누군가 다른 이에 대한 불만을 우리에게 토로할 때마다 "당신이 불만을 가진 그 사람에게 말해 보았습니까?"라고 물어 보았다. "아니오."라고 하면, 상처를 입힌 사람에게 먼저 찾아가서 말해 보기 전에는 그 문제를 논의할 수 없다고 말했다. "예."라고 하고 아직까지 해결을 보지 못했다면, 우리는 그들과 함께 다시 찾아가 해결하고자 시도했다. 우리의 이러한 정책을 회중들에게도 공적으로 알려 주었다.

셋째, 우리는 성경적 본보기를 따르는 사람들을 개별적으로 인정해 주고, 때로 적절한 경우에는 공적으로도 인정해 주었다. 그러한 단계를 따라간 사람들은 그것이 통합을 경험했고, 훨씬 적은 압박감과 갈등을 겪었다. 리더들은 더 나아가서 험담하거나, 제 삼자에게 말하기보다는 하나님을 경외하는 태도로 문제들을 다룰 것을 촉구했다.

이 부분에 있어서 건강하지 못했던 우리의 문화가 상당히 변했다. 물론 하루아침에 되지는 않았다. 2년의 시간이 필요했다. 교회는 천천히 변한다. 교회는 본래 변화를 어렵게 느끼는 사람들로 구성되어 있다! (우리가 이끌고 있는 사람들에게 인내하지 못하고 낙담하기 전에, 우리의 삶의 문제들을 스스로 다루는 데 얼마나 오랜 시간이 걸렸는지 기억해 보라).

변화가 천천히 일어나는 동안, 리더들은 진실되고, 분명하게 직접 이야기함으로써 부정적인 행동들을 다루어야 한다. 두드러진 도덕적 쟁점이나 공동체가 나누어지도록 위협하는 갈등의 상황들이 그 예이다. 목회자와 리더들이 온전히 서로 의견을 일치시킬 때(그리고 회중들에게 그것이 알려질 때), 기도로 먼저 준비되어질 때, 그리고 그 파급효과와 대가를 각오할 때, 그러한 개입들이 성공할 수 있을 것이다. 또한 리더들이 그 문제를 해결하기 위해서 할 수 있는 모든 노력을 다한 후에 회중들 앞에 그 문제를 가지고 나아가야만 한다.

회중들은 쇄신을 감지할 수 있다

회중의 쇄신은 하나님의 능력과 지혜, 그리고 용기 있는 리더와 끈기 있는 인내를 요구하는 과정이다. 쇄신의 단계를 들여다보기 전에 훼이스교회의 이야기를 마무리하고자 한다. 비전을 추구하는 과정에서 주요 그룹들을 떠나게 한 갈등과 함께 엄청난 사건이 발생했다. 리더들은 달갑지 않은 현실과 대면해야 했고, 새로운 그림을 그려야 했다. 구조조정의 작업은 수년 동안 지속됐고, 리더들과 회중들 모두에게 쉽지 않은 일이었다. 그러나 끝까지 참고 견딘 사람들은(모든 리더십들이 그랬다) 이제 하나님께서 행하신 일을 돌이켜 보며 놀라곤 한다.

갈등 기간 동안 의견 차이를 다루던 과정들이 훼이스교회의 지난 과거의 사례들을 돌아보는 계기가 되었다. 리더들은 곧 대부분의 갈등들이 해소되지 않았거나, 잘 마무리되지 않은 상태로 남겨졌음을 깨닫게 되었다. 심각한 상처를 입고 교회를 떠난 목회자 역시 그 중의 한 사례였다.

그들은 훼이스교회가 처음 개척 때부터 리더십을 불신하는 역사를 가졌음을 깨달았다. 리더들이 방향을 제시할 때마다 그러한 불신이 계속해서 나타났다. 그리하여 그들의 지난 과오들을 고백하고, 서로를 대하는 데 있어서 새로운 마음가짐을 가지기 위한 과정을 이끌도록 도와줄 조력자를 외부에서 초대하였다.

또한 교회가 100명의 신도를 가졌을 때나, 500명의 신도를 가졌을 때 모두 같은 방법으로 리더십을 운영하고 있었음을 깨달았다. 리더들은 정말로 그들이 교회를 새롭게 이끌든가 아니면 교회의 성장을 현 상태에서 멈추어야 한다는 결정을 하였다. 이는 결국 회중들과 함께 큰 교회와 작은 교회의 리더십은 각기 어떠한 모습을 가져야 하는지 토론하는 시간을 갖게 했다.

훼이스교회가 어떤 교회가 되어야 하는지에 관한 여러 비전들도 함께 제시되었다. 지난 수년간 리더들은 의견불일치를 두려워한 나머지, 자신들의 사역 철학이나 방향을 분명하게 규정하지 못했다. 그 결과, 그룹들마다 다른 비전들을 가지고 있었고, 필요 이상의 더 막대한 갈등을 초래하게 되었다. 훼이스교회는 자신들이 누구인지, 그리고 어느 방향으로 가야 할지를 결정해야 했다. 비전위원회의 의견을 토대로 당회 리더십과 목회 사역자들이 함께 훼이스교회의 목표를 설정해 갔다. 추구해야 할 가치와 사명, 그리고 미래를 위한 비전들을 만들었다. 이 모든 작업들은 회중들의 참여와 함께 이루어졌다.

비전을 세우는 과정은 리더십과 회중들이 그들의 사역을 위해 하나님의 능력에 얼마나 의지해야 하는지에 관한 영적인 문제들을 제기했다. 그들은 훼이스교회가 영적 교만에 빠져 하나님께 의지하지 않았음을 깊이 인정했다. 쉬운 일은 아니었으나, 당회 리더들이 먼저 회중들에게 이를 고백했다. 그리고 그들은 기도에 함께 힘을 모았다. 자신들의 과오를 인정하고 수정하지 않는 한, 그들이 바라던 사역의 결과는 결코 얻을 수 없다는 사실을 이번 위기를 통해 영적으로 깨우치게 된 것이다.

이러한 모든 결정 사안과 사역 방향, 관계 안에서의 태도와 영적 각성에 관한 메시지가 소그룹, 강단, 제자훈련에서 모두 강조되었다. 모든 개인과 그룹들이 교회와 교회의 미래를 위해 기도하도록 촉구하였다. 이는 리더십과 문화적인 문제들일뿐만 아니라 영적인 문제이기 때문에 오직 성령께서만이 궁극적으로 영적 쇄신을 가져 오실 수 있는 것이다.

종종 리더들에게는 힘든 시간이다. 반대자들 그룹이 떠난 후에도 리더들에 대한 의문과 악담과 험담들이 잔재했다(그리고 마을의 다른 교회에도 소문이 났다). 훼이스교회가 새로운 미래의 사역으로 내딛기를 소망하며 자신의 삶을 헌신했던 리더들에게는 너무도 고통스러운 경험이었다.

영적 쇄신을 겪고 있는 교회들이 종종 겪는 일이지만, 여러 이유들로 인해 많은 에너지가 소모되었다. 어떤 이들은 갈등이 지속됨으로 지쳐 버렸고, 어떤 이들은 새로운 비전이 뿌리를 내리기까지 조급해했고, 어떤 이들은 새로운 비전을 좋아하지 않았으며, 어떤 이들은 리더십에 거부감을 가졌다. 그때마다 사람들이 떠났고, 리더들은 미처 아물지 않은 상처에 다시 상처를 입는 아픔을 겪었다.

그러던 중에 어느 날, 무언가 놀라운 일이 벌어졌다. 성도들은 공동의회가 더 이상 논쟁적이지 않음을 깨달았다. 관계들이 예전보다 좋아

졌음을 느꼈다. 서로 무시하고 험담하는 일이 사라졌다. 처음으로(오랜 신자의 말을 빌리면), 미래와 공통의 비전에 대한 흥분이 일어났다. 영적 쇄신의 역사가 크게 그 첫 발을 내딛은 것이다. 마치 다른 교회처럼 느껴졌다. 그리고 실제로 그렇게 되었다! 많은 양의 부정적인 유전자 코드가 버려지고, 새롭고 건강한 것들로 대체되었다. 교회의 새 출발이었다. 훼이스교회는 오늘날까지도 기대감으로 가득한 활기찬 영적 분위기에 잠겨 있다. 이제 사람들은 더 이상 떠나지 않는다. 떠났던 사람들이 다시 돌아와 머물고 있다. 완전히 새로운 교회가 된 것이다.

혁신의 단계들

영적 쇄신을 통해 병들고 건강하지 못했던 회중들이 활기차고 건강하게 하나님의 일을 추구하는 것을 보는 것보다 교회 리더들을 기쁘게 하는 일은 없다. 당신이 기억하고 기대해야 할 그 과정에 필요한 단계들이 여기에 있다.

위기는 친구가 될 수 있음을 자신에게 상기시켜라. 개인적으로도 그렇지만 회중들에게도 영적 쇄신은 종종 위기와 함께 시작된다. 리더들은 이로부터 도망치기보다 영적 건강, 과거의 역사 그리고 미래에 관한 질문을 던지기 위해 위기를 활용한다. 위기는 집중해서 다룰 필요가 있는 성도들의 영적 과오들을 드러낸다. 다루어지지 않으면, 그것들은 더욱 커지고 깊어진다.

더욱 계획성 있게 인도하라. 능력 있는 리더십이 없으면 회중들은 건강하지 못한 상태에서 건강한 상태로 바뀌지 않는다. 훼이스교회의 리더들이 보았듯이 그들의 위기 가운데 발견한 많은 쟁점들은 오랜 기간에 걸친 무능한 당회 리더십의 결과들이었다. 회중들의 영적 쇄신은 참담한 현실을 용감하게 직시할 수 있는 리더를 요구한다. 그는 자신의 죄를 인정하고 변화에 헌신하며, 회중들을 영적으로 건강한 방향으로 인도하고자 하는 리더이다.

현실과 맞서라. "짖고 있는 개를 향해 걸어가라.(Walk toward the barking dog.)"는 내가 가장 좋아하는 좌우명이다. 현명한 리더는 현실에서 도망치기보다 얼마나 고통스럽고 끔찍하든지 상관없이 그 현실과 직면한다. 짖고 있는 개를 향해 걸어가는 일은 온전한 치유를 위해 반드시 선행되어야 할 일이다.

훼이스교회의 리더들은 교회의 과거와 현재의 영적 분위기를 힘들고 긴 시간을 들여 바라다보았다. 더 많이 바라볼수록 그들이 보는 것들을 더 싫어하게 되었다. 빈약한 대인관계, 영적 교만, 방향성의 상실은 결코 즐거이 받아들일 수 있는 현실이 아니었다. 당회 리더십이 부정적인 논점들을 더 분명하게 다루어야만 근본 문제에 더 효과적으로 접근할 수 있다.

어려움을 겪고 있는 교회의 리더들은 현재의 상태를 초래하게 된 논점들을 명확하게 이해해야 한다. 기도와 토의, 생각 그리고 종종 외부 조력자들의 도움이 필요하다. 당신이 발견한 모든 것들이 다 공적으로 알려질 필요는 없지만, 리더로서 당신은 이해하고 있어야 한다.

죄악 된 습관들을 고백하라. 교회 리더들은 막중한 죄의 영역들(종종 건강하지 못한 유전자의 원인이다)을 고백하고, 그것들을 버려야 한다. 어렵기는 하지만, 구약 시대에도 죄의 고백이 부흥에 앞서 얼마나 자주 선행되었는지 기억하라. 하나님께서는 고백하는 자들을 품에 안으신다.

죄의 고백과 함께 그 죄악을 규정하는 일도 리더들이 마땅히 해야 할 단계이다. 다니엘처럼(단 9) 당신의 죄나 당신의 선임자들의 죄악들을 고백해야 할 것이다. 이런 과정을 위해 외부의 현명한 조력자의 도움을 고려해 보라.

새로운 습관에 대해 언약하라. 건강하지 못하고 죄악된 습관들은 건강하고 경건한 습관들로 대체되어야 한다. 이 새 유전자 코드는 구체적으로 밝혀져야 한다. 무엇이 고백되었고, 어떤 새로운 습관들을 받아들이기로 했는지에 관해 명확하게 기록된 문서는 쇄신을 위한 당신의 헌신을 상기시켜 줄 것이다.

리더십이 먼저 그렇게 하기로 함께 동의한 후에 그 고백과 헌신의 내용들을 회중들과 나누고, 그들도 함께 건강하고 경건한 습관을 추구하도록 하라. 어느 정도 저항이 있더라도 당황하지 마라. 모든 이들이 자신들도 문제의 한 부분임을 인정하기를 원하지 않기 때문에 당신만큼 자극을 받지도 않을 것이다. 굳어진 습관들은 쉽게 바뀌지 않는다.

안내할 연합군을 선발하라. 회중들을 가로지르는 중요한 변화는 당회 리더십의 영향으로만 이루어지지 않는다. 당신과 함께 변화를 껴안고 모범을 보일 다른 교회의 리더들도 이 과정에 참여시키라. 그들도 같은 헌신에 동의하고 같은 언약에 지지하는 서명을 하도록 초대하라. 보다 확대된 리더십 공동체가 같은 헌신을 위해 그들의 인맥에 영향을 미치고 변화의 과정에 얼마나 도움과 지원을 줄 수 있는지 말하라. 교회의 리더십들이 새로운 방식의 사역과 관계에 동의할 때, 그 자체만으로도 회중들에게 막대한 영향을 주고 폭포수 같은 지지가 쏟아지게 될 것이다.

새로운 습관의 본을 보이고, 가르치라. 이 시점에서 당신은 사역의 모든 부분에서 본을 보이고 경건한 습관들을 가르치며, 만들어 가는데 적극성을 가져야 한다. 강단과 소그룹, 그리고 가능한 모든 모임에서 당신이 누구이고 예수 그리스도의 진정한 몸이 되기 위한 당신의 헌신에 대해 정직하게 말하라. 어떠한 대가를 막론하고, 당신의 회중들에게 본이 될 수 있도록 리더십 공동체 앞에서 그러한 관점들을 지켜라.

기도의 연합군을 구성하라. 사람들이 기도할 때 일은 이루어진다. 성령께서는 우리에게 긍정적인 행위들을 상기시켜 주시고, 죄스런 행위들을 지적해 주신다. 하나님 앞에서 새로이 겸손해지도록 격려하라. 당신이 처한 문제에 대해 하나님께 정직히 아뢰고, 하나님의 백성들이 그분 앞에 겸손해질 때 약속하신 부흥의 은혜를 상기하라(대하 7:14).

회중들에게 변화를 가져오도록 하나님께 구하는 기도 팀을 구성하라. 리더십 공동체 또한 이를 위해 날마다 기도하도록 권하라. 회중 모임이나 소그룹 모임의 기회들을 활용하여 개혁을 위해 함께 기도하라. 장기적 헌신으로서의 기도 전략을 바라보라.

상황이 악화되더라도 놀라지 마라. 나는 결혼 상담을 청하는 부부들에게 상황이 좋아지기 전에 더 나빠질 수 있다고 종종 경고한다. 결혼 생활의 역기능을 손보기 전에 상담가들은 지난 시간 동안 쌓인 고통스러운 경험들을 먼저 들추어낸다. 그러한 문제들이 모두 들어나게 되면, 그때서야 상처들이 다루어진다. 결혼 생활의 회복을 위한 과정은 이토록 고통스럽기만 하다.

회중들에게도 같은 원리가 적용된다. 훼이스교회의 고통을 기억하는가? 만일 당신의 교회가 같은 과정에 직면한다면, 때때로 서로를 향해서 "우리가 지금 무엇을 하고 있는 거지?"라고 묻게 될 것이다. 이 과정 속에서 상처와 수치와 깊은 좌절을 느낄 수도 있다. 그러나 내가 부부들에게 말한 것과 같이 이보 전진을 위해 일보 후퇴할 것을 예상하고 그러한 내리막에서도 잘 견뎌야 한다.

쇄신 기간 동안 사람들이 떠나도 괜찮다. 상당한 변화와 위기를 경험한 리더라면, 교회를 떠난 성도들의 소식을 듣고서 모임에 참여하는 것이 얼마나 괴로운 일인지 잘 알 것이다. 그러나 사람들이 반드시 떠날 것도 예상해야 한다. 그러한 일이 생겨도 괜찮다.

내가 괜찮다고 말하는 것은 그렇게 되길 바라는 것이 아니다. 그럼에도 최선의 결과를 위해 그러한 과정은 분명 생긴다. 다음을 생각해 보라.

* 사람들이 떠나기를 결정할 때, 그들을 붙들기 위해 당신이 할 수 있는 말이나 행동은 거의 없다. 그들은 이미 감정적으로 떠나 있다.

* 자신들의 태도나 행동을 바꾸는 데 관심이 없는 사람들에게는 영적 쇄신이 아무런 의미나 도전을 주지 못한다. 죄악된 세상에 사는 이유가 그렇다. 우리는 그들을 강제로 변하게 할 수는 없다.

* 리더들이 잘 이끌어 가기 시작하면, 회중들에게 자신들이 누구인지와 그들의 미래가 무엇인지 분명히 정의하도록 도와주어야 한

다. 정체성에 대한 명확한 규정은 어떤 이들에게는 "나는 더 이상 이 버스에 타고 싶지는 않다"라고 말하게 할 것이다. 타당한 결정일 뿐 아니라 만일 타고 싶지 않은 버스에 억지로 탄다면 매우 불행한 승객이 될 수밖에 없다. 그들이 불행한 마음과 나쁜 태도를 가지고 당신의 교회에 머무는 것보다는 양심에 따라 기쁨으로 섬길 수 있는 교회를 찾아가는 것이 훨씬 서로에게 행복한 일이다.

* 어차피 리더들이 현실에만 안주하려고 해도 사람들은 떠난다. 성도들도 교회가 건강하지 않고 리더들이 변화를 두려워함을 감지한다. 그러므로 건강한 교회가 되기 위해 꼭 필요로 하는 사람을 오히려 잃게 될 수도 있다. 사람들이 과연 떠날 것인가를 묻지 말고, 어떤 사람들이 떠날 것인가를 물어야 한다.

* 사람들은 종종 다른 사람들의 상처를 함께 짊어진다. 고로 누군가가 불만을 가지고 떠나기를 결정하면 그의 친구들도 같은 결정을 내리는 일이 다반사이다. 심지어 그들이 개인적으로 영향을 받았거나, 그 내막을 잘 아는 것도 아닌데 말이다.

* 마지막으로 건강한 교회는 상당한 수준의 철학적 연합을 가지고 있다. 회중들은 자신들이 누구이고 어디로 가고 있는지에 대해 동의한다. 건강하다는 상태의 중요한 요소는 회중들이 살아가야 할 가치나 바라보아야 할 미래 같은 것들에 동의하는 일이다. 동의하지 않는 사람들은 자신들이 변하거나, 자신들의 확신과 일치하는 회중들을 찾아가야 할 것이다.

굴복하지 말고, 하나님을 신뢰하며 기도하고 지혜롭게 지도하라. 영적 쇄신은 쉽지도 않을뿐더러 빠르게 일어나지도 않는다. 그럼에도 하나님께서는 갱신을 원하신다. 리더들이 인내하고, 끝까지 버티고, 옳은 것을 행하고, 계속 기도하면 쇄신이 이루어질 기회는 곧 올 것이다. 지혜와 격려를 얻고 싶다면, 외부에서 치어리더나 코치를 찾아보라. 아마 먼저 변화의 과정을 성공적으로 겪어 온 다른 교회의 리더가 좋을 것이다. 회중들의 쇄신에 역동성은 대부분 비슷하다. 그러므로 힘들다고 생각될 때, 그러한 사람이 격려와 새로운 관점을 제시해 줄 것이다.

당신의 회중은 얼마나 건강한가?

틀림없이 이 장은 당신의 회중들이 얼마나 건강한지 고민해 보도록 만들었을 것이다. 정말 그랬다면 나는 기쁘다. 건강하게 되고 건강을 유지하는 일이야말로 좋은 리더들의 관심사이기 때문이다. 간단히 말해서 건강한 회중들은 그리스도를 가장 잘 드러낸다. 또한 건강한 제자들을 생산할 수 있고, 건강한 사역에 참여하기도 한다.

그와는 정반대로 건강하지 못한 회중들은 사람들에게 상처를 주고, 그리스도의 명성에도 해를 끼친다. 더불어 주님의 제자들이 의미 있는 사역을 하는 데에도 방해가 된다. 당신의 회중들이 건강하지 못하다면 도망치지 마라. 현실과 맞서고 영적 쇄신을 위해 적극적으로 행동하라.

 **핵심질문**

어떤 면에서 우리의 회중들은 건강합니까?

심각하게 병들어 있는 부분들은 없습니까? 그 근원은 어디입니까?

보다 건강한 회중들이 되기 위해 리더로서 어떠한 이슈들을 다루도록 도와야 하겠습니까?

 **마무리하기: 회중들의 영적 개조 단계**

* 위기는 친구가 될 수 있음을 자신에게 상기시켜라.

* 계획성 있게 인도하라.

* 현실과 맞서라.

* 죄악된 습관들을 고백하라.

* 새로운 습관들에 대해 언약하라.

* 안내할 연합군을 선발하라.

* 새로운 습관의 본을 보이고 가르쳐라.

* 기도의 연합군을 세우라.

* 상황이 악화되더라도 놀라지 마라.

* 쇄신하는 동안 사람들이 떠나도 놀라지 마라.

* 굴복하지 말고 하나님을 신뢰하며 기도하고 지혜롭게 인도하라.

교회를 향한

하나님의 부르심과

대다수 교회의 빈약한 사역 결과물이라는

상반된 구조는

모든 리더들이 싸워야 하는

고민스러운 질문을 던지게 한다.

"우리의 사역에 무엇을

정착시켜야 하는가?"

제2부
계획적인 리더

당신이 항상 하던 대로만 하면, 당신은 항상 얻었던 것들만 얻는다.

포스터(Poster)

예수님의 교회에서는 이런 일이 있을 수 없다.

위대한 사역은
결코 우연히 이루어지지 않는다.
교회의 건강은
우발적으로 생긴 상태가 아니다.
이는 하나님께서
우리에게 허락하신 자원들을 가지고서
그분을 위해
최대한으로 사용하고자 하는 훈련된 노력과
헌신의 결과물이다.
위대한 사역자로 서는 것은
곧 예수님께서 본으로 보여 주셨던 사명에
온전히 이끌린 바 되어
헌신하는 바로 그 모습을
끌어안는 것이다.

6장

두 집의 비유

한때 캘리포니아(California) 주 산호세(San Jose)의 한 개인주택에 불과했었던 윈체스터하우스(Winchester House)가 이제는 이 지역의 주요 관광지가 되었다. 건축의 아름다움과 유용함 때문이 아니라 그 집에 얽힌 사연과 전혀 기능적이지 못한 그 특이함 때문이다!

그 집은 윈체스터 라이플(Winchester Rifles)사(社)의 소유주 중 한 명인 윌리엄 윈체스터(William Winchester)의 미망인 사라 윈체스터(Sarah Winchester)에 의해 지어졌다. 윈체스터 여사는 아기를 잃은 상실감 때문에 큰 충격을 받아 망상(delusion)에 시달리는 고통을 겪고 있었다. 그녀의 집이 공사 중인 상태로 남아 있지 않는 한 그녀 역시 곧 죽게 될 것이라는 망상이었다. 그리하여 그녀는 그 후 20년간 목수들과 건축가들이 하루 24시간 동안 못을 박고, 판자를 톱질하고, 벽을 올리고, 벽돌을 쌓으며 유리의 광을 내도록 했다.

윈체스터 여사가 마스터플랜(master plan)도 전혀 없이 집을 건축한 것이 도리어 이 독특한 집을 관광명소로까지 만들게 되었다. 그녀가 중요시 여겼던 점은 오직 공사가 계속 진행되도록 하는 것뿐이었다. 그 결과로 막대한 비용을 들여 잘 세우기는 했지만, 건축학적으로는 혼돈(chaos)과 같은 건물이 탄생했다. 24,000평방피트(feet) 크기의 건물 내부에는 160개의 방과 40개의 계단, 6개의 부엌과 47개의 벽난로가 들어섰다. 방문객들이 들어서는 곳곳마다 놀람의 탄성이 터져 나왔다. 계단은 말 그대로 천장까지 닿았다. 문을 열면 갑자기 벽돌담이 나오기도 했고, 심지어 몇 층 아래의 바깥으로 나오기도 했다! 복도의 끝은 아무것도 없이 막혀 있었고, 유리창에는 석고벽판만 붙어 있었다. 특이함의 정수를 훌륭하게 보여 주며, 매년 세계 여러 나라에서 수천 명의 방문객들을 불러 모으고 있다.

또 다른 집은 위스콘신(Wisconsin) 주의 외각 미시시피 강(Mississippi River) 위의 절벽에 자리잡고 있다. '프레리렛지(Prairie Ledge)'로 이름 지어진 이 집은 나의 친구들인 그랜트(Grant)와 캐럴(Carol) 부부의 소유로서 아름답고, 견고하며, 잘 계획되었으며, 뛰어난 예술적 기교로 멋지게 꾸며졌다. 험한 바위 틈자락, 독수리들이 머리 위로 솟아오르는 곳에서 손님들은 광활한 미시시피 강을 내려다 볼 수 있고, 세 방향으로 먼 지평선을 바라볼 수도 있다. 야생 칠면조, 꿩, 여우, 토끼, 다람쥐, 사슴들이 사유지 안에서 살고 있다.

윈체스터하우스와는 달리 프레리렛지 산장은 구체적인 디자인의 완성도를 얻기 위해 구석구석을 세심한 주의를 기울여 건축했다. 여러 차례 타협할 수 없는 일들을 치르고 나서 건축가는 1년이 넘는 기간 동안 이 웅장하고도 기능성이 탁월한 집을 디자인했고, 추가로 그 다음 해에 이 산장을 건축했다. 그 결과는 단지 그랜트와 캐롤에게뿐 아니라 그들이 매년 프레리렛지 산장에 초대하는 수백 명의 친구들에게도 큰 즐거움이 되었다.

생각해 볼 문제

만일 당신이 집을 짓는다면, 위의 두 모델 중에 어느 것을 따를 것인가? 어느 누구도 윈체스터 여사의 사례를 따르지는 않을 것이다. 우리는 계획성과 기능성을 무시한 채로 감당할 수 없는 막대한 비용을 들여 시간을 낭비해 가며 중요한 집을 건축하지는 않는다. 잘못 고안되거나, 잘못 지어진 집은 향후 수년간 대가를 치르게 한다. 스트레스와 비용, 기능과 에너지 면에서 모두 손해일 뿐이다.

당신이 리더로서 사역을 계획하고, 구상하고, 시행하는 일에 있어서 윈체스터하우스와 프레리렛지 중 어느 모델을 택할 것인가?

나는 이 예화를 수많은 교회에서 나눴고, 너무나도 자주 '그래, 우리는 윈체스터하우스를 모델로 사역을 세워나갈 거야.'라고 수긍하는 듯이 고개를 끄덕이는 반응들을 얻었다. 오랜 시간에 걸쳐 우리는 노선과 일관성 또는 방향이 가늠하기 어려워질 때까지 프로그램들 위에 또 다른 프로그램을 개발했고, 사역들(처음엔 다 좋게 보였던) 위에 또 새로운 사역을 일구어 냈다.

윈체스터하우스는 계획적이지 못한 '돌발적인 사역(accidental

ministry)'의 좋은 예이다. 이러한 사역은 계획보다는 목회철학의 일관성이나 성취하고자 하는 구체적인 미래의 모습도 없는 마구잡이식의 사역이다. 그렇다고 이 사역에 열매가 전혀 없는 것은 아니다. 선한 것들이 '돌발적으로' 생겨날 수도 있다. 하나님께 감사할 일이다.

프레리렛지 산장은 '계획적인 사역(intentional ministry)'을 상징한다. 그 산장은 꿈과 함께 시작되었고, 그 꿈은 신중한 계획과 실행을 통해 체계적으로 현실화 되었다. 건강한 교회와 건강한 리더십은 내가 이 책의 제1부에서 묘사했듯이 절대로 우연히 생기지 않는다. 그들은 교회의 사역을 감당하기 위해 하나님의 능력과 리더들의 최선의 노력들이 합쳐진, 계획적인 사역의 결과로 주어진 것이다.

아이러니하게도 교회의 시설을 공사할 때, 우리는 윈체스터 방식으로나 돌발적인 접근은 하지 않을 것이다. 그러나 우리의 물리적인 건물보다 훨씬 더 중요한 것을 구성하는 일에는 너무도 자주 돌발적으로 다루도록 허용하고 있다. 바로 교회의 사역을 그렇게 다루고 있다! 이는 예측불허의 결과들을 초래할 수밖에 없다.

2001년에 출간된 책 『미국에서의 실종(*Lost in America*)』에서 저자 톰 클렉(Tom Clegg)과 워렌 버드(Warren Bird)는 "일곱 가지 치명적인 통계"라고 그들이 지적한 국가의 영적 상황에 대해 언급하고 있다. 안타깝게도 그 모두가 지금도 여전히 바뀌지 않고 있다.

진실1: 미국에서 교회에 출석하는 성인들의 수는 감소하고 있다.
진실2: 미국의 절반가량 되는 교회들이 작년 한 해 동안 단 1명도 회심하지 못했다.

진실3: 어떻게 계산하든지 간에 현재 회심의 상태는 끔찍한 결론을 이끌어 내고 있다. 잃어버린 자들을 또 다시 잃고 있다.

진실4: 어떤 전문가들은 매년 새로 개척하는 교회보다 문을 닫는 교회가 더 많다고 주장한다.

진실5: 다른 종교로 회심하거나 기독교를 배교하는 일이 급증하고 있다.

진실6: 기독교의 하락세가 거의 50년간 지속되고 있다.

진실7: 교회를 다니는 사람들이 다니지 않는 이들과 너무도 똑같이 믿고 행동한다. [5]

누가 조사를 했든지 간에 그 결과는 같다. 오늘날 교회는 큰 도전을 받고 있다. 그리스도께서는 세상을 그분께로 인도하도록 우리를 부르셨다. 그런데 미국에서는 "85명의 크리스천들의 노력이 모두 합쳐져서 한 해 동안 열심히 수고해야 한 명의 회심자가 나올 수 있는 상황이다." [6]

교회는 사람들이 온전히 그리스도를 따르고 성장하도록 도와야 하는 사명을 받았다. 그러나 불신자들과 비교해 볼 때, 성도들의 삶과 헌신이 그다지 크게 다를 바가 없어 보인다. [7]

5) Tom Clegg and Warren Bird, *Lost in America* (Loveland, CO: Group, 2001), 25-35.

6) Clegg and Bird, 29.

7) George Barna, *The Second Coming of the Church* (Nashville: Word, 1998), 6.

교회의 리더들을 위한 핵심 질문

이러한 국면에서 우리가 던져야 할 첫 번째 질문은 "왜 전 세계 대부분의 교회에서 그토록 빈약한 사역의 결과밖에 볼 수 없는가?"이다. 그 해답에 대한 나의 확신은 리더십과 관계된 다음 네 가지의 중요한 문제들을 명확히 규정할 수 있는 리더의 능력 또는 무능력에 직접적으로 연관되어 있다.

1. **우리는 누구인가?** 우리가 타협할 수 없는 것들은 무엇인가? 우리를 이끄는 가치들은 무엇인가? 우리의 사역에 있어서 불변하는 진리들과 우리가 행하는 모든 일들의 지침이 되는 것들은 무엇인가?

2. **우리는 왜 존재하는가?** 우리는 왜 이곳에 있는가? 우리 교회의 사명은 무엇인가? 우리 자신을 드려 추구하는 목표는 무엇인가? 우리를 이끌고 있는 목적은 무엇인가?

3. **우리는 어디로 가고 있는가?** 우리가 추구하는 미래는 무엇인가? 우리가 추구하고자 하는 비전은 무엇인가? 우리가 세워가고자 하는 목회사역의 모습을 설명할 수 있는가?

4. **우리는 어떻게 그곳에 도달할 수 있는가?** 우리는 지금 무엇을 해야 하는가? 그 다음에는 무엇을 해야 하는가? 우리가 가고자 하는 곳에 도착하기 위해 반드시 고민해야 하는 전략적인 쟁점들은 무엇인가? 목회사역을 세우기 위한 계획을 가지고 있는가?

교회 리더들은 새들백교회, 윌로우크릭교회, 노스코스트교회 등과 같은 교회로부터 그들이 갈급해하는 전략과 프로그램들을 얻기 위해 매일 구름같이 몰려든다. 그러나 그들은 구도자 예배, 베이스볼 다이아몬드, 비디오 카페 등과 같은 어떤 전략보다 더 심오한 것이 있다는 것을 종종 잊는다. 성공한 사역들이 구체적인 전략 때문이 아니라 번영하고 있다는 사실 때문에 속는 것이다. 더 정확하게 말하자면, 그들은 앞에서 언급한 리더십에 대한 네 가지 질문에 대답함과 동시에 계획적으로 그들의 사역을 개발하며 하나님의 영과 그의 능력에 의존하고 있다.

이러한 모습으로 사역에 임하는 자들은 타협할 수 없는 것들이 무엇인지를 안다. 그들은 자신들의 사명을 명확히 정의하고 있다. 그리고 자신들이 추구하는 미래의 청사진을 강렬하게 그려내며, 그곳에 이르기 위한 계획을 의도적으로 세워간다. 그들은 돌발적이지 않고 전략적으로 사역을 선정한다. 동시에 하나님의 능력과 최선의 지혜를 갈망하며 나아간다.

교회를 향한 하나님의 부르심과 대다수 교회의 빈약한 사역 결과물이라는 상반된 구조는 모든 리더들이 싸워야 하는 고민스러운 질문을 던지게 한다. "우리의 사역에 무엇을 정착시켜야 하는가?" 이 책을 읽고 있다는 것만으로도 당신의 교회가 현재 처한 상황에 만족할 수 없음을 사실상 인정하고 있다. 당신의 공동체와 세상에 더 강력한 영향을 미치기 위해 당신의 성도들이 더 영적으로 깊은 변화를 경험하도록 더 큰 하나님의 능력이 임하기를 고대하고 있을 것이다. 예수님께서도 당신의 교회가 그러한 힘과 영향력을 가지기를 바라신다.

마태복음 25장의 달란트 비유는 주로 개개인들에게 적용해 왔다. 그러나 공동체적으로도 적용된다고 볼 수는 없을까? 그 비유에서 하나님께서는 그분을 위해 사역의 열매를 갑절로 맺은 이들을 칭찬하신다. 그들은 하나님께서 맡기신 것들을 어떻게 사용해야 할지를 아는 전략적인 사람들이다. 그와 동시에 하나님께서는 자신의 달란트를 사용하기를 두려워한 나머지 땅에 묻어버린 자를 질책하신다. 예수님께서 요한계시록의 일곱 교회를 주님을 위한 사랑과 행함을 바탕으로 그들을 칭찬하기도 하시며, 책망하기도 하셨던 것과 마찬가지로 그분을 위해 일하고 있는 현재의 교회 리더들을 기뻐하시거나 실망하시지는 않겠는가?

너무도 많은 교회들이 무계획적이고 돌발적인 사역에 자리 잡고 있기 때문에 『미국에서의 실종』의 저자가 표현한 것과 같은 상황에 놓인 것이다. 그러나 결코 그렇게 될 필요가 없을 뿐더러, 그렇지 않는 교회의 수도 점점 증가하고 있다. 심오한 계획을 가진 사람들은 영속하는 영적 열매를 보고 있다.

위대한 사역은 결코 우연히 이루어지지 않는다. 교회의 건강은 우발적으로 생긴 상태가 아니다. 이는 하나님께서 우리에게 허락하신 자원들을 가지고서 그분을 위해 최대한으로 사용하고자 하는 훈련된 노력과 헌신의 결과물이다. 위대한 사역자로 서는 것은 곧 예수님께서 본으로 보여 주셨던 사명에 온전히 이끌린 바 되어 헌신하는 바로 그 모습을 끌어안는 것이다.

예수님과 사명에 이끌린 사역

예수님께서는 요한복음 17장에서 그분의 아버지께 이렇게 기도하셨다. "아버지께서 내게 하라고 주신 일을 내가 이루어 아버지를 이 세상에서 영화롭게 하였사오니"(요 17:4). 그 일(사명)은 요한복음 3장 16절에서 가장 잘 나타난다. "하나님이 세상을 이처럼 사랑하사 독생자를 주셨으니 이는 그를 믿는 자마다 멸망하지 않고 영생을 얻게 하려 하심이라"(요 3:16).

예수님께서는 그분의 사명을 약화시키거나 수정하자는 가장 가까운 제자의 제안을 단칼에 거절하셨다. 주님께서는 그 사명을 온전히 이루시기 위해 죄인들과 식사하셨고, 불결한 자들과 이야기를 나누고 그들을 사랑하셨으며, 바리새인들을 저주하고 책망하셨고, 제자들이 넘어질 때도 계속해서 그들을 훈련하셨으며, 죽음이 기다리고 있음을 알고도 예루살렘으로 향하셨다. 예수님께서는 그분의 사명을 완수하시기 위하여 설령 사회적 규범을 깨뜨리는 것이라 할지라도 필요한 그 모든 일을 다 감당하셨다. 타협할 수 없는 오직 한 가지는 그분의 사명뿐이었다. 주님께서는 붙잡고 있는 그 사명을 온전히 추구하며 그것을 원칙으로 삼으셨다.

예수님께서는 타협할 수 없는 것을 가지고 사셨다. 나는 복음서들을 읽는 중에 예수님의 다섯 가지 타협할 수 없는 것들 또는 이끌고 있는 원칙(가치)들을 추려 보았다.

* 하나님 아버지께 의존

* 하나님 아버지께 순종
* 말씀에 온전히 붙들려 사로잡힘
* 사랑하는 사람을 그의 왕국으로 인도하심
* 하나님 아버지를 찬미함

예수님께서는 현실의 모습을 풍자적으로 교훈하시길 즐기셨다. 바리새인들과 심지어 제자들의 기존 생각들에 대해 도전하셨고, 죄인들로 낙인찍힌 사람들과 어울리셨으며, 하나님을 생각함에 있어서도 극단적인 방법으로 가르치셨다. 그러나 그분께서 삶의 가치로 여기셨던 기준들을 결코 침범하지 않으셨다. 주님의 신성을 따라서 그러한 가치들은 그분이 누구이시고 어떻게 사셨는지를 정의해 준다.

 **실행연습**

당신의 타협할 수 없는 가치들을 절대로 깨뜨리지 마십시오. 그러나 당신이 가진 그 가치들이 정당한 것들인지 분명히 하십시오!

예수님께서는 미래에 대한 비전을 가지셨다. 예수님께서는 미래에 대한 명확하고도 거부할 수 없는 분명한 그림을 가지고 계셨다. 생동력 있고, 효과적이며, 융통성 있고, 열정적이며, 종속적이고, 순종적으로 열매 맺는 교회가 하나님을 사랑하고 모든 세대에게 각기 다른 문화로 다가서며 헌신하는 것이다. 나는 그 비전이 예수님께서 유혹을 당하며 낙심에 빠졌을 때에도 그분에게 용기를 북돋아 주었을 것이라 확신한다. 그 비전의 조각들이 복음서 곳곳에 넘쳐 흐르고 있다.

그런 비전으로 주님께서는 교회를 세우기 위해 다른 이들의 눈에는 이류 인생으로 비춰질 수도 있는 자들을 제자로 선택하셨다. 예수님께서는 그들이 가진 문제, 실패, 결점들도 함께 인내하셨다. 제자들이 장차 어떤 사람이 되고 무슨 일을 하게 될 것인지에 대한 믿음을 갖고 있었기 때문이다. 주님과 주님의 양들에 대한 열정을 가진 리더들에 의해 이끌어진 활기찬 교회의 모습은 넘을 수 없는 어떠한 역경 속에서도 예수님의 훈련, 가르침, 낙관적인 자세가 영향을 미치는 것이다.

종종 예수님께서는 그분과 제자들이 하고 있는 일들을 그분의 큰 비전과 연결 짓곤 하셨다. 예를 들면, 마태복음 9장에서 제자들은 질병에 걸리고 아픈 무리들의 수많은 필요에 압도당했다. 그러나 예수님께서는 군중들로서가 아니라, "목자 없는 양같이 고생하며, 지친" 개인들로서 그들을 바라보셨고, 제자들에게 "주인에게 추수할 일꾼을 보내줄 것을 청하라"고 권하셨다(마 9:36,38). 주님께서는 그분의 제자들과 우리 자신들도 절박한 필요에 처한 이들을 향해 같은 비전을 품게 되는 날을 마음에 그리셨다.

산상수훈에서 주님께서는 그분의 나라에서의 삶이 어떠할지 제자들에게 그림으로 보여 주셨다. 그리고 마지막 지상명령에서 예수님은 자신의 꿈을 전하셨다. 그 꿈은 사람들을 돕고 있는 다양한 무리의 제자들이 그의 은혜를 체험하고 그들을 영적으로 성장시키는 것이었다. 예수님은 기회와 영적 성장, 교회의 확산, 혁신적인 삶, 영적 영향력으로 가득한 미래를 그리셨다.

이것이 곧 그 고통과 절망을 알고도 예수님을 십자가로 향하도록 이끄신 하나님의 미래의 그림이었다. 예수님의 부활과 승천 후에는 은혜

충만한 미래의 모습이 말 그대로 제자들로 하여금 생명을 바쳐 하나님의 나라를 위해 일하도록 이끌었다.

예수님께서는 계획적으로 일하셨다. 예수님께서는 그분의 사명과 이루고자 하는 미래의 모습을 어떻게 추구해 나아갈지 깊은 결의에 차 있으셨다. 예수님은 제자들을 선택하시기 전에 오랜 시간에 걸쳐 기도하셨다. 수많은 무리의 군중들을 섬기는 일보다 열두 명의 제자들과 또 다른 칠십이 명의 제자들을 훈련하는데 주님은 더 많은 시간을 할애하셨다. 각자 현장으로 보내지기 전까지, 그들은 주님과 함께 생활하고, 주님을 섬기며, 그분을 가까이서 관찰했다. 예수님께서는 주님 자신과 하나님과 그분의 나라와 미래에 관해 한 번에 한 가지씩 가르치셨다.

복음서들은 계획적인 의도와 균형을 가지고 사셨던 구세주를 그리고 있다. 그것들은 전략적이면서도 기도에 충실하며, 시간관리와 가르침에 지혜롭고, 장기적인 결과에 헌신하는 사역의 모습을 보여 준다. 우리는 이러한 사명의 후계자들이며, 주님께서는 우리를 그분과 같은 유형의 가치 지향적이고, 사명에 이끌린바 되며, 미래에 초점을 맞추고 전략적으로 접근하는 사역으로 부르신다.

전략적이고 계획적인 사역

제2부에서는 가치, 사명, 추구하는 미래, 사역달성계획에 대한 이해를 통해 건강한 리더들이 어떻게 계획적인 사역에 임하게 되는지를 보여 줄 것이다.

이는 전략 세우기에 관한 것은 아니다. 단지 그리스도께서 우리의 회중들에게 주신 기회들을 극대화하여 하나님의 나라를 확장하기 위한 의도를 가지고 계획적으로 사역을 하는 데 목적이 있다.

그것은 피동적이기보다는 주도적이며, 우발적이기보다는 전략적인 행동 중심의 사역이다. 회중의 규모에 관계없이 계획적인 사역은 가능하다. 그것은 회중들이 가진 하나님 나라의 잠재력을 배가시키도록 하는 전략적인 사역이다.

 **핵심질문**

우리 교회의 사역은 돌발적입니까 아니면 계획적입니까? 그렇게 말하는 증거는 무엇입니까?

우리의 리더십 팀은 네 가지 근본 질문에 대한 분명한 답을 가지고 있습니까? 그 답에 관해 모든 사역자들과 리더들이 함께 동의하고 있습니까?

 **마무리하기: 강력한 리더들을 위한 질문**

* 우리는 누구인가? 우리가 타협할 수 없는 것들은 무엇인가?

* 우리는 왜 존재하는가? 우리는 왜 이곳에 있는가?

* 우리는 어디로 가는가? 우리가 추구하는 미래는 무엇인가?

* 우리는 어떻게 그곳에 도달할 수 있는가? 우리는 지금 무엇을 해야 하는가?

바르게 정의내린 가치들이 없으면,
우리는 하나님의 부르심에
걸맞은 사역을 하기가 어렵게 된다.
무엇이 가장 '핵심'인가를
바로 정의하지 않으면,
그것으로부터 멀어져 갈
위험도 발생하기 쉽고,
덜 중요하거나 사소한 것들이
교회를 좌지우지하게 되기 때문이다.

7장

가치 : 타협할 수 없는 결의

친구 마크와 함께 그의 요트를 타고 앨라배마(Alabama) 주의 걸프 해안을 항해하며 즐거운 시간을 보낸 적이 있었다. 해안 수로를 따라 바다낚시를 하기 위해 넓은 만(gulf)으로 항해를 하는 동안 한 가지 유의 사항이 있었는데 붉은색 부표와 녹색 부표 사이에 머물러야 하는 것이었다.

부표로 표시된 경로 밖으로 이탈하게 되면 많은 사람들이 경험했겠지만, 보트의 밑바닥이 값비싼 대가를 치르게 된다. 그 경로 안에 있으면 안전하지만 그 밖의 다른 수로는 그렇지 않다. 부표들은 우리가 안전한 경로를 유지하도록 고안된 안내표지이다.

경건한 가치들의 존재 목적은 하나님께서 원하시는 곳 안에 우리가 머물도록 안내하기 위함이다. 가치들은 우리를 안내하는 타협할 수 없는 원리들로서 그것들에 의해 조직의 생명이 유지된다.

바르게 이해되고, 기도 가운데 확정되며, 신중하게 정의 내린 가치들은 우리가 되고자 원하는 모습으로 개인과 조직을 주조(鑄造)해 가도록 돕는 강력한 도구들이 된다. 그러한 가치들을 소중히 여기고 지켜 나갈 때, 그들은 변화를 용이하게 하고, 우리를 최선의 것에서 간신히 좋은 것 또는 악하고 파괴적인 것으로까지 몰락시키는 것들로부터 지켜 주는 방패막이 된다.

해안에서 꾸준히 주의하지 않으면, 당신은 무심결에 경로를 이탈하게 될 수 있다. 현명한 항해사는 해안 수로를 운행할 때면 언제나 부표에서 눈을 떼지 않는다. 극히 자연스러운 일이다. 가치에 의한 삶을 살도록 배우고, 그들이 당신을 하나님께서 당신의 삶과 사역을 위해 정하신 경로 안에 머물게 한다는 사실을 신뢰할 때, 그러한 가치들 또한 제2의 천성처럼 자연스러운 습관이 될 수 있다. 개인적이든 조직적이든 상관없이, 우리의 삶과 사역의 구심점이 되는 타협할 수 없는 원리들은 하나님께서 우리를 부르신 목적에 진정으로 부합하도록 도와준다.

가치가 원칙을 만든다

예수님께서는 그분이 타협할 수 없는 것들을 신중하게 정의하셨고 그것들을 구심점으로 하여 그분의 삶을 꾸려 가셨다. 그렇게 함으로써 주님께서는 친밀함과 순종과 하나님께 대한 완전한 의존적인 삶을 진실로 영위하셨다. 바르게 정의내린 가치들이 없으면, 우리는 하나님의 부르심에 걸맞은 사역을 하기가 어렵게 된다. 하나님의 부르심에 신경을 쓰고 안 쓰고의 문제를 말하는 것은 아니다. 그러나 무엇이 가장 '핵심'인가를 바로 정의하지 않으면, 그것으로부터 멀어져 갈 위험도 발생하기 쉽고, 덜 중요하거나 사소한 것들이 교회를 좌지우지하게 되기 때문이다.

내가 일하는 교단 사무실에서 교회와 교인들을 섬기는 우리의 사명을 뒷받침할 네 가지 핵심 가치들을 확인하였다.

1. **리더십**(Leadership): **책임을 진다.** 우리의 임무를 탁월하게 수행할 책임과 우리가 제공하는 서비스 개선을 위한 방편을 주도할 책임을 가진다.

2. **정직성**(Integrity): **비난의 여지가 없도록 한다.** 우리의 모든 행위, 대화, 관계에 있어서 정직하게 임함으로 예수 그리스도를 높이고 타인을 존중하도록 최선을 다한다.

3. **배우기**(Learning): **성장하기 위해 최선을 다한다.** 배움을 지속적인 과정으로 인식하고 개인적으로나 전문적으로 자신을 성장시킬 기회를 구한다.

4. **팀 사역**(Teamwork): **함께 일한다.** 우리는 공통의 사명을 이루기 위해 우리 부서의 안팎에서 상호 협력과 교류를 실행한다.

이러한 조항들은 타협할 수 없는 지침 원리들로서 그것들을 중심으로 당회장으로부터 안내 데스크 직원까지 백여 명의 직원들이 자신들의 일을 조율하고 있다. 만일 다른 부서로 갔어야 할 전화가 내 사무실로 온다면, 그 전화가 담당자에게 연결되도록 하거나 내가 직접 문의에 대한 답변을 찾아 주어야 한다는 것을 의미한다. 협력이 필요할 때면, 나는 선택의 여지없이 다른 사람들과 함께 일한다. 함께 일한다는 팀 사역의 가치 때문이다.

모든 이들에게 공유된 가치들을 확실히 하려면, 모든 직무기술서(job description)에는 각자 짊어져야 할 책임을 명시하고 그대로 따라야 한다. 우리의 연간 보고서(review)에는 우리의 가치와 일맥상통하게 사역했는지 평가하는 항목도 포함된다. 그리고 매년마다 모든 직원들이 새해에는 사명과 가치들을 어떻게 고수할 것인지 간단하게 진술하고 있다. 그리고 회장이 직접 그들이 서술한 내용을 확인하고 그 기록에 서명을 한다.

 **핵심질문**

우리 교회의 가장 숭고한 가치 네 가지는 무엇입니까? (당회원들에게 그들의 의견을 나누도록 하고, 최종 수정할 목록을 작성하도록 하십시오.)

1.____

2.____

3.____

4.____

가치는 단결을 가져온다

우리 사무실에서 가치들은 각 팀의 구성원들이 안전하게 일하도록 표시된 부표와도 같은 역할을 한다. 이러한 가치들은 또 다른 중요한 효과를 지닌다. 우리 모두가 같은 가치들에 헌신되어 있기 때문에 우리는 높은 단계의 연대감을 경험할 수 있다. 모두가 우리의 교회와 회중을 섬기는데 열성적이다.

모든 기관마다 가치들이 심어질 때, 그 가치에 의해 사는 사람들로부터 신성한 창의력이 흘러나옴을 보게 된다. 예를 들면 많은 방문객들이 우리의 안내 데스크에서 직원으로 섬기는 멜(Mel) 간사가 그들의 필요를 위해 기도할 때 놀라곤 한다. 그들은 "와, 그 친구 정말 대단한데요?"라고 말한다. 멜 간사는 그들의 필요에 대해 책임을 져야 하는 리더십의 가치를 독특한 방식으로 따르고 있다. 성령의 능력을 좇아 성경적 가치들을 따라 사는 온 회중이 얼마나 큰 힘을 발휘할지 상상이 가는가?

가치는 특정한 선택사항들을 배제시킨다

나의 친구 그랜트와 캐롤이 프래리렛지 산장을 건축했을 때, 자신들의 꿈을 현실로 가져다 줄 건축가를 물색했다. 그들은 건축가에게 공사를 하는데 있어서 주변 자연 환경에 어울리는 건축자재를 사용하도록 하는 일을 포함한 몇 가지 확고한 원칙들을 제시했다. 그러한 가치는 그 건축가에게 많은 선택사항들을 제공했지만 동시에 다른 선택사항들은 배제할 수밖에 없도록 만들었다. 예를 들면 그는 건물 외관에 위스콘신 석회암(Wisconsin limestone)을 사용할 수는 있었지만, 뉴잉글랜드 대리석(New England marble)은 사용할 수 없었다.

마찬가지로 조직이 추구하는 가치들은 많은 선택사항들을 허용하지만 그 외의 것들은 제외시킨다. 사람들이 우리 사역의 일원이 될 것인지를 결정할 때 매우 유용하다. 우리 사무실의 고용 과정의 일환으로 개개인들이 심사숙고할 수 있도록 우리의 가치들을 명확히 드러낸다. 만일 누군가가 우리의 가치들과 동의하고 함께하길 원한다면, 그 진술의 진의 여부를 가늠하기 위해 여러 추천서들을 확인한다. 아무리 전문성에 대한 자신감이 있다 하더라도 우리가 소중히 여기는 가치들에 협조적이지 않는 사람을 직원으로 채용하는 일은 결코 있을 수 없다.

또한 우리 교단의 교회에 가입을 고려하는 사람들에게 타협할 수 없는 사항들을 사전에 분명히 밝히고 있다. 그 사항들은 변하지 않을 것들이기 때문이다. 그러므로 때로 신입 교우가 당신의 것들과는 "상반되는 가치"를 가지고 오거나, 다른 교회에서 오는 사람들이 그러는 경우가 있는데, 그러할 경우에 당신의 공동체가 추구하는 것들이 아니라고 솔직히 말해야 한다.

성장하는 교회들 중에서 내가 목격했던 최선의 사례는 담임목회자가 주기적으로 자신의 집에서 디저트를 함께 먹기 위해 신입 교우를 초대하는 일이었다. 이 시간을 통해 목회자는 새 교우를 환영하고, 그 교회가 어떠한 교회인지, 그리고 어떠한 교회가 아닌지를 설명한다. 그들이 귀하게 여기는 가치들을 최전방에서 명백히 밝히고 있기 때문에 회중들이 유지해 온 경로를 안전하게 지킬 수 있다.

가치들은 독특해야 한다

회중마다 모두 다르기 때문에 그들이 소중히 여기는 가치들 또한 각기 독특한 것이 될 수 있다. 이것이 곧 다른 회중의 가치를 그대로 따라 해서는 안 되는 절대적인 이유이다. 아무리 좋게 보인다고 할지라도 당신의 회중들이 남의 것들에는 헌신하지 않을 것이다. 잘 선택된 가치들은 회중의 특별함과 사역의 불가침한 원칙들을 반영한다.

다음에 보는 것들은 두 독특한 회중들의 가치들이다. 주의 깊게 살펴보면서 각 회중들이 자신들의 사역을 형성해 가는 핵심적인 원칙들을 발견해 보라.

투리버스교회(Two Rivers Church),
테네시(Tennessee) **주 녹스빌**(Knoxville)
우리의 삶에 있어서 중요한 가치는...

...종교적 행사의 의식을 넘어 공예배와 개인 경건의 시간을 통해 하나님을 즐거워 한다.

...하나님에 대한 신학적 이론을 넘어 의미 있는 관계 안에서 삶을 변화시키는 성경적 진리를 경험한다.

...관계적 고립에서 벗어나 진정한 기독교 공동체 안에서 함께

삶을 나눈다.

…기독교를 관람하는 방청객이 아니라 하나님의 나라를 확장하는 일에 그분의 인도하심에 따라서 독창적이고 분명한 역할을 가지고 참여한다.

…복음주의와 오순절주의의 극단에서 벗어나 양쪽의 가장 선한 부분들을 모두 포용한다.

…자기중심적인 모습에서 벗어나 어려운 이웃들을 돌본다.

…다른 사람에게 전도하기를 두려워하지 않고 열정적으로 우리의 간증들을 나눠 준다.

…우리의 교회만을 성장시키는 데 머무르지 않고 다른 지역에도 교회를 세워나간다.[8]

**하트랜드커뮤니티교회(Heartland Community Church),
일리노이(Illinois) 주 록포드(Rockford)**

가치1: 우리는 성령의 기름부음을 받은 가르침이 개인의 삶과 교회를 변화하는 촉매임을 믿는다. 이를 위해 삶을 변화시키는 가르침의 개념을 포함시킨다.(롬 12:7; 딤후 3:16-17; 약 1:23-25).

가치2: 우리는 하나님께서 불신자들을 염두에 두신다고 믿는다. 그러므로 우리도 그들을 중요하게 생각한다. 이를 위해 관계 전도와 단계별 전도의 개념들을 포함시킨다(마

---

8) http://www.tworiverschurch.org. Used with permission.

18:14; 눅 5:30-32; 눅 15).

가치3: 우리는 교회가 교리적으로는 순결을 지키되 문화적으로는 유연해야 한다고 믿는다. 이를 위해 복음을 가지고 현대 문화에 세심하게 접근할 수 있는 시설, 인쇄물, 기술의 사용, 언론매체, 예술 등을 포함시킨다(고전 9:19-23).

가치4: 우리는 진정성을 가진 공동체의 소그룹 안에서 삶의 변화가 가장 최선으로 이루어질 수 있다고 믿는다. 이를 위해 제자훈련, 약한 자를 위한 배려, 책임감 등의 개념을 포함시킨다(눅 6:12-13; 행 2:44-47).

가치5: 우리는 탁월함으로 하나님께 영광을 돌리고 사람들에게 감동을 줄 수 있다고 믿는다. 이를 위해 평가, 비판적 평가, 열심, 탁월함의 개념들을 포함시킨다(잠 27:17; 말 1:6-14; 골 3:17).

가치6: 우리는 교회와 교회의 사역이 영적 은사를 가진 남녀 리더십들에 의해 주도되어야 함을 믿는다. 이를 위해 권한 위임, 섬김의 리더십, 전략적인 접근, 계획성 등의 개념을 포함시킨다(느 1-2; 행 6:2-5; 롬 12:8).

가치7: 우리는 그리스도와 그의 대외명분에 대한 온전한 헌신을 추구함이 모든 신자들에게 합당하다고 믿는다. 이를 위해 청지기, 종, 낮아짐, 하나님 나라의 뜻을 추구함의 개념을 포함시킨다(왕상 11:4; 고후 8:7; 빌 2:1-11).

가치8: 우리는 사람들이 삶을 영위하기 위해서 사적인 공간들을 필요로 한다고 믿는다. 이를 위해 적절한 일/휴식의 순환과 가정생활, 관계 전도의 개념들을 포함시킨다(창 2:2; 잠 23:4; 마 5:29-32).

가치9: 우리는 영적 은사와 함께 순종의 삶이 하나님께서 그분의 나라를 위해 개인과 교회를 사용하시는 방법임을 믿는다. 이를 위해 하나님께 경청하고, "네"라고 순종하며, 영적 은사를 사용하고 다른 사람들 섬기는 개념을 포함시킨다 (마 4:18-22; 엡 4:11-12; 벧전 4:10).

가치10: 우리는 교회의 연합이 필수적임을 믿는다. 이를 위해 갈등 해소, 서로간의 깊은 신뢰, 갈등 확산 방지, 다른 사람을 칭찬함, 험담을 듣거나 동조하지 않음의 개념들을 포함시킨다(시 133:1; 마 18:15-17; 엡 4:2-6:16)[9]

가치들은 교회가 계획성 있게 돕는다

가치들은 기관들이 즉흥적이지 않고 계획적으로 운영되도록 돕는다. 내가 위의 두 교회를 예로 든 이유는, 그들이 살아야 할 중심원칙으로 삼아야 하는 원칙들을 결정하는 데 필요한 힘든 일들을 리더들이 모두 감당했던 사례이기 때문이다. 타협할 수 없는 가치들은 그들이 만들고자 하는 문화를 보여 주고 모든 사역과 결정사안들을 평가할 수 있는 기준선이 된다.

---

9) "Becoming a Heartland Participating Team Member." Heartland Community Church, Rockford, IL . Used with permission.

투리버스교회는 상처 입고 궁핍에 빠진 사람들을 꾸준히 관대하게 섬겨왔다. 그들은 이미 새 건축을 위해 모은 재정의 10분의 1을 다른 사역들을 위해 나누기로 했다. 이는 "자기중심적인 모습에서 벗어나 어려운 이웃들을 돌본다"는 그들이 추구하는 삶의 가치와도 일치하는 일이다. '대외봉사활동지향(outreach-oriented)'의 가치를 가지고 있는 미네소타(Minnesota) 주의 에덴프레리(Eden Prairie)에 위치한 우드데일교회(Wooddale Church)는 "내부의 필요를 섬기는 일과 외부의 사람들에게 나아가는 일 사이에서 선택을 해야 할 때, 우리는 외부인들을 위한 사역에 우선적으로 헌신한다."[10]라고 말한다. 이 가치는 봉사활동의 경로에서 사역이 유지되도록 하고 있다.

이러한 교회들에서 그들이 공유하는 가치들은 사람과 문화와 사역의 모습들을 형성해 가는데 상당한 수준의 기여를 하고 있다. 또한 그 가치들은 교회의 삶과 사역이 흘러가는 경로를 보여 주기도 한다. 물이 수로를 벗어나서 흐르게 되면, 지켜져야 할 가치가 손상을 입었다는 의미가 되고 리더는 신속하게 본래 지켜져야 할 자리로 사역을 복귀시켜야 한다.

분명하고 신중하게 정의 내려진 가치들이 없으면, 계획성 있게 사역을 하여 반드시 유지해야 하는 사역의 통로를 잃게 된다. 이러한 관점으로 비추어 볼 때, 우리가 추구하는 가치들은 다양한 결과를 초래할 선택과 결정 사안들이 수없이 산재한 상황 속에서 결정적으로 중요한 결단을 내릴 수 있도록 도와준다.

---

10) http://www.wooddale.org/guest_center/values.asp.

가치들이 교회가 원하는 문화를 규정한다

투리버스교회와 하트랜드커뮤니티교회는 그들이 세운 가치들을 가지고 자신들이 원하는 문화를 정의하도록 사용하고 있다. 이 교회들은 왕국에 대한 사고방식(kingdom mind-set)에 가치를 두고 있다. 또한 진정성 있는 관계와 심오한 기독교 진리, 잃어버린 영혼과 사회적 소외계층에 대한 관심, 하나님의 말씀에 대한 확고한 헌신에 가치를 부여한다. 그들의 가치들을 반영하는 교회 문화에는 흥미, 포용, 개방, 초대, 은혜, 충만, 친절 등의 요소들이 있다. 그러나 대부분의 사람들은 이와는 현저히 다른 모습의 교회를 주로 경험했을 것이다.

조직은 시간이 흐를수록 외부적인 일("우리는 아직 우리와 함께하지 못한 사람들을 위해 존재한다")보다는 내부적인 일("우리는 이미 이곳에 있는 사람들을 위해 존재한다")에 초점을 맞추는 자연스러운 경향이 있기 때문에 교회가 내부인들에게는 친절하지만 외부인들에게는 불친절하게 되기 십상이다. 그러므로 그리스도를 알지 못하는 자들에게 복음을 전하고 건강한 공동체 안에서 그들을 전인적으로 양육해야 할 사명이 있는 교회가 바르고 적절하게 정의 내리지 못한 문화를 가지고 있다면 매우 위험한 일이다.

자신들의 올바른 교회 문화를 세우고 성경적인 가치로서 그 문화를 적용하고 단속하는 회중들은 교회를 향한 주님의 지상명령을 충족할 수 있는 더 많은 기회를 가질 수 있다. 신중하고 세심하게 창출된 가치들을 통해 만들어 낸 아름다운 교회 문화는 건강하고 올바른 사역을 세워가는 중요한 요소가 된다.

가치를 결정하는 과정

교회가 자신들의 가치관들을 명확히 해야 하는 이유는 모든 개인들이 어떠한 모양으로든지 각자 나름대로 설정한 가치들을 가지기 때문이다.

우리는 지금까지 우리의 사역에 있어서 하나님의 부르심을 반영한 가치들을 이야기했다. 그러나 우리가 붙들고 있는 가치들이 긍정적일 수도 있지만 부정적일 수도 있다. 가족보다도 직장에서의 승진을 더 중요한 가치로 여기는 사람은 파괴적인 가치를 지니고 있는 것이다. 교회의 특성을 이해하려면 이미 회중들 사이에 각인되어 있는 긍정적인 가치들이 무엇인지 생각해 보라. 은혜를 누리고 율법주의를 피하며, 중독과 씨름하는 이들을 품고 회복시키고, 가정과 결혼생활을 강화시키는 일 등이 긍정적인 가치가 구현된 모습들의 예이다.

 **핵심질문**

당신의 회중의 가장 긍정적인 다섯 가지 특성들은 무엇입니까?

1.____

2.____

3.____

4.____

5.____

교회 안에서 다소 문제가 있는 가치들을 구별하는 일 또한 동일하게 중요한 비중을 차지한다(교회의 DNA를 다룬 5장을 기억하라). 이러한 가치들은 비록 드러내놓고 말하지 않더라도 종종 삶의 타협할 수 없는 것으로 여겨져 논의를 할 수 없다.

현재의 가치들이(문서화 되었든지 그렇지 않든지) 당신의 회중을 적절하게 반영할 수도 있고 반영하지 않을 수도 있다. 리더들은 "하나님께서 우리에게 원하시는 모습은 무엇일까? 하나님께서 우리에게 원하시는 가치나 원칙들은 무엇일까? 우리는 어떤 가치에 강하고 신속하게 헌신할 수 있을까?"를 물어야 한다. 다시 말하자면, **'우리는 누구인가?'**라는 단순한 질문이 아니라 **'하나님께서 우리에게 원하시는 것을 누가 할 것인가?'**의 질문인 것이다.

만일 당신의 교회가 가치들을 아직 세우지 않았다면 도움이 될 만한 질문들이 여기에 있다.

* 우리는 교회의 바른 모습을 세우기 위해 하나님의 타협할 수 없는 우선순위를 무엇이라고 이해하는가?
* 우리의 불변하는 가장 높은 우선순위는 무엇인가?
* 우리의 교회가 어떻게 알려지기를 바라는가?
* 다른 회중들과 우리의 회중들을 무엇으로 구별할 수 있는가?
* 방문객들에게 우리가 삶을 통해 갖게 된 다섯에서 여덟 가지 정도의 핵심적인 진리와 헌신을 설명해야 한다면 무엇이겠는가?
* 회중들에게 우리가 바라는 교회의 문화에는 어떤 것들이 있는가?

가치들에 관한 목록을 편찬하는 동안 그 가치들이 방법이나 전략과 혼동되어서는 안 된다는 사실을 명심해야 한다. 하나님의 말씀에 대한 헌신을 타협할 수 없는 가치로 여기는 것이 복음주의 교회의 공통적인 모습이겠지만, 그럼에도 불구하고 그 가치는 신앙 고백(statement of faith)과는 또 다른 것이다.

당신의 가치들을 완성된 문장들로 진술하든지, 또는 간결한 구문으로 만들든지, 각 조항에 대한 설명을 덧붙여서 교인들과 방문객들이 교회가 흐르고 있는 방향을 분명히 이해할 수 있도록 하라.

그렇다면 몇 개의 핵심 가치를 세워야 하겠는가? 일반적으로 열 개 이하를 추천한다. 모든 것을 다 첨가하고 싶은 욕구가 오히려 효율성을 떨어뜨리기 때문이다. 사람들이 그대로 지키고 살아야만 그 가치들이 의미가 있다. 많은 가치들을 보유할 경우 사람들이 자기 것으로 만드는 일은 더 어려워진다. 만일 다섯 가지 이하로 정할 수 있다면 더 좋을 것이다. 기억할 수 있는 대여섯 가지가 잊어버리기 쉬운 열댓 가지들보다 낫다.

회중들 앞에 가치관들을 펼쳐 놓기 전에 리더로서 먼저 그 가치에 따라 충분히 살아본 확신을 가져야 한다. 나의 경험으로는 "바로 이것이다"라고 말하기 전까지 대개 3~6개월 가량의 토의, 기도, 초안과 수정보완의 시간들이 필요했다.

가치들을 의미 있게 만들기

많은 사람들이 가치 정립에 대해 회의적인 이유는 가치 구성목록들이 빛을 보지도 못 한 채 종종 사무실의 문서함에 보관되는 것으로 끝나 버리기 때문이다. 불행하게도 원칙을 만들고 얼마 후 다시 파일에 쌓아 놓는 식의 습관은 진정으로 가치 있는 일에 대해 냉소를 불러온다. 의지가 있는 리더들은 가치들이 사역의 방향을 일관되게 유지함을 인식하고, 그것들을 진지하게 다룬다.

사역의 단계마다 가치들이 심겨질 때, 회중들에게 공통의 이해를 가져오게 된다. 곧 리더가 솔선수범하여 가치들에 헌신하고 진정으로 그것들을 전달하기 위해 노력하고 있다는 생각을 불러오는 것이다. 다음의 사항들은 당신이 주장하는 가치들을 의미 있게 하고, 캐비닛 서랍에 쌓이기만 하는 일을 방지하는 데 도움을 준다.

당신의 가치들을 알라. 가치들의 수를 최소한으로 해야 하는 이유가 여기 있다. 모든 리더들과 사역자들과 직원들과 봉사자들이 그것들을 완전하게 붙들어야 하기 때문이다. 가치들을 헌법이나 규범에 넣으면 의미가 없게 되고 만다. 그러나 당신의 주요 인물들의 마음속에 깊이 새겨 주면, 그들이 사역의 현장에서 그것을 드러낼 것이다. 또한 암기해야 한다. 그리고 리더와 사역자들이 그러한 가치가 확립되어 있는지를 서로 간에 책임짐으로써 그 중요성이 더욱 부각될 수 있다.

당신의 가치대로 살라. 타협할 수 없다는 말에 대해 많은 냉소가 있는데, 오늘날 많은 사람들이 한 가지를 옹호하면서도 또 다른 한 가지에 의해 살아가기 때문이다. 기독교 공동체와 시장 경제에서 똑같이 일어

나는 일이다. 특히 사람들은 리더가 실제로 조직의 가치들을 진지하게
다루고 있는지 관찰한다.

이미 언급한 바와 같이 내가 일하는 곳에서는 함께 조력하는 팀 사
역을 강조한다. 교회직원들은 나로부터 이러한 신호를 받는다. 마찬가
지로 내가 소개했던 다른 리더들도 그들 부서의 성향이 자연스럽게 그
렇지는 못한다 할지라도 먼저 스스로 팀 사역의 태도와 자세를 취하고
있다.

우리의 관리 팀은 우리의 가치나 사명에 침해하는 일이 발생하면 서
로 간에 경종을 알리는 원칙을 가지고 있다. 리더들에 의해 실제로 지
켜지는 가치야말로 회중들에게 가장 확실한 훈련도구가 될 것이다.

당신의 가치를 꾸준히 전하라. 리더들은 꾸준하게 가치를 전하는 중
요성을 과소평가하고, 자신들도 그렇게 자주 하고 있다고 과대평가하
는 경향이 있다. 리더의 본질적인 임무 한 가지는 조직이 역량을 발휘
할 수 있는 문화와 기풍(ethos)을 창출해 내는 일이다.

담임 목회자는 가장 핵심적인(유일하지는 않지만) 전달자 역할을 한
다. 제안하자면, 강단에서 정기적으로 그 가치들을 엮어낼 수도 있고,
가치들을 염두에 둔 상태에서 어떻게 중요한 사안들을 결정했는가를
설명할 수도 있으며, 연결 가능한 성경의 본문을 인용할 수도 있다(회
중들이 공유하는 모든 가치들은 반드시 성경적이어야 한다).

담임 목회자가 가치에 대해서 말할 때, 심지어 하품하는 사람들도
있을 것이다. 그러나 인내해야 한다. 좋은 가치들은 당신의 교회가 가
야 하는 방향으로 갈 수 있도록 돕기 때문이다. 14장에서 보겠지만,
대부분의 사람들은 변화를 싫어한다. 그러나 교회를 이끌어야 할 경우

에는 사명 완수를 위해 종종 변화를 촉구해야만 할 때가 있다. 그런데 만일 회중들이 그 가치들을 수용하면, 담임 목회자는 필요한 변화들을 헤쳐 나갈 수 있도록 그들을 도와야 한다. 변화에 대한 저항보다도 공유된 가치들에 대한 헌신이 더 소중하게 인식되기 때문이다.

모든 직원들과 사역자들도 그들 고유의 리더십 자리에서 공유된 가치를 반영하는 사역을 행함으로 함께 전달해야 한다. 사역자들의 직무 평가와 봉사자들에 대한 평가는 그들이 얼마나 공유된 가치에 합당하게 사역했는지를 포함해야 할 것이다.

가치들은 새 교우들에게도 중요한 가르침의 도구가 된다. 그들은 회중들이 나아가는 방향과 분위기를 파악할 수 있어야 한다.

가치에 부합한 사람들과 사역을 칭찬하라. 사람들은 평가 받는 일들에 관심을 가지게 마련이다. 공유된 가치에 부합하게 사는 사람들의 예를 자주 언급할수록 다른 사람들에게도 좋은 자극이 될 수 있다.

우리 기관의 가치들 중 한 가지는 '**책임을 진다.**'는 것이다. 얼마 전에 행정 간사를 맡은 자매가 어느 교회로부터 온 전화를 받았다. 대화 중에 그 교회의 리더들이 공교롭게도 NBA 결승전 4라운드가 열리는 날에 마을에 선교 여행차 방문하려 한다는 사실을 알게 되었다. 호텔 방이 여섯 개가 필요했다. 그러나 호텔 방들은 이미 예약이 모두 끝난 상태였다. 그녀의 의무와 능력을 넘어서는 일인가? 그렇지 않다. 그녀는 우리의 가치인 책임을 지는 리더십을 기가 막힌 방법으로 지켜냈다. 여기서 내용을 다 말할 필요는 없지만, 모든 직원들이 그 이야기를 들었고 그녀는 영웅이 되었다. 우리는 이렇게 모두가 사명과 가치들을 이루어 내기 위해 최선을 다하도록 격려하고 칭찬한다.

사역자와 리더를 선발할 때 가치를 이용하라. 빌 하이벨스 목사는 팀원을 선발할 때 종종 '세 가지 C'를 말한다. 인격(Character), 숙련도(Competence), 성향(Chemistry)이다.[11] 성향의 가장 주요한 점은 당신이 공유하는 가치들에 대해 확고하게 동의하고, 헌신할 수 있는가 하는 부분이다.

너무도 자주 직원들을 채용하고자 하는 우리의 욕구로 인해 그들의 숙련도를 인격이나 성향보다 더 중요시 여길 때가 있다. 그러한 결정으로 동반되는 고통은 이루 말할 수 없다. 가치에 대한 인식이 결여된 연합은 당신의 팀에 분열과 갈등을 초래하기 쉽다. 그리고 결국에는 회중들에게도 영향을 미치게 될 것이다. 채용하는 일이 있을 때면, 우리의 사명과 가치에 부합하는 사람임을 확실히 하기 위해 나는 부서 내에서 수차례의 면접을 보는 시스템을 도입했다. 만일 당신이 공유하는 가치와 문화에 있어서 의문스러운 점이 보인다면, 아무리 좋은 자격을 갖춘 지원자라 하더라도 채용해서는 안 된다. 가치의 결속이 일에 대한 전문성이나 숙련도보다 항상 앞서야 한다.

이와 동일하게 당회원들도 우리의 가치들과 결속되어 있어야 함을 항상 염두에 두어야 한다. 당신이 나서서 확인하지 않으면, 회중들은 거의 물어보지도 않는다. 그리고 나중에서야 교회의 근본 정책과 상반되는 사람들이 리더십의 위치에 있음을 발견하고 힘겨운 싸움을 하게 된다.

---

11) Bill Hybels, *Courageous Leadership* (Grand Rapids, MI : Zondervan, 2002), 80-85.

경로 안내판을 소홀히 하지 마라

플로리다와 앨라배마 만(Gulf)의 정박지에는 부주의 또는 사고로 경로를 이탈하여 바닥이 망가진 보트들로 가득하다. 그 보트들을 수리하는 데 많은 대가와 비용이 든다.

계획적인 리더는 회중들을 인도할 경로 안내표지를 신중하게 만들어 간다. 그들은 조심스럽게 사역을 그 안전표지 안에서 유지하고, 위험한 물살로 사역을 이끌려는 사람은 저지한다. 자신들이 본을 보임과 동시에 분명한 의사소통을 통해서 보트 안에 있는 모든 사람들이 안내표지가 어디에 있는지, 그리고 어떻게 그것을 읽어야 하는지를 확실하게 한다. 계획적인 리더들은 그들의 경로 안내판을 소홀히 여기지 않는다. 높은 가치들에 의해 모든 일을 꾸려 간다.

 **핵심질문**

우리 회중들이 공유하는 유언(spoken)의 가치와 무언(unspoken)의 가치들은 어떤 것들이 있습니까? 건강한 것들과 건강하지 않은 것들은 무엇입니까?

우리는 공유된 가치들을 기록해 놓았습니까? 그리고 리더와 사역자들, 회중들에 의해 그 가치들이 잘 알려지고, 수용되고, 실행되고 있습니까?

우리의 가치들이 사역의 모든 국면에서 경로 안내판으로서의 역할을 충족하려면 어떻게 해야 하겠습니까?

마무리하기: 가치들의 가치(The value of values)

* 공유된 가치들은 사역을 위한 원칙들을 형성한다.

* 공유된 가치들은 연합을 가져온다.

* 공유된 가치들은 특정한 선택사항들을 배제한다.

* 공유된 가치들은 당신의 회중만의 독특한 것이어야 한다.

* 공유된 가치들에 회중들의 삶이 헌신되어야 한다.

* 교회의 문화는 공유된 가치들에 의해 만들어진다.

* 가치들은 건강한 것일 수도 건강하지 못한 것일 수도 있다.

* 가치들은 리더, 당회원, 사역자들의 의사소통과 솔선수범에 의해 의미 있게 된다.

교회의 기초적인 사명은
간단히 말해서
'더 많은 신자와 더 나은 신자'라 하겠다.
예수님을 알지 못하는 자들이
그분과 개인적으로
인격적인 관계를 맺으며
제자로 성장하도록 지
향하는 일이다.

8장

사명: 당신의 진북(眞北)을 정하라

회중들이 하나님께서 주신 잠재력을 발현하도록 하기 위해서는 리더들이 먼저 사명에 대해 명확히 이해하고 그에 대해 흔들림 없이 헌신해야 한다. 사명이 명료할 때, 리더들은 회중들을 하나님께서 지시하신 특정한 방향으로 인도할 수 있게 된다.

앞장에서 공유된 가치들이 사역의 경로 안내판을 세우는 것을 살펴보았다. 사명은 "우리는 왜 존재하는가?"라는 질문에 답을 제시한다. 이 질문에 답할 수 있고, 모든 회중들이 그 답을 이해할 수 있도록 하는 능력은 강력한 리더십을 가지고 효과적이고 건강한 사역을 이루는 핵심이 될 수 있다.

사명이 모호할 경우, 사역의 효율성은 떨어지고 때로 방향성을 상실한 채 모순에 빠질 수도 있다. 우리가 왜 존재하는가에 대해 명확한 이해가 있을수록 사역에 보다 초점을 맞추고 힘을 쏟을 수 있을 것이다. 사명은 교회가 추구하려는 전략에 관한 질문에 답하지는 않지만, 방향성에 대한 중요한 질문에 답을 제시해 준다.

크고 작은 도시와 시골 교회의 여러 회중들이 명확하고도 쉽게 이해할 수 있는 사명 선언문을 만드는 모습은 매우 신선한 도전이 된다. 그들의 사명 선언문을 통해 회중들은 자신들의 교회가 추구하는 "주된 것들"을 분명히 표명하게 된다.

가장 주된 것

수많은 것들이 우리의 주목을 끌기 위해 경쟁하기 때문에 가장 주된 것을 잊어버리기가 쉽다. 전형적인 회중들이 정기적으로 마주하게 되는 문제들에 대해 생각해 보라.

* 사랑하는 이를 잃고 비탄에 잠긴 가족들은 돌봄을 필요로 한다.
* 회중들이 성장함으로 인해 교회를 중축하고, 새로운 장소를 물색하며, 프로그램을 다시 생각하는 일들이 필연적이다.
* 교회가 확장되면서 주일학교 봉사자들이 더 많이 필요해졌다.
* 교인 중에 결혼 생활에 문제가 있어서 상담을 필요로 하고 있다.
* 교인들 간에 갈등이 빚어져서 당회 리더십의 에너지를 모두 소진하고 있다.
* 교회가 아직 새로운 사역자를 찾는 중에 있기 때문에 현재는 인력이 부족하다.
* 목사의 설교에 이의를 제기하는 사람들이 그 문제를 당회에 논의

하고 싶어 한다.

* 재정 수입이 예산을 채우지 못함으로 예산 삭감 문제를 결정해야
하는 상황이다.

* 이혼을 겪은 사람들에게 섬김과 봉사의 기회가 주어졌는데, 이에
관한 논란으로 인해 몇몇 리더들이 곤욕을 치르고 있다.

이 모든 것들은 다 중요하다. 누군가는 반드시 다루어야 할 문제들이다. 그러나 중요하게 여기는 모든 것들을 전부 언급하다 보면, 가장 주된 것을 무시하여 교회가 존재하는 목적을 지나쳐 버리게 될 수도 있다. 나는 평신도 때부터 사역자들과 리더들에게 불가능하리만큼 주어지는 많은 요구들을 보면서 그들에게 측은한 마음을 가지게 되었다. 교회의 사명을 분명한 시각으로 바라보지 못한다면, 위기의 순간들을 직면하게 될 수밖에 없을 것이다.

예수님께서 가장 주된 사역을 정의하셨다

다른 조직들과는 다르게 교회에는 이미 가장 주된 사역이 정해져 있다. 예수님께서 이를 복음서에서 말씀하셨고, 사도행전에서도 재차 강조하고 있다. 이 일은 예수님의 사역의 확장선으로서 성령의 능력에 의해 이루어진다.

"예수께서 나아와 말씀하여 이르시되 하늘과 땅의 모든 권

세를 내게 주셨으니 그러므로 너희는 가서 모든 민족을 제자
로 삼아 아버지와 아들과 성령의 이름으로 세례를 베풀고 내
가 너희에게 분부한 모든 것을 가르쳐 지키게 하라 볼지어다
내가 세상 끝날까지 너희와 항상 함께 있으리라 하시니라.”
(마 28:18-20)

이 본문에서 볼 때, 교회의 가장 주된 사역은 제자 양육이다. 결국 교회는 사람들이 주님의 은총을 깨닫도록 가르치고, 예수 그리스도를 구주로 영접하며, 그리스도의 제자가 되기까지 영적으로 온전히 성장하도록 도와야 하는 사명을 가지고 있다. 교회의 기초적인 사명은 간단히 말해서 '더 많은 신자와 더 나은 신자(more believers and better believers)'라 하겠다. 예수님을 알지 못하는 자들이 그분과 개인적으로 인격적인 관계를 맺으며 제자로 성장하도록 지향하는 일이다.

교회는 잘 하고 있는가?

우리 가운데 어떤 회중들은 가장 주된 사역을 잘 유지하고 있다. 그러나 일반적으로 미국 교회들 대부분은 그렇지 못하다. 앞에서 보았던 통계 자료를 기억하는가? 오늘날 미국 교회에서는 단 한 명을 전도하기 위해 85명의 성도가 1년 동안 노력해야 한다는 사실이다.[12] 그러한 비율로 볼 때, 미국 교회의 성도 증가율은 미국 인구의 증가율보다도

---

12) Tom Clegg and Warren Bird, *Lost in America* (Loveland, CO: Group, 2001), 29.

더 낮다. 다행인 것은 의도적으로 제자 양육을 지향하고 있는 회중들의 교회는 그리스도께 새로이 헌신하는 신자들의 수가 현저하게 증가됨을 볼 수 있다. 그러나 물론 소수의 교회에 해당된다.

어째서 복음을 외치는 교회들이 가장 주된 사역을 이루어가는 일에 역부족인 것일까? 관심과 생각이 없어서가 아니다. 내가 여러 교회의 당회를 자문하면서 깨달은 것은 너무나 많은 일상의 사소한 일들이 우리를 가로막고 있다는 사실이다. 아무리 중요한 일이라도 가장 근본적인 일을 가로막아서는 안 된다. 우리의 존재 목적과 이유가 잊혀져서는 안 된다. 겉으로 보기에는 우리가 많은 일들을 하고, 잘 하는 것처럼 보일 수도 있다. 그러나 실제로는 그렇지 않으면서도 마치 나침반의 진북(眞北)을 향해 가는 것처럼 착각하기 쉽다. 예를 들면, 교회의 프로그램으로 회중들의 수가 늘어날 수는 있지만, 참된 회심자는 적을 수도 있다. 주님의 지상명령의 말씀을 기준으로 한다면, 회중의 양적 성장이 아니라 회심자의 비율이 측정되어야 한다.

영적 성장의 무대에서 또한 속임 당하기 십상이다. 프로그램의 성공이나 참여도를 가지고 평가한다면, 마치 잘하고 있는 것으로 생각할 수 있다. 그러나 영적 성장의 참된 기준은 삶의 변화이다. 만일 그리스도인으로서 삶의 획기적인 변화를 경험한 이들을 헤아릴 수 있다면, 우리가 믿었던 만큼의 성공이 아니었음을 절감하게 될 것이다.

우리는 지난 수십 년 동안 미국 교회의 지도자들이 회심과 삶의 변화에 관계없이 교회 크기와 양적 성장에만 치우쳐 온 시대를 살아왔다. 많은 목회자들과 지도자들이 규모와 시설과 프로그램을 성공의 잣대로 여겨왔다. 이러한 것들이 설령 성공의 한 가지로 정의가 될 수 있을지는 모르지만, 교회의 머리이신 그리스도께서 정하신 기준과는 결코 상관이 없는 것들이다.

교회 리더들은 위기의식을 가지고, 스스로에게 다음과 같은 질문을 던져야 한다.

* 우리 교회는 사명을 분명히 하고 있는가? 우리의 사명은 그리스도께서 교회에 명하신 지상명령과 동일한 사명인가?
* 모든 사역자들과 당회원들이 우리의 사명이 가장 근본적이고 주된 것임에 동의하고 있는가? 그 사명을 이루고자 하는 열정을 모두 가지고 있는가?
* 모든 리더들이 사명을 분명하게 그려낼 수 있는가? 회중들 중에 얼마나 그러할 수 있는가?
* 매년마다 사명 성취를 위해 얼마나 잘하고 있는지 바르게 측정할 수 있는가? 우리가 잘하고 있는지 그 결과를 정직하고 단순하게 평가하고 있는가?
* 우리의 사명이 교회의 중요한 계획과 사역을 주도하고 있는가?
* 우리의 회중들이 가진 사명에 대한 명확한 이해와 성취도에 어떤 점수를 주겠는가?

예수님께서는 그분의 마지막 지상명령을 통해서 우리가 따라가야 할 진북(眞北)을 가르쳐 주셨다. 그리스도의 말씀에 조명하여 우리의 사명을 바르게 정의함으로써 주님의 부르심에 상응하게 인도함을 받을 수 있게 된다.

사명선언문 작성과 평가

사명선언문을 새로 작성하거나 기존의 것을 평가할 때, 다음의 원리를 가지고 하면 도움이 된다.

지상명령과 일치하도록 만들라. 사명선언문은 반드시 지상명령에 대해 우선순위를 가지고 성도들의 양적, 질적 성장을 함께 도모할 수 있도록 해야 한다. 현 시대의 문화를 배려하여 쉽게 이해할 수 있도록 만들어야 한다.

간단 명료하게 작성하라. 여기에 몇 가지 규칙이 있다: 만일 T셔츠 뒷면에 새길 수 없다면, 너무 길다. 만일 부수적인 여러 설명을 필요로 한다면, 너무 복잡하다. 모든 회중들이 쉽게 암기할 수 없다면, 수정되어야 한다. 리더들이 모른다면 아무 쓸모없다. 사명선언문을 작성할 때, 리더들에게 스며들도록 충분한 시간을 가져서 보다 정제되고, 간략해지며 명확해지도록 하라. 약간의 시간과 논의, 기도와 생각만 투자하면 복잡한 문장을 간단하게 정리할 수 있다.

구체적으로 작성하라. 표현이 너무 광범위하면 나침반으로서의 가치가 줄어든다. 예를 들면, "그리스도 교회의 사명은 하나님께 영광을 돌리는 것이다."라는 표현은 신학적으로는 맞을 수 있지만, 구체적이지 않기 때문에 방향성을 제시하는 도구로는 사용될 수 없다. 반면에 "그리스도 교회의 사명은 사람들에게 사랑으로 예수님을 소개하고, 그분 안에서 자라도록 도와 하나님께 영광을 돌리는 것이다."라고 하면, 보다 구체적인 표현이 된다. 이 안에 전도와 영적 성장과 사랑의 분위기가 모두 담겨 있다.

당신의 것으로 만들라. 다른 이들의 사명선언문을 가지고 당신의 회중들이 수용하도록 하지 마라. 다른 교회의 사명선언문은 그들만의 상황을 반영한 것일 수 있기 때문이다. 하나님께서 당신의 회중들의 상황과 형편에 적합한 사명선언문을 당신의 리더십을 통해 창의적으로 부어 주시도록 기도하라.

"그 사명이 나를 흥분시키고 있는가?" 물어라. 리더들은 그들의 사명이 가진 본질을 심각하게 고민해야 한다. 교회가 그 안에 서 있도록 열정을 가지고 강하게 그 사명을 붙들 수 있어야 한다. 그 사명이 당신의 교회를 위한 것이라는 확신을 통해 열정을 가지게 된다. 리더로서 장기적인 안목을 가지고 추구할 만한 사명이 되어야 한다. 만약 당신이 리더로서 당신의 사명선언문에 흥분하지 못한다면, 다른 사람들도 마찬가지일 것이다. 당신이 흥분할 수 있어야 다른 사람들도 당신을 따라 흥분하게 된다.

사명선언문의 문제는 사명 자체보다 그 사명에 대한 리더들의 헌신 여부에 달려 있다. 기도로 신중하게 작성해서 열정적으로 수용되고 의지적으로 실행되어질 때, 당신의 사명선언문이 교회 사역의 향방을 가늠하는 나침반이 된다.

사명의 실천

사람들이 이해하고, 믿고 따를 때 비로소 사명에 의미가 있다. 모두가 그 사명으로 초대 받아야 한다. 그러나 모든 사역자들과 리더들과 직원들은 반드시 그 사명을 실천해야 한다.

바르게 정의된 사명이 교회 리더들의 의사결정에 어떠한 영향을 주는가? 그리스도교회(Christ Church)의 예로 돌아가 보자. "그리스도 교회의 사명은 사람들에게 사랑으로 예수님을 소개하고, 그분 안에서 자라도록 도와 하나님께 영광을 돌리는 것이다."

그리스도교회는 다른 여러 선한 일들도 많이 하겠지만, 세 가지에 온전히 집중하여 헌신하고 있다. 전도와 영적 성숙, 그리고 사랑의 분위기를 이루는 일이다. 그리스도교회의 리더들이 이 사명에 비추어 자신들의 사역을 돌아볼 때, 다음과 같은 질문들을 묻곤 한다.

* 우리는 사람들이 그리스도께로 나아오는 증거들을 보고 있는가? 아니면, 우리의 성장은 단순히 성장 이동에 불과한 것인가?
* 우리 사역의 어떤 부분들이 복음 전도에 실제로 기여하고 있는가?

자원이나 인력 또는 재정이 전도 사역에 추가적으로 보내져야 하는가?

* 우리가 우리의 표적을 잘 알고 있는 것처럼 영적 성숙이 무엇을 의미하는지 어떻게 정의할 것인가? (3장 참조)

* 영적 성장을 어떻게 평가하고 있는가? 우리가 집중해야 할 취약한 부분은 어디인가? 우리의 사역의 이 부분에서 계획성에 대해 만족하고 있는가?

* 회중들이 서로 간에 그리고 외부 내방객들에게 하나님의 사랑을 건강한 방법으로 드러내고 있다고 무엇으로 증명할 수 있는가? 우리의 이러한 사명을 교회에서 가까운 지역사회에 어떻게 적용할 수 있을까?

* 해결되지 않은 문제로 하나님의 사랑이 망쳐지지 않게 사람들의 의견차이를 성경적인 방법으로 해결하도록 돕고 있는가?

* 새로 제안된 프로그램이나 새로 조직된 사역 팀들이 우리의 주된 사명에 도움이 되고 있는가? 아니면 오히려 방해가 되고 있는가?

나는 예로 들었던 그리스도교회가 좋은 DNA를 가지고 다양한 사역을 잘 이루어가고 있다고 생각된다. 사명에 최대한의 주의를 기울인 리더들이 회중들이 진북(眞北)을 향해 나아가도록 돕고 있는 모습이다. 어떤 과정을 겪고 있든지, 교회는 반드시 그 사명을 분명히 하고 부지런히 거기에 주목해서 과녁에 정조준하고 있어야 한다.

교회에서 행해지는 모든 사역들이 한 사명 안에서 실증적으로 통합되도록 추구하는 일이 반드시 필요하다. 그리스도교회의 주일학교 사역을 가정해 보자. 그 교회의 사명은 전도와 영적 성장과 사랑의 관계이기 때문에 주일학교 사역 또한 이러한 세 가지 요소들을 갖추어야 한다. 사역자들은 어린이 전도와 아이들의 영적 성장을 지향하고, 봉사자와 교사들은 사랑이 넘치는 모습이 되도록 훈련되어야 할 것이다.

이러한 전략을 청소년, 음악, 교구, 성인사역, 돌봄, 다른 모든 사역에 적용시켜야 한다. 그렇게 할 때 얼마 되지 않아 교회가 전체적으로 같은 교향곡을 연주하고 있음을 보게 될 것이다. 각자 다른 종류의 악기를 가지고 같은 악보에 화음을 맞추게 된다.

모든 사역자들과 봉사자들이 같은 사명으로 연합되어야 함은 마땅한 일이다. 각자의 은사들이 아무리 개성이 강하다고 할지라도, 당신의 사명과 일치하지 않는다면 함께 교향곡을 연주할 수 없다. 사명이 다양하면 안건도 다양해지기 때문에 모든 리더들이 한 가지 사명에 통일되도록 필수적으로 요청해야 한다.

한 가지 좋은 방법은 매년마다 리더들이 교회의 사명을 충실히 구현할 수 있는 사역 계획서를 구체적으로 작성하도록 하는 일이다. 만일 소그룹 사역을 이루고 있다면, 각 소그룹들이 교회의 사명에 어떻게 기여할 수 있을지를 가늠해 보는 것도 좋은 방법이다.

사역자들과 리더들이 사명에 의해 살고 사명으로 뭉치기 시작할 때, 회중들에게도 비로소 전달된다.

사명 전하기

몇 년 전에, 터프한 외모의 카우보이들이 로프를 휘두르며 초원을 달리는 광고를 본 적이 있다. 당신은 가축 떼들이 그들 앞에서 평화로이 이동하는 모습을 쉽게 떠올릴 것이다. 그러나 카메라가 방향을 트는데, 알고 보니 수천 마리의 고양이들이 각기 다른 방향으로 흩어지는 모습이었다. 바로 그 순간, 나는 '저게 바로 교회의 모습이 아닐까' 생각했다. 그 광고는 교회 안에서 각자 독립적으로 활개치고 있는 무리들을 하나님의 카우보이인 우리 리더들이 쫓아다니며, 서로 할퀴거나 물지 않고 한 방향으로 달려가도록 설득하는 현실의 상황과 일맥상통했다.

사람은 물론이려니와 고양이조차도 같은 방향으로 함께 질서정연한 모습으로 나아가지는 않는다. 만일 우리가 그들을 둥그스름하게만이라도 같은 방향으로 가게 한다면, 잘 하고 있는 일이다. 우리가 교회의 모든 사역에 꾸준하고 분명하게 사명을 전달할 때, 교회의 방향을 가르치는 도구가 된다.

성도들과 교회의 진북을 정기적으로 소통하게 되면, 그들의 사고 속에 점차 동화되게 된다. 윌로우크릭커뮤니티교회(Willow Creek Community Church)에는 잘 알려진 사명선언문이 있다. "반종교적인 이들을 예수 그리스도께 온전히 따르는 자들로 만들자.(To turn irreligious people into fully devoted followers of Jesus Christ.)" 이 문구를 알지 못한 채 그 교회를 다니는 사람은 없다. 그 결과, 윌로우크릭교회는 많은 이들에게 엄청난 영향을 주고 있다. 사명을 정의하고, 사명에 불타며, 사명으로 살고 적극적으로 그 사명을 전달하기 때문에 일어난 일이다.

교회가 그렇게 할 때, 성도들을 일상의 삶을 넘어 하나님의 강력한 사명의 자리로 부르게 된다.

흥미진진한 사명을 즐거워하라

사람들이 묻는다. "내 인생에서 직장, 월급, 자동차, 골프보다 더 중요한 것들이 있나요?" 답은 물론 "그렇다"이다. 잠에서 깨어 일어날 때 경험하는 최고의 순간은 폴저스 커피(Folgers Coffee: 미국에서 인기 있는 커피 브랜드로서 저자는 "The best part of waking up is Folgers in my cup"이라는 유명한 광고 문구를 인용하여 풍자하고 있다. - 역주) 한 잔에 있는 것이 아니라, 성령이 내 마음에 계시다는 사실과 공허하고 죽어가는 세상에서 예수님을 드러내라는 또 한 번의 신성한 부르심에 있다.

우리의 회중들은 그들이 하나님의 신성한 드라마의 배우들이라는 사실을 깨달아야 한다. 하나님께서는 상처받은 세상에 우리를 그분의 대사(大使)로 위임하여 파견하셨다. 신령한 은사들을 부어 주심과 성령을 우리 안에 내주하게 하심으로써 하나님의 초자연적인 신성한 능력으로 그분의 일을 수행하고 감당하게 하셨다. 그리고 나서 "내가 세상 끝날까지 너희와 항상 함께 있으리라."라고 말씀하신다. 하나님 나라의 일로 부르신 소명보다 더 큰 소명은 없다. 하나님의 위대한 꿈을 위해 자신들의 사소한 꿈을 충분히 버릴 수 있다는 사실을 깨달을 때, 세상을 변화시키라는 예수님의 부르심에 마음이 사로잡히게 된다. 그러므로 거부할 수 없는 사명을 전달하는 일은 너무도 중요하다.

잠시 솔직하게 생각해 보자. 너무도 많은 교회들이 작고 평범한 사역의 꿈을 가지고 사람들에게 아무런 감동도 주지 못한 채 그저 존재하고 있다. 우리가 만일 하나님의 일에 참여하도록 사람들을 성경적 근거와 숨 가쁜 열정으로 설득하지 못한다면, 리더로서 실패한 것일 뿐만 아니라 하나님과 사람들 앞에게 빚진 자가 되는 것이다.

단조로운 꿈은 따분함과 불참만 이끌어 낸다. 그러나 복음서는 이 땅에서 누군가 하나님께로 돌아올 때마다 하늘에서는 큰 기쁨의 축제가 열린다고 말씀하고 있다. 우리는 하나님께서 주신 사명을 즐거워하고 승리를 만끽하면서 더 많은 하늘의 축제가 열리도록 해야 한다. 사도 바울이 그의 서신에서 성령의 감동을 받아 하나님께 감사와 영광의 찬미를 올려드린 적이 몇 번인지 아는가? 하나님의 신령한 구원의 드라마에 자신이 참여하게 됨을 얼마나 감사하고 있는가? 우리도 바울과 같이 그리스도께서 은혜로 부어 주신 삶과 사역을 깊이 묵상하고, 사람들이 그리스도를 영접하도록 부르신 일에 깊이 감사해야 한다.

예전에 백악관에서 대통령이 어떤 계획을 수립하는 일에 자문을 구하고자 내 동생에게 전화를 걸어온 일이 있었다. 실은 동생의 사업 파트너가 그 전화를 받았는데, 그는 백악관의 전화라고는 차마 믿지 못하여 동생의 핸드폰 번호를 알려 주면서 다시 직접 통화해 보라고 하였다. 놀랍고 당황스럽게도 그들은 정말로 동생의 휴대전화로 직접 전화하였다. 이틀 후 그들은 대통령과 면담의 기회를 가졌다.

대단한 일이 아닐 수 없다. 어떻게 생각하는가? 하나님께서 당신을 부르셨다. 그 부르심의 음성을 들었는가? 백악관에서 전화 올 때보다 더 큰 흥분과 열정으로 그 부르심에 응답하고 있는가?

위대한 교회의 지도자는 하나님의 부르심을 듣는다. 그리고 그분의 사명을 이해하고, 성도들에게 또한 그 사명을 향한 부르심을 신실하게 전달한다. 회중들이 함께 하나님의 꿈을 꾸고 삶을 변화시키는 사역으로 자원하도록 동기를 부여한다. 크고 위대한 하나님의 사역에 참여하는 특권에 기쁨과 감사로 응답하며 그분께 영광을 돌리도록 한다. 하나님의 부르심을 받은 지도자는 흥분할 수밖에 없고, 그의 회중들도 흥분하게 만들 수밖에 없는 것이다.

이야기를 말하라

사명은 종이에 글자로 적혀 있는 것을 읽을 때보다 실제 행동으로 옮겨질 때 생명력을 가진다. 사람들이 어떻게 그리스도께 나오게 되었는지 이야기를 들려주며 간증하는 특별 예배나 예식 시간이 단순히 복음을 나누라고 권면하는 설교보다 훨씬 큰 효과가 있다. 다음의 이야기를 생각해 보자.

* 어느 회중들이 한 해 동안의 사역의 열매로서 500명의 영혼들이 그리스도께 헌신하도록 기도하였다. 그리고 그 기도는 이루어졌는데, 그 회중은 원래 신도 수가 500명이 되지 않았었다.
* 또 다른 교회에서는 누군가 일어나서 영혼의 자유를 누리기 전에

는 포르노에 깊이 중독되었었다고 고백했다. 그의 영적 성장의
고백은 어느 위대한 설교보다도 회중들에게 살아 있는 감동을 주
었다.

* 한 여성 사업가가 그녀의 회사에서 이사진들을 모아 동료들을 전
도할 방법을 찾기 위해 함께 기도했다. 그녀의 이야기가 다른 기
독 실업인들에게도 알려져서 그들도 그리스도인으로서 직장 동료
들에게 영향을 줄 방법을 모색하게 되었다.

* 청년들이 자신들의 여름휴가를 반납하고, 2주 동안 도시 선교에
헌신하여 이웃 사랑의 마음을 키워나갔다.

* 한 고등학생이 그의 불신자 친구들을 위해 주중 소그룹 모임을 만
들었다. 그들은 함께 이야기하고, 성경공부하며, 페인트볼 게임
(장난감 총 싸움 놀이, 우리나라의 서바이벌 게임과 유사 - 역자
주)을 했다.

훌륭한 리더는 이러한 이야기들을 자주 들려주면서 회중들의 사명
을 상기시켜 준다. 그리고 자신의 간증도 나누어야겠다는 감동을 받은
사람은 없는지 물어본다. 정기적인 간증 나눔(storytelling)을 통해 리더
는 회중들이 가진 사명의 함축된 의미를 펼쳐서 보여 줄 수 있다. 그리
고 사람들은 그 이야기를 통해 자신들의 상황 속에서 사명을 어떻게 적
용할 수 있을지 고민하게 된다. 사명을 성취할 수 있는 대부분의 기회
는 한 주 동안 가장 많이 시간을 보내는 곳에서 주어진다. 학교, 회사,
가까운 이웃, 운동회(Little League: 저자는 미국에서 흔히 접할 수 있는
동네 어린이 야구단 경기를 예로 들고 있으나, 우리나라에서는 운동회

가 적합할 것으로 보인다 – 역자주) 또는 바비큐 파티 등이다.

이야기와 예화들은 사람의 마음을 움직인다. 사람들이 자신의 삶의 영역에서 사명을 수행할 수 있는 꿈을 꾸도록 도와주라. 목회자들이 아닌, 성도 자신들이 하나님의 사명을 성취하기 위한 실제 주인공들임을 일깨워 주어야 한다. 일주일에 하루는 교회에서 모여 훈련과 동기를 부여받고, 격려를 얻지만, 일주일에 6일 동안은 하나님의 대사로서 교회의 사명을 이루기 위해 흩어지는 것이다.

진북은 정말 중요하다

당신의 회중들이 향해야 할 나침반의 진북(眞北, true north)을 바르게 이해하고, 그 사명을 따라 살아가도록 돕는 일이 곧 당신의 사명이다. 진북을 모르면 다른 여러 방향들이 가능해져서 효율성과 에너지와 초점이 모두 떨어지고 혼란에 빠지게 된다. 신중하게 조성되고 실천되는 사명은 어떤 조직에서도 가장 강력한 힘으로 작용한다. 그 힘은 보다 많은 사람들이 연합하여 같은 방향으로 나아가도록 돕는다.

성경적으로 일관된 사명은 또한 교회를 위한 하나님의 사명에 동역하도록 사람들을 이끈다. 만일 교회가 속해 있는 지역 공동체에 영향을 주고자 한다면, 다수의 회중들이 지상명령의 사명을 따라 살아야만 한다.

사명을 잘 감당하고 있는 교회는 간단명료하면서도 바르게 정립된 사명선언문을 나침반의 진북처럼 사용하도록 보유한다. 그들은 자신들의 존재 목적을 꾸준히 상기하면서 사명에 이끌려 바른 방향으로 나아가도록 늘 헌신하며, 사명에서 혹시 이탈하게 되면 즉시 교정 조치를 취한다. 교회의 모든 사역들은 그 진북을 잣대로 하여 평가되며, 모든 사역자들이 그 사명에 기여하도록 서로가 책임을 진다. 모든 봉사자들 또한 마찬가지로 그 사명에 일치하는 동맹군으로서 합력해야 한다.

나아가야 할 방향이 확정되고 나면, 비전 또는 추구하는 미래의 모습을 고려할 준비가 된다.

 **핵심질문**

교회가 현재 보유하고 있는 사명선언문에 만족하고 있습니까? 좋은 사명선언문의 조건들에 합당한 것이라고 생각하십니까? 당신도 개인적으로 그 사명선언문에 흥분하고 동기가 부여되고 있습니까? 그렇다면, 혹 그렇지 않다면 그 이유는 무엇입니까?

출석 교인들 중에 얼마나 많은 성도들이 교회의 사명을 이해하고 설명할 수 있습니까? 그들도 그 사명에 열정을 느끼고 있습니까?

모든 리더와 사역자들, 봉사위원들이 교회의 사명에 일관된 삶을 살고 있습니까? 그렇지 않다면 지지를 받기 위해 우리가 해야 할 일은 무엇입니까?

사명이 회중들에 의해 더 잘 알려지고, 이해되고 열정적으로 수행되도록 하려면 우리는 무엇을 해야 하겠습니까?

# 마무리하기: 사명

* 사명은 회중들에게 삶의 존재 이유를 밝혀 주며, "우리의 가장 주된 일은 무엇인가?"에 답을 준다.

* 사명은 회중들에게 교회의 목적을 가르치는 도구가 된다.

* 사명은 그리스도께서 교회에 남기신 지상명령과 회중들의 삶이 일치하도록 도와야 한다.

* 사명의 명료함은 리더들로 하여금 보통의 기준에서 회중들과 진북이 일치하는지 점검할 수 있게 해 준다.

미래에 대한 비전은

사역에 힘과 에너지를 가져올 뿐 아니라,

사역의 방향에 관해서도

답을 한다.

비전은 일종의 작업 틀과 같다.

그것은 당신이 중요하다고

믿는 일에 집중하게 하며,

당신의 정책과

어울리지 않는

사역의 선택사항들에 대해서는

과감하게 "아니다."라고 말하게 해 준다.

9장

비전: 미래로 진입하기

비전이라는 단어를 둘러싸고 엄청난 혼란이 있다. 많은 이들에게 비전은 붙잡기 어렵고 정의하기도 힘들며 어떤 단기적인 아이디어로 여겨지기도 한다. 당신이 비전을 즉각적으로 구현할 수 있는 타고난 리더가 아닌 이상 어쩌면 당연한 일이기도 하다. 그렇다면 "당신은 비전을 무엇이라 정의하는가?"

이 장에서는 비전에 대한 신화들을 벗겨내고, 당신의 회중들이 나아가야 할 방향을 분명히 할 수 있는 간단한 방법들을 제시하고자 한다.

당신이 추구하는 미래

비전은 "회중으로서 우리는 어디를 향해 가고 있는가?"라는 질문에 대답한다. 그것은 향후 3~5년간 당신의 사역에 있어서 추구하고자 하는 미래를 정의해 준다. 두 집에 대한 비유(6장)로 돌아가 보면, 당신의 비전은 그랜트와 캐롤 부부가 자신들의 집을 위해 그려놓은 청사진과 유사하다. 그러나 계획 없이 집을 건축하면, 사라 여사의 윈체스터 하우스처럼 무용지물이 된다. 그럼에도 불구하고 분명한 계획과 방향성도 없는 사역들이 현재까지도 이루어지고 있다.

성경에서도 비전이 가져다주는 힘에 대한 많은 예들을 볼 수 있다. 구약의 에스라는 이스라엘의 남은 자(remnant)들이 페르시아 유배지로부터 예루살렘으로 돌아오도록 인도했다. 그러나 그들이 돌아왔을 때, 그는 다음으로 무엇을 해야 할지 알지 못했다. 분명한 방향(direction)을 가지고 있지 않았던 것이다. 그 결과, 백성들은 성벽을 재건하지 못하고 심지어 자신들의 농작물도 지키지 못한 채, 수년간 어려운 형편에 방치되었다. 교회 건강 통계를 보여 주는 한 자료에 따르면, 오늘날의 많은 교회들 역시 "그 다음에는?"이라는 질문에 답하지 못하고 있음을 나타내고 있다. 그 결과, 에스라 때와 마찬가지로 사역이 제자리에 멈춘 가운데 약화되고 있다.

에스라 때의 상황과 느헤미야 때의 상황을 비교해 보라. 느헤미야는 백성들의 상황을 전해 듣고 마음 깊이 심란했다. 그리고 상당한 시간을 기도한 후에 행동하기로 결심했다. 느헤미야는 성벽을 물리적으로 재건하고, 낙심에 처한 백성들을 영적으로 갱신하려는 비전을 품었다. 에스라와 달리 느헤미야는 물질적이고도 영적인 성벽을 재건하고자 하는 청사진을 들고, 체계적으로 계획을 착수해 나갔다.

건강하고 생명력 있는 사역은 어디로 향해 가는지를 잘 안다. 그들이 추구하는 미래의 모습을 명확히 하기 위해 고민하며, 회중들이 그 미래로 발걸음을 내딛도록 체계적으로 인도한다. 분명한 청사진에 따라서 사역을 세워가는 것이다. 그것을 가지고 있지 않은 사역과는 명백한 차이가 생겨난다.

비전에 관한 진실

우리가 추구하는 미래를 위한 비전을 개발하는 일에 있어서 명심해야 할 몇 가지 원리들이 있다.

계획은 하나님의 인도와 호환되어야 한다. 어떤 이들, 특히 영성주의자적 경향이 강한 사람들은 사역의 미래를 계획하는 일이 마치 하나님께서 그분의 원하시는 곳으로 인도하심을 기대하는 일과 반대되는 것으로 생각할 수 있다. 그러나 실질적으로 우리 모두는 자신이 각자 추구하는 미래의 비전에 따라 살고 있다. 사고 싶은 집을 위해 저축을 하고, 은퇴를 계획하고, 결혼과 자녀를 계획한다. 나는 나의 두 아들들이 자신들의 미래를 계획해 나가는 일에도 조언하기 위해 꾸준히 노력하고 있다. 현재의 현명한 선택이 그들이 향후에 얻게 되는 기회에 결정적인 영향을 준다는 사실을 잘 알고 있기 때문이다. 우리가 어떤 계획을 세우더라도, 하나님께서 지시하는 방향을 막지는 못한다. 하나님의 인도하심은 오히려 더 좋은 기회를 창출하며, 지혜롭고 규모 있는 삶을 꾸려가도록 만든다.

교회는 각기 독특한 유전자 코드와 독특한 비전을 가진다. 5장에서 살펴보았듯이, 모든 회중들은 각각의 독특한 유전자 코드를 가지고 있다. 그렇기에 다른 교회의 비전을 답습해 오는 일은 큰 실수이다. 당신이 추구하는 미래는 당신만의 독특한 요소들로 구성된다.

* 당신이 거주하는 지역 공동체
* 당신의 회중들이 가진 은사
* 당신의 사역자들과 담임목회자의 은사
* 당신이 가용할 수 있는 자원
* 하나님께서 공급하신 사역의 기회와 당신이 성공했던 분야
* 당신의 교회의 문화적, 인종적 구성
* 당신의 회중들의 구성 세대
* 당신의 회중들의 규모
* 당신이 받아들인 사역 철학
* 당신에게 강점인 영역
* 당신의 회중들을 인도하시는 하나님의 섭리

모든 회중들에게 공통적으로 적용할 수 있는 사명은 지상명령에 이미 드러나 있다. 그러나 그 지상명령을 수행하는 방법 면에서는 각기 차이가 있을 수 있다. 그렇기 때문에 우리가 선망하는 다른 교회의 방법론이나 비전을 그대로 수용해서는 안 된다. 그들로부터 배울 수는 있겠지만 우리가 그들과 같지는 않다. 성공적인 사역이 우리에게 가르치는 것은 비전과 방향과 계획의 중요성이다. 그것들이 그 안에서 한정되기 때문이다.

하나님께서 우리를 창조하신 모습을 발견하고 우리에게 주어진 기회

를 살펴봄으로 사역의 성장과 번영을 도모할 수 있게 된다.

비전은 규모와 숫자에 관한 것이 아니다. 당신의 회중을 위해 추구하는 미래는 하나님께서 사역의 다음 단계를 위해 예비하신 잠재력을 극대화하는 가운데 이루어진다. 회중의 영적 건강에 초점을 맞추면 자연스럽게 영적·숫적 성장을 가져오기 때문에 회중의 규모와 숫자를 배제할 수는 없다. 그러나 규모와 숫자 자체가 목적은 아니다. 비전은 기회 창출, 회중의 영적 성장과 건강, 교회 사역의 영향력 그리고 당신이 중요하다고 믿는 요소들에 관한 것이다.

비전은 고정된 규범이 아닌 작업 문서로 제시한다. 건물의 설계를 위한 청사진이 완성된 후, 한 번도 수정하지 않는 일은 극히 드물다. 그랜트와 캐롤 부부는 자신들의 집을 건축하는 동안, 매주 월요일 아침마다 건축가와 건축업자들과 모임을 가졌다. 그 모임에서 그들은 서로 직면하는 문제들을 다루었고, 건축과정에 필요한 변경 사항들을 조정해 갔다. 건물의 기본 구조는 그대로 유지했지만, 세밀한 부분들에는 변화를 주었다.

교회에도 같은 적용을 할 수 있다. 비전이나 추구하고자 하는 미래는 좋은 틀을 제공한다. 그러나 그것은 때에 따라 융통성을 가지고 하나님의 간섭하심에도 열려 있어야 하는 작업용일 뿐이다. 당신이 추구하는 미래는 당신이 원하는 방향으로 그려진 작업 문서일 뿐이지, 완벽한 규범을 전문적으로 정해 놓은 헌법이 아니다. 그것은 얼마든지 변화와 수정이 가능하다. 또한 그럴 수밖에 없다.

당신이 추구하는 미래로 다가서기

아직까지 한 번도 이렇게 해 본 적이 없다면, 간단하고 복잡하지 않은 비전을 만드는 과정에 계속 도전하기 바란다. 시작하기 전에, 누구와 함께 논의해야 할지 생각해 보라. 사역자들과 주요한 위치의 리더들과 사역에 영향을 줄 만한 모든 이들을 포함시켜야 할 것이다. 처음 시작할 때부터 많은 사람들과 뜻을 함께할 수 있다면, 마지막에 가서도 좋은 성과가 있을 것이다.

그들과 연관된 토론은 과거에 당신이 어떻게 일을 했었는지에 관한 것이 아니라는 것을 기억하라. 이제 사역의 다음 단계가 어느 방향으로 흐를 것인지에 관해 명확히 해야 하는 문제이다. 당신의 사역과 공동체에 계속해서 변화가 있을 것이기 때문에 향후 3~5년 동안 이러한 과정을 반복해야 한다. 과거의 영광스러운 부분들을 회상하고 미래의 비전을 정기적으로 다루어야 한다. 이렇게 함으로써 과거의 사역을 주도했던 사람들도 함께 편안한 마음으로 미래를 꿈꾸게 할 수 있다.

향후 3~5년간의 시간의 틀을 바라보아야 하기 때문에 믿음과 현실 사이의 균형을 가지고 논의하기를 바랄 것이다. 마치 이십만 달러의 예산을 가지고 백만 달러짜리의 집을 지어달라고 부탁할 수 없듯이 사역에 있어서 또한 명백하게 비현실적인 꿈을 계획해서는 안 된다. 동시에, 하나님의 축복에 근거하여 미래의 비전을 세워가야 한다. 단순히 돈 때문에 제한되어서는 안 된다. 당신의 현재 모습과 당신이 갖고 있는 자원에 합당하게 계획을 세워야 하지만 느헤미야처럼 자신의 능력 이상으로 도전해 볼 필요도 있다.

첫째로, 당신의 사역에 독특하게 구성하고 있는 요소들을 한 번 이야기해 보기를 권한다(위의 '비전에 관한 진실'에서 열거된 목록을 참조하라). 하나님께서 당신의 회중들을 어떻게 만드셨고, 그들에게 어떠한 은사들을 주셨으며, 이미 주어진 사역에 대해 당신에게는 어떤 기회들이 있는지 먼저 생각해 보라. 다음의 질문에 답해 보라. "오늘 우리는 누구인가? 향후 3~5년간 우리의 영적 영향력을 극대화하기 위해 현재 우리가 가지고 있는 기회들은 무엇인가?" 당신의 토의 내용을 문서로 기록하여 훗날에 참고할 수 있도록 하라.

둘째, 당신의 사명과 가치를 검토해 보고 그 원칙들이 토의에 반영되도록 하라. 당신이 추구하는 미래를 위해 결정한 모든 것들이 당신의 사명과 가치가 반드시 일치하여야 한다. 토의하는 과정을 통해 또한 사명과 가치를 재점검하게 될 수도 있다.

셋째, 가장 중요한 일로서 모임 가운데 시간을 들여 다음의 질문에 대한 서로의 대답을 화이트보드에 적어 보라. "우리에게 주어진 것들, 즉 우리 자신들과 우리의 기회들과 우리의 공동체와 우리의 유전자 코드에 대해 우리가 아는 상태에서, 만일 하나님께서 우리에게 복을 주시고 재정적인 문제가 없다면, 향후 3~5년간 하나님을 기쁘게 해 드리기 위해 우리 회중들은 무엇을 해야 하는가?"

질문에 답을 하는 동안, 다음의 영역들을 생각해 보라(당신이 중요하다고 믿는 것들도 추가할 수 있다).

* 교회의 영적 분위기
* 교회 안의 관계들

* 사역을 위한 사역자 채용

* 봉사활동 기회들

* 선교사역들

* 가난한 자들과 사회적 약자들을 위한 사역

* 사역을 위한 시설

* 지역 사회 갈등

* 리더십 개발

* 사역을 위한 인력 배치

* 청지기적 재정 관리

* 청소년, 어린이 사역과 특수 사역들

당신이 머리를 짜내는(brainstorm) 동안, 당신의 동역자인 리더들의 마음속에 평소에 한 번도 말하지 않았던 사역의 꿈들이 있음을 깨달을 것이다. 또한 공통의 관심사가 많이 있다는 사실도 알게 될 것이다.

그렇게 하고 난 후에, 가장 문장력이 좋은 사람이 공통의 관심사들 아래 당신이 추구하는 미래의 모습을 요약하는 초안을 작성하도록 하라. 그 내용이 두 페이지 이상의 글이 되지 않게 하라. 참가자들에게 그 문서를 돌리고 그들이 제시한 방향을 잘 표현하고 있는지 물어보라. 조언(feedback)을 받은 후, 필요에 따라 초안을 다시 수정하여 문서를 작성하라.

3~6개월 안에 추구해야 할 미래의 모습을 그린 문서에 합의할 수 있어야 한다. (사역자들과 리더들의 수가 많은 큰 교회일수록 더 오래 걸릴 수 있다.) 다시 한 번 말하지만, 이것은 작업 문서이므로 완벽할

필요는 없다. 그러나 명확해야 한다. 일반적인 서술보다는 되도록 측정 가능한 방식으로 기술하여 매년 리더들이 진행 사항을 평가할 수 있도록 하라.

마치기 전에, 회중들에게 진행 과정과 목표를 설명할 수 있는 자리를 마련하여 그들도 당신과 함께 꿈을 공유하도록 하라. 어느 교회는 사람들을 테이블에 모아 놓고 미래에 관해 서로의 꿈을 나누게 한 뒤, 그 내용을 알림판에 몇 주 동안 공고하여 모든 이들이 볼 수 있도록 하기도 한다.

할 수만 있다면, 회중들의 의견도 최종 작업 문서에 포함시키라. 생각보다 많은 성도들이 교회를 위한 큰 비전을 가지고 있으며, 사역 방향에 있어서 보다 더 계획적이길 바란다는 사실을 깨달을 것이다. 꿈은 비전을 낳고, 비전은 흥분하게 하며, 흥분과 비전은 사역에 힘을 불어 넣는다! 이러한 방법으로 당신이 추구하는 미래는 훌륭한 사역의 도구가 된다.

비전은 방향과 초점을 맞춘다

미래에 대한 비전은 사역에 힘과 에너지를 가져올 뿐 아니라, 사역의 방향에 관해서도 답을 한다. 비전은 일종의 작업 틀과 같다. 그것은 당신이 중요하다고 믿는 일에 집중하게 하며, 당신의 정책과 어울리지 않는 사역의 선택사항(option)들에 대해서는 과감하게 "아니다(No.)."라고 말하게 해 준다. 사명을 분명하게 명시함으로 자신들의 계획에 걸맞은 방향을 얻게 된 교회의 예를 들어보겠다.

최근에 아시아 지역의 복음 전파를 비전으로 삼고 있는 홍콩의 어느 작은 교회의 두 지도자들을 만난 적이 있다. 100명도 채 안 되는 교인들이 선교의 문이 닫힌 나라들을 돕기 위해 많은 재정과 에너지를 투자하며, 고도의 전략으로 교회 개척을 위한 수백 명의 현지 지도자를 훈련하는 일을 돕고 있었다. 아시아 복음 전도가 그들이 추구하는 미래의 비전이었기 때문에 선교지에서 일어나는 하나님의 역사를 통해 회중들의 마음을 사로잡고 흥분하게 하며, 모든 개인이 희생적으로 헌신하도록 촉구했다. 그 일이 교회의 유일한 우선순위는 아니지만, 사역의 주요한 방향으로 판단하여 채택한 것이었다. 그들의 초점(focus)이 지상명령을 위한 창의적인 에너지 전달 통로를 만든 것이다.

위스콘신 주의 매디슨(Madison)에서도 위스콘신 대학(University of Wisconsin)의 학생들에게 복음을 전하는 방대한 사역이 역동적으로 이루어지고 있다. 하나님께서 의미 있는 캠퍼스 사역의 문을 열어 주셨기 때문에 대학생들에게 복음을 전하는 일이 그들의 주요 비전이 되었다. 몇 년 전에, 교회의 공간(space) 문제에 직면했을 때, 그들은 기존 부지에 증축을 해야 할지, 새로운 장소를 찾아서 분립을 해야 할지를 놓고 결정해야만 했다. 결국 모든 사람을 수용할 공간을 마련하기에는 역부족이었으나, 그들이 추구하는 미래인 대학생 전도의 비전을 생각해서 다른 곳으로는 이전하지 않기로 결정했다. 교회의 모든 성도들이 그 지역 대학생들을 대상으로 한 사역을 그들의 주요한 비전으로 잘 이해하고 있었기 때문에 쉽지 않은 상황에서도 담대히 결정을 내릴 수 있었던 것이다.

테네시(Tennessee) 주의 녹스빌(Knoxville)에 위치한 투리버스교회(Two Rivers Church)는 지역 사회의 가난한 이웃들을 섬기는 일을 그들의 주요 사역들 중의 하나로 보았다. 앞에서 이미 언급했던 투리버스교회는 교회 영구 시설을 건축하기 위해 모금한 재정의 십일조를 지역의 빈곤층들을 돕기 위해 사용했다.

각 사례들은 회중들이 추구하는 미래가 어떤 사안을 결정하고 집중하는 일에 매우 중추적인 역할을 하고 있음을 보여 준다. 만일 교회의 사역에 분명한 비전이 없으면, 회중들은 서로 매우 다른 결정들을 했을지도 모른다.

동전의 또 다른 면과 같이, 방향의 명확성은 특정한 선택사항들을 완전히 배제해 버리기도 한다. 리더들이 자신이 나아가야 할 방향과 원하는 비전을 분명히 알고 있을 때, 의사 결정하는 일은 매우 쉬워진다.

추구하는 미래에 대한 예

다음은 삼백 명 규모 교회가 추구하는 미래 또는 비전선언문이다. 다양한 세대와 다채로운 직업을 가진 회중들이 도시 외각 지역의 한 평범한 시설에서 모이고 있었다. 탁월한 리더십과 충분한 재정을 보유한 교회였다.

그들의 사명선언문은 "만일 하나님께서 우리에게 복을 주시고, 재정이 문제가 되지 않는다면, 10년 후 우리는 어떤 모습이 되기를 원하는가?"라는 질문에 답을 준다. 또한 리더들은 향후 10년간 그들이 추구하는 미래를 향해 체계적으로 움직여 가도록 헌신하고 있다. 그들의 비전선언문을 보면서 당신의 교회가 다음 단계를 향해 가기 위해 개발하고자 원하는 회중의 문화와 사역의 우선순위를 그려 보라.

우리의 비전

하나님께서는 우리가 계획적으로 일하기 원하시며, 주신 은사와 기회에 상응하는 잠재력을 최대한 개발하기 원하신다는 믿음 하에 그분께서 복 주시고 재정의 문제만 없다면, 앞으로 십 년 동안 우리가 추구하는 모습은 다음과 같다.

우리의 꿈은 은혜와 사랑이 충만하고 안전하며, 모든 사람들을 환영하는 교회로서 불신자들 또한 성도들과의 교제에 참여하게 하여 삶을 변화시키고자 한다. 성도간의 사랑과 그리스도를 아직 알지 못하는 이들을 위한 사랑이 신자의 가장 중요한 자질이기에 건강한 관계와 연합을 격려하고, 은혜와 진리를 강조하도록 최선을 다할 것이다.

우리의 꿈은 우리의 지역 공동체 안에서 선한 행실과 이웃을 돌보는 교회로 알려지는 일이다. 그러므로 우리의 에너지가 우리 이웃들과 지역 주민들의 필요를 채우는 일에 집중하도록 노력할 것이다. 우리는 특히 가난한 자들과 소외된 자들, 상처 입은 자들에게 관심을 기울인다. 그리스도의 사랑을 실제적인 모양으로 나타내며 돕기 원한다.

우리의 꿈은 예수 그리스도의 복음을 지역 사회와 나라와 세계에 전하는 일에 참여하는 것이다. 이를 위해 선교와 긍휼 사역, 현지 사역 팀 준비를 계획하고 우리의 재정과 인력을 축적해 간다. 회중의 최소 십분의 일이 매년 단기 선교에 참여하고, 모든 소그룹이 지역사회를 위한 봉사활동에 섬기는 것을 목표로 한다. 가난하고, 소외되고 상처 입은 자들에게 전략적으로 다가갈 수 있도록 한다.

우리의 꿈은 우리가 위치한 북서쪽의 도심지에 분립 개척하여 지역사회에 대한 영향을 의도적으로 확대/증강시키는 것이다. 나누는 자들에게 하나님께서 복을 주실 것을 믿고, 개척을 위해 필요한 인적, 재정적 자원을 제공하기 위해 노력할 것이다.

우리의 꿈은 성장과 돌봄과 교제가 있는 진정한 공동체 안에서 성도 간에 서로 연결되는 교회가 되는 것이다. 이를 위해 투명성, 진리, 사랑, 돌봄이 있고, 모든 성도들이 영적으로 성장할 수 있는 소그룹 모임을 개발한다. 소그룹이 있는 교회(church with small groups)가 아니라 소그룹의 교회(church of small groups)가 되고자 한다.

우리의 꿈은 북서쪽 도심 지역 전체에 영향력을 미치는 지역을 대표하는 교회가 되는 것이다. 우리가 이미 소유하고 있는 주(major) 고속도로 변으로 교회를 이전하고, 장기적인 미래의 사역을 펼쳐갈 시설을 건축하고자 한다. 불신자들을 초대하고, 소그룹 모임에 사용하며, 모든 세대와 가족들에게 편리한 시설을 추구한다.

우리의 꿈은 다양한 연령층의 세대들을 섬기는 것이다. 우리의 교회와 공동체의 다양한 필요를 채울 수 있는 예배의 선택사항들을 제공하고자 한다. 즉 여러 세대들의 선호도에 맞는 다채로운 예배 형식과 융통성 있는 사역 전략을 가진다. 가정 사역에 헌신하기 위해 주일학교와 청소년부의 질적 향상을 위해 노력한다. 이러한 사역을 개발할 전문 사역자를 양성하는 목표를 가진다.

우리의 꿈은 교회의 안팎에서 하나님께서 주신 은사들을 가지고 섬기는 자들이 되는 것이다. 우리의 회중에 속한 개개인들이 자신들의 은사를 발견하여 하나님의 나라를 위해 섬길 수 있는 방법을 찾도록 돕는다. 모든 교인들이 함께 사역에 동참하고, 하나님께서 부르신 일에 무엇이든 최선을 다하고자 한다.

우리의 꿈은 추구하는 이 모든 사역들을 통해 결과적으로 우리 자신들이 예수 그리스도께 온전히 헌신하게 되는 것이다. 그러므로 모든 성도들이 그리스도의 은혜를 이해하고 그 안에 살고, 그 안에서 성장하며, 소그룹에 참여하고, 하나님의 나라를 위해 은사를 활용하며, 자신에게 맡겨진 자원들을 하나님의 영광을 위해 사용하도록 의도적으로 돕는다.

우리의 꿈은 경건한 리더들이 권위를 가지고 잘 이끌도록 하여 회중들의 건강과 사역의 효율을 극대화하는 데 있다. 우리 교회는 좋은 리더십을 가지고 회중의 규모를 잘 고려한 구조를 지닌다. 리더들이 사명에 이끌리기 바라며, 당회와 사역자들과 봉사자들 모두가 열심히 일할 수 있는 교회가 되고자 한다.

청사진으로서의 비전

그랜트와 캐롤 부부가 위스콘신의 해안 절벽에 자신들의 집을 건축하려 했을 때, 그들은 그 집에 대한 가치와 사명을 청사진으로 옮겨 놓아야 했다. 당신이 추구하는 미래도 마찬가지다. 미래 사역의 청사진이 있어야 한다. 당신의 비전선언문은 하나님께서 교회에 원하신다고 믿고 있는 미래의 그림이다. 청사진을 가지고 나면 다음 단계로 당신의 꿈을 현실화 할 수 있게 미래 지향적으로 사역을 이끌어야 한다. 그러나 청사진 없이 시작해서는 안 된다.

 **핵심질문**

위의 '우리의 비전'을 만든 리더들이 그 비전을 위해 헌신한 것들은 무엇입니까?

향후 3~5년 간 우리 교회가 가야 한다고 믿는 미래의 청사진을 가지고 있습니까?

우리의 회중들은 교회가 어디로 향하고 있는지 알고 있습니까?

우리가 추구하는 미래를 분명히 하기 위해 무엇을 해야 하겠습니까?

이 일에 대한 논의를 위해 언제 리더십 모임을 가질 것입니까?

 **마무리하기: 비전**

* 비전은 "회중으로서 우리는 어디를 향해 가는가?"라는 질문에 답한다.

* 비전은 당신이 추구하는 미래이다.

* 당신이 추구하는 미래는 회중들의 독특한 유전자 코드에 영향을 받는다.

* 당신이 추구하는 미래는 건축 청사진과 같은 작업 문서가 된다.

* 당신의 비전은 향후 3~5년 동안 하나님께서 보기 원하시는 교회의 모습을 기
  초로 하여 만들어야 한다.

* 비전은 미래를 계획하기 위한 방향과 초점을 가져온다.

사역달성계획의 출발점이
언제이든지 상관없이
교회 리더들과 담임 목회자는
연중에도 사역을 점검하는 시점을 정하고,
"올해는 어떤 사역을 성취하였는가?
그리고 우리가 추구하는 미래에
더 가까이 다가서기 위해
다음의 사역달성계획은 무엇인가?"라는
질문에 답을 해야 한다.

10장

달성계획: 꿈을 현실로 옮기기

우리가 추구하는 미래를 결정하는 일은 매우 중요하지만, 우리의 꿈을 행동으로 옮기지 않는 이상 많은 변화를 기대하기란 어렵다. 만일 그랜트와 캐롤 부부가 고용한 건축 회사가 그 청사진을 아름답고 기능성 있는 건물로 만들어 내지 못했다면, 프레리렛지 산장은 이루어지지 않은 꿈으로만 남았을 것이다.

행동으로 옮기는 바로 이 단계에서 많은 당회의 리더십이 돌연 수그러들게 된다. 그들은 꿈이 있지만, 그 꿈을 현실화 하지 못하는 무능력함에 좌절하곤 한다. 활기차고 건강하게 성장하는 교회와 그렇지 못한 교회의 큰 차이는 올바른 것들을 체계적으로 실행하는 훈련의 차이에서 온다.

내가 상담할 때 이러한 질문을 자주 받는다. "실제로 어떻게 하면 그렇게 할 수 있을까요?" 이 장에서는 청사진에 따라 사역을 꾸준히 이끌어 가는 간단한 방법들을 살펴보고자 한다.

과정은 어떠한가?

추구하는 미래를 향한 움직임은 매년마다 리더들이 몇 가지 사역달성계획(ministry initiative)를 하고자 할 때 발생한다. **사역달성계획이란 행동을 취하는 단계로서 상당한 시간과 재정, 에너지와 1~3년에 걸쳐 모든 성도들의 헌신인 올인이 필요하며, 그 결과로 인해 추구하는 미래에 한 발자국 크게 다가서게 되는 단계이다.** 사역달성계획의 예로는,

* 주요 사역자들 채용
* 교회 건축 또는 이전(移轉) 계획 착수
* 모든 회중에 걸친 소그룹 네트워크 구축
* 교회 관리 구조의 변화
* 종합적인 돌봄 체제 구축
* 새로운 사역의 시작 또는 현재의 사역을 다시 설계
* 영적 성숙으로 이끄는 제자 양육 체제 형성
* 의미 있는 지역 봉사활동 시작

실제 현장에서의 사역달성계획의 예를 들어보고자 한다. 이후 사역달성계획을 적용하는데 도움이 되는 원칙을 살펴볼 때, 이 예들을 다시 참고하게 될 것이다.

사역달성계획의 예

달성계획: 성인 교인들을 위한 복합적인 소그룹 구조를 개발한다. 이 새로운 구조는 삶을 변화시키고, 관계적으로 서로 연결되며, 돌봄을 위해 고안된다. 삶의 변화를 경험하고 전인적인 관계를 형성하는 일이 매우 중요하다고 믿기 때문에 소그룹 참여는 모든 성도들에게 요구하는 다섯 가지 헌신 사항 중에 하나이다. 80% 이상의 성인 교인들이 주중 소그룹 모임에 헌신함을 목표로 한다.

담당자: 빌 윌리엄슨(Bill Williamson) 부목사

기간: 2년

총감독: 담임 목사

계획 일정표

2006년 9월~12월. 빌 목사와 함께 일할 주요 멤버들과 봉사자들을 선발하여 2007년 9월에는 소그룹을 시작할 수 있도록 한다. 우리가 본받을 만한 본보기들이 있는지 알아보기 위해 다른 교회의 소그룹 상황들을 조사한다. 소그룹의 좋은 본보기가 되는 교회의 리더들을 만나서 그들에게 통했던 방법과 통하지 않았던 방법들을 배우고 익힌다.

2007년 1월 12일. 당회에 보고서를 제출한다.

2007년 1월~6월. 회중들의 삶에 일어나는 변화의 길을 미리 닦아 놓기 위해 담임 목사가 강단과 문서로 소그룹의 유익과 80% 이상 참여

의 목표에 대해 설명한다.

2007년 1월~3월. 빌 목사가 사역 팀원들과 함께 연구 결과를 논의하고, 교회에 알맞은 본보기를 제시한다. 회중들의 필요와 미래에 적합하도록 마지막으로 수정되어야 할 사항을 논의한다.

2007년 4월~6월. 빌 목사는 9월에 필요한 소그룹 리더 15명을 선발한다.

2007년 4월 24일. 빌 목사를 비롯한 소그룹 위원회와 사역 팀은 당회 리더들과 미팅을 가지고 소그룹 프로그램에 제안된 세부 사항들을 논의한다. 최종 결론은 5월 중에 내린다.

2007년 5월 25일. 당회가 사안을 최종 결정한다.

2007년 6월~8월. 빌 목사가 소그룹 리더들을 위한 몇 차례의 교육훈련을 주관한다. 교회의 모든 성도들에게 정보가 제공되며, 주일에는 참가 지원서를 작성하고, 소그룹의 각 리더들이 자신들의 그룹으로 멤버들을 모은다.

2007년 9월 12일. 축하 파티와 함께 소그룹을 출발하며, 각 그룹의 인원을 추가로 모집한다.

2007년 9월~2008년 5월. 빌 목사와 그의 팀이 소그룹의 상태를 점검하고, 지속적으로 훈련하며, 2008년을 위한 리더들을 추가로 발굴한다. 이 과정들을 교회의 리더들과 의사소통한다. 교회의 새신자들을 모두 소그룹에 참여시키고, 교인의 80% 이상이 소그룹에 참여하는 목표를 향해 매진한다. 빌 목사와 담임 목사가 월별로 만남을 가지고 어떠한 문제든지 논의하며, 출석과 진행 상황을 함께 확인한다. 매달 소그룹의 출석 현황을 당회에 보고한다.

사역달성계획 개발하기

다음의 원칙들을 읽는 동안 위에서 살펴본 사역달성계획의 예를 기억하라. 그 둘을 함께 고려함으로써 현명한 선택과 주요한 사역의 실행에 도움을 얻을 것이다.

당신이 추구하는 미래를 고려하라. 프레리렛지 산장의 청사진이 꿈을 현실로 이룰 수 있도록 건축업자들을 인도했듯이, 당신 사역의 비전이나 추구하는 미래가 사역을 시작하는 기초가 되도록 하라.

릭 워렌(Rick Warren) 목사가 새들백교회(Saddleback Church)를 개척하기 전, 그는 대범한 비전(추구하는 미래)을 가지고 있었다. 그의 저서 『목적이 이끄는 교회』(*The Purpose Driven Church*)를 읽은 독자들은 새들백 교회가 20년간의 사역을 통해 하나님 크기의 비전(God-sized)의 대부분을 성취했음을 잘 알고 있다. 방법 또한 독창적이기도 하였지만(대부분의 활력 있는 사역들이 그렇듯이), 성공을 가져온 주된 비결은 교회의 전략적인 결정들이 그들이 추구하는 방향과 정체성과 사역의 효과에 부합했기 때문이다. 교회의 리더들은 목적의식이 분명했고, 그들의 사역은 비전에 따라 움직였다.

이는 대부분의 건강하고, 활기차게 성장하는 교회들의 공통된 모습이다. 일반적인 교회의 지도자들은 이 주도적으로 앞서는 교회의 사역 방법들에 관심을 기울이고 있지만, 정작 그들로부터 얻는 가장 큰 교훈을 종종 놓치고 만다; 그들은 자신들이 가기를 원하는 방향을 그리고 있었다. 그리고 사역의 주요한 결정 사안들이 그들의 청사진에 기초하여 이루어진 것이다.

적은 것이 더 크다는 것을 기억하라. 주어진 연도마다 리더들은 "다음에는 무엇을 하지?"라는 질문에 답해야 한다. 교회가 할 수 있는 일이나, 해야 한다고 생각되는 것들이 결핍되어서는 안 된다. 종종 선택 가능한 일의 부족으로 인해 당회가 절망하거나 무기력해지는 모습을 본다.

그러나 또한 너무 많은 문제들과 한꺼번에 씨름해야 하는 교회는 대부분의 일들을 온전하게 처리하지 못하는 경우가 많다. 그러므로 교회의 규모가 작을수록 사역의 시작도 작게 하는 것이 바람직하다. 다음 단계의 일을 선별하는 과정은 매우 힘들고 많은 훈련과 지혜가 필요하고, 그 모든 일들을 리더가 감당해야 하기 때문이다.

모든 리더들이 답해야 하는 더 구체적인 질문은 다음과 같다. "올해 우리가 3~5가지의 가장 중요한 사역만 할 수 있는 상황이라면, 우리가 추구하는 미래에 가장 가깝게 근접하는 일은 무엇인가?" 이 질문의 틀을 가지고 리더들은 사역의 우선순위를 결정할 수 있다.

이 질문에 답하기 전에 리더들은 또한 사역달성계획을 완수하기 위한 충분한 시간과 인력과 자원을 고려해야 한다. 예를 들면, 하고자 하는 새로운 사역이 상당한 리더십을 요구하고 있는데 반해, 그 일을 위한 시간과 경험을 가진 사역자가 아무도 없다면, 그 사역을 시작하기 전에 사역 팀의 보강 문제가 해결되어야 한다. 사역을 잘 완수할 수 있는 준비가 이루어지기 전까지는 기다리는 것이 때로는 더 낫다고 볼 수 있다.

새로운 사역의 시작이 결정되고 리더들과 사역자들 모두가 의견이 일치한다면, 그 사역이 완수할 때까지는 또 다른 일을 그 누구도 벌려 놓지 않도록 각별한 주의가 있어야 한다. 모든 사역은 하나씩 계획대로 추진해야지 무턱대고 돌발적으로 해서는 절대 안 된다.

신중하게 선택된 몇 가지 핵심적인 일들이 당신의 사역을 잡아 비트는 여러 종류의 구질구질한 일들보다 훨씬 더 효과적이다. 당신이 추구하는 미래는 한 번에 한 가지씩의 핵심적인 도전 위에 세워지는 사역을 위한 장기적인 청사진임을 잊지 말라.

담당자와 계획 및 시간표를 정하라. 선하게 의도된 계획들이 현실로 이루어지지 못하거나, 두드러진 진보 없이 시간만 끌 때마다 리더들은 좌절을 느끼게 된다. 좋은 의도만으로는 충분하지 않다. 하나님의 뜻을 이루기 위해서는 결과 또한 중요하다.

시작된 사역을 완수하는 데 책임질 확실한 사람을 세우는 일은 결과를 얻기 위해 반드시 필요한 출발점이 된다. 책임소재가 애매하면 결과도 흐지부지되고 만다. 여러 개인으로 구성된 위원회에 의해 사역이 끌려 다니면 성공할 수도 없다. 당회, 사역자, 봉사자 중에서 선발 지명된 담당 책임자가 한 사람은 있어야 한다. 그는 자신의 책임을 분명히 알고, 사역이 완성되도록 주관할 확고한 의지가 있어야 한다. 그러므로 사역 시작을 위한 담당자를 선택할 때는 검증된 능력과 시간적 여유를 반드시 필요로 한다.

지명된 담당자에게는 사역 완수를 위해 각 중요한 단계에서 필요한 구체적인 시간제한이 표시된 사역 계획안을 만들도록 요청해야 한다. 완성된 사역의 모습이 어떠할지에 대한 예측은 계획에 넣을 필요가 없지만, 향후 1~3년이면 꿈꾸는 이상적인(ideal) 모습에서 완성된 어떤 결과물로 가까이 나아갈 수 있다는 구체적이고도 충분한 확신이 스며들어 있어야 한다.

교회의 지도자들이 계획안에 서명하고 필요한 자원들을 제공한 후에는, 다음의 새로운 사역을 추가적으로 계획하고, 그 일의 시작과 마무리에 필요한 또 다른 책임자를 다시 물색해야 한다.

책임지는 문화를 장려하라. 교회의 당회와 사역 팀은 결과에 대한 책임을 물을 개인을(자신들을 포함) 세우지 않는 것으로 악명이 높을뿐더러 헌신의 정도에 대한 견해도 서로 일치하지 못하는 경우가 많다. "이 정도면 괜찮지", "갈등은 피해야지", "사역이 원래 다 그렇지"라고 말하는 우리의 안일한 문화로 인해 탁월한 사역의 결과를 얻는 일에 방해가 되고 있다. 그 결과, 결과에 대해 책임을 지는 사람은 아무도 없고, 시작된 사역은 마무리되지 않은 채 골머리를 썩고 있다.

계획적인 사역은 리더들과 사역자들이 서로 책임 있게 일을 마무리하는 데에 잘 훈련되어질 때만 가능하다. 약속을 지키고, 마감시간을 지키고, 탁월함으로 업무를 수행하고, 우선순위를 이해하고, 계획을 착수하는 일들이 책임지는 문화의 한 단면들이다. 모두 당신의 사역의 건강과 효율성에 막대한 영향을 끼치는 것들이다.

사역달성계획에 관한 앞선 예를 다시 돌아보고, 책임감이 내장(built-in)된 것에 주목하라. 당회가 사역달성계획에 허가 사인을 하기 전이라도 검토(review)와 의사 결정이 중요한 단계임을 알고 있어야 한다.

동시에 빌 목사(계획서를 작성한 담당자)는 성공적인 임무 완수를 위해 필요할 것으로 생각되는 충분한 시간들을 각 단계별로 할애하고 있다. 담임 목사는 빌 목사의 최고 선임자로서 정기적인 만남을 통해 진행 과정을 감독한다. 그러고 나면, 교인들의 소그룹 참여도를 목표와 비교한 검토와 더불어 프로그램의 평가가 2년 후에 이루어진다. 마지막으로 사역자들과 당회에 매달 상황 보고서를 제출하여 계속해서 참여도가 목표점을 유지하도록 장려하고 있다.

측정 가능한 결과를 포함하라. 훈련과 결과의 문화를 개발하는 한 요인은 성공 지표를 측정하는 일이다. 모든 사역달성계획들은 그 의미를 얻기 위해서는 반드시 측정할 수 있어야 한다. 당신이 측정한 결과에 사람들은 주목하게 된다. 측정되지 않은 것들은 대개 중요하지 않은 것들로 간주된다. 앞선 예를 들면, 소그룹에 참여한 성인 교인들의 비율이 측정 방법이었다. 회중과 빌 목사 그리고 당회 리더십들 모두 성공을 어떻게 보여 줄지 알고 있었다. 만일 사역달성계획에 결과를 측정하는 일이 포함되지 않았다면, 그 사역이 성공했는지 여부를 알 수 있는 길은 없다.

상황이 변할 때는 유연하게 대처하라. 건축가들은 청사진을 신중하게 따른다. 그러나 청사진도 건축 과정에서 계획에 허점이 드러나거나, 결함이 발견되면 언제든지 수정이 가능하다. 청사진의 큰 그림을 따라가면서 상황이 변화함에 따라 그것을 조금씩 변경하는 일에 부끄러워할 필요는 없다.

매듭짓고 평가하도록 노력하라. 사역달성계획에는 반드시 구체적인 시작 날짜와 마치는 날짜가 있어야 한다. 사역이 성공적으로 완수되었을 때는 함께 축하할 수 있게 하라. 담당자와 관계자들에게 실제적인 방법으로 고마움을 표하라. 축하와 감사 없이 다음 사역으로 넘어가지 마라.

사역의 종결은 측량 가능한 한도 내에서 평가하는 일도 포함한다. 목표에 미치지 못한 부분들을 쉽게 지나치지 마라. 목표에 도달하지 못한 부분들에 있어서는 리더들이 모여서 그렇게 된 이유와 더불어 당회, 사역자, 담당자들이 다르게 할 수 있었던 것들에 대해 논의해야 한다. 만일 비현실적인 목표였다면, 인정하라. 만일 담당자가 미숙했다면, 서로 논의하라. 만일 회중들이 함께 전심으로 합력하지 못했다면 (또는 리더가 잘못 인도했다면), 그 부분에 대해 정직하라. 교훈에 직면할 때만 유용하게 배울 수 있다.

사역달성계획 자체의 형식과 실행에 관해서도 평가가 이루어져야 한다. "사역 계획이 더 잘 이루어질 수는 없었는가?", "이 과정을 통해 무엇을 배웠는가?" 등의 질문은 미래에 도전할 또 다른 사역에 정보를 준다. 담당자가 함께 논의에 참여하게 함으로써 그의 통찰력을 가장 먼저 손에 넣도록 하라. 관찰한 내용들을 문서로 기록하여 배운 교훈들과 더 잘 실행할 수 있는 방안들을 잊지 않도록 하라.

새로운 사역에 이러한 방법으로 자주 도전할수록 사역이 더 성공적으로 완성되는 모습들을 보게 될 것이다. 당신도 알게 모르게 실행과 책임이라는 문화를 창출해 감으로써 그러한 일들이 가능해진다.

 **핵심질문**

교회 안에 책임과 실행의 문화가 결여되어 있으면, 계속해서 잦은 결정을 내리게 된다. 확고한 의사 결정과 수행 능력과 그에 대한 책임의 문화가 당신의 교회에는 어떻게 자리 잡고 있습니까? 이러한 영역들이 어떻게 더 훈련되어야 하겠습니까?

 **실행연습**

사역달성계획을 평가하기를 소홀히 하지 마십시오. 무엇이 잘되었고, 무엇이 잘못되었는지, 어떻게 달리 할 수 있었는지, 미래를 위해 어떤 교훈을 얻을 수 있었는지를 생각하는 일은 건강하게 배우는 바람직한 모습입니다. 학습하는 단체들은 책망하는 일보다 성장시키는 데 관심이 있습니다.

사역달성계획을 위한 연주성 리듬을 개발하라

책임감과 실행능력과 다음 사역의 우선순위를 정하는 일은 연주성 리듬(annual rhythm)에 맞추어야 최선의 것이 된다. 교회력(church year)이 대개 학사년도(school year)에 중심을 두고 있기 때문에 새로운 사역달성계획의 출발을 9월로 정하고, 1~3년의 기간을 틀로 잡는 것이 좋다(미국은 9월부터 새 학기가 시작되지만 우리나라는 3월부터 시작한다는 점에 유의하라. – 역자주). 어떤 사역들은 교회의 연례행사 표에 연연할 필요 없이 언제든지 시작할 수도 있다.

사역달성계획의 출발점이 언제이든지 상관없이 교회 리더들과 담임목회자는 연중에도 사역을 점검하는 시점을 정하고, "올해는 어떤 사

역을 성취하였는가? 그리고 우리가 추구하는 미래에 더 가까이 다가서
기 위해 다음의 사역달성계획은 무엇인가?"라는 질문에 답을 해야 한
다.

나는 매년 같은 시기에 2~3일 정도의 당회원 단합 수련회(retreat)를
가지고, 이러한 회의를 개최하도록 강력히 권한다. 계획을 세우는 일
이 한 해 동안 계속 이어질 수도 있겠지만, 당회 수련회를 통해서 다음
과 같은 기회들을 얻을 수 있다.

* 교회의 핵심 가치를 평가하고 꾸준히 지켜왔는지 논한다. 만일 그
  가치들이 제대로 지켜지지 못했다면, 회중들이 정해진 가치를 지
  지하도록 하기 위해 무엇을 해야 하는가?
* 교회의 사명에 대해 토론하고, 회중들이 그 사명을 이해하며 생활
  하고 있는지 논한다.
* 비전 또는 추구하는 미래를 상기하며 다음과 같이 질문한다. "지
  난해까지 우리는 어떤 진보를 이루었는가?", 다시 문서화하지 말
  고(당신이 그것을 다시 구상할 필요가 없는 한) 물어라. "지난해
  동안 하나님께서 우리가 추구하는 미래의 일부를 보여 주신 일은
  없었는가?"
* 현재 진행 중인 사역달성계획은 평가하고, 완수된 사역은 축하하
  며 기록을 남겨라. 지금까지의 진보와 업적들로 인해 하나님께
  감사하라.
* 추구하는 미래에 한걸음 더 나아가는 다음 단계의 사역달성계획을
  정한다. 야기되는 문제들을 점검하고, 담당자에게 사역 계획안을

당회에 제출할 날짜를 알려 준다.

* 생각하고, 꿈꾸고, 미래에 관해 논하며, 하나님께 그분의 지시와 지혜를 구하는 시간들을 가져라.

이러한 종류의 연주성 리듬은 미래 지향적인 사역의 평가와 계획을 위한 정기적인 접촉점을 제공한다. 가치와 사명, 추구하는 미래, 사역달성계획은 당회 연례 수련회의 중심 부분을 차지해야 한다. 이와 함께 하나님께서 당신의 회중들 안에서 행하신 일들을 찬양하고, 그 다음 단계 또한 계획할 수 있어야 한다. 그리하면 당신은 리더십 팀으로서 함께 성장하게 되고, 양들을 효율적인 사역현장으로 인도하는 기술도 개발할 수 있다.

계획적인 리더십

프레리렛지 산장의 건축과 같은 심오한 계획성을 갖춘 리더십은 풍성한 열매와 뛰어난 결과물을 배출해 내는 최선의 기회를 가져온다. 그러나 무계획적인 리더십은 마치 윈체스터하우스처럼 예측할 수 없는 결과를 가져오기 십상이다. 일반적으로 말해서, 그렇지 못한 사역과 구별되게 만드는 성공적인 사역의 가장 중요한 단 한 가지 요소는 의도적인 계획성(intentionality)이다. 삶을 변화시키는 사역을 개발하기 위한 리더들의 훈련이야말로 게임 체인저(game changer: 판도의 흐름을 바꿀 만한 중요한 인물이나 사건 – 역자주)인 것이다!

계획적인 사역은 한 번에 모든 일을 할 수 없다는 사실을 인정하지만, 나아가는 방향을 잘 이해하면 추구하는 미래에 훈련된 방법으로 도달할 수 있다고 믿는다. 계획적인 리더들은 자신들의 사명에 항상 깊이 헌신하고, 가치에 따라 살며, 목표를 향해 매년 계획적으로 다가선다. 당신은 교회를 위해 계획적인 리더십을 가지고 살아가는가?

 **핵심질문**

추구하는 미래로 움직이는 결정을 내리는 데 있어서 우리는 얼마나 계획적입니까?
1점-5점의 점수를 매겨 보고(1점 매우 무계획적, 5점 매우 계획적), 당회원들과 나누어 보십시오.

지난 수년간 우리 교회가 행했던 가장 성공적인 사역은 무엇입니까? 왜 그러합니까?

우리가 현재 관여하고 있는 주요한 사역은 무엇입니까?

추구하는 미래에 더 가까이 다가갈 수 있는 다음 단계의 사역들은 무엇입니까?

리더십 팀으로서 미래의 계획과 준비를 위해 매년마다 함께 시간을 가지고 있습니까?

 **마무리하기: 사역개시**

* 주요한 사역의 결정들은 항상 추구하는 미래를 근거로 한다.

* 몇 가지 사역달성계획에만 집중하라: 한 번에 하나씩 이루라.

* 결과에 대해 책임을 지는 건강한 문화를 개발하라.

* 결과를 측정 가능하도록 만들라.

* 상황의 변화에 따라 융통성을 가지라.

* 사역달성계획이 종결되면 정직하게 평가하라.

* 연주성 리듬을 개발하라.

만일 하나님께서 부르신 사람들이
일을 하도록 하려면,
교회는 사역을 이루어 나갈 수 있도록
사역자들에게 권한을 위임해 주는
문화가 정착되어야 한다.

제3부
권한 위임의 리더

예수께서는 교회를 지상에서 가장 사명 있고,
효과적이며 융통성 있는 기관으로 세우셨다.
그러나 너무도 자주 교회의 정치 구조와 문화가 교회를 조직적이고,
비효율적이며 융통성이 없는 기관으로 전락시키는 모습을 보게 된다.

예수님의 삶과 사역에는
통제나, 관료주의,
불신의 모습을 결코 찾아볼 수 없다.
그와 정반대로
주님의 사역은
권위를 부여하고
자유롭게 풀어 주는 놀라운 성향이 드러난다.
말씀을 가르치신 후에
예수께서는 제자들을
사역 현장으로 보내셨다.

11장

권한 위임의 문화 정착시키기

출퇴근 시간의 시카고 유료도로(Chicago tollway)는 그야말로 '좌절' 그 자체이다. 5마일마다 매번 통행료 개찰구(tollbooth)에 정지하거나 감속해야 하는 이 고속도로의 시스템을 만든 사람이 누구든지 간에 수없이 낭비되는 시간과 믿기지 않는 비효율성에 대해 책임을 물어야 할 것이다. 좌절을 불러 일으키는 수많은 운전자들은 또한 말할 것도 없다. 도로를 운전할 때마다 세상에서 가장 발전된 나라들 중 하나인 미국이 어째서 도로를 보다 효율적으로 관리할 수 없는 것인지 자문해 보곤 한다. "더 좋은 방법이 있을 텐데."라고 중얼거리며 말이다.

이는 교회 안에서도 여러 개의 '통행료 개찰구(tollbooth)' 시스템을 지닌 수천 교회의 지도자들의 한숨 소리와도 일맥상통한다. 교회에서는 사역을 진행할 때 상부의 허가, 재정지원, 동의를 받는 과정들을 반드시 거쳐야 한다. 많은 회중들이 마치 시카고 유료도로에서의 좌절과 비효율을 안고 살아가는 문화에 젖어 있다. 그러한 제도는 높은 대가를 치를 수밖에 없고, 시간 낭비와 사역 기회의 상실 뿐만 아니라 리더와 사역자들의 불평과 낙심을 불러온다. 또한 봉사자들조차도 "더 좋은 방법이 있을 텐데."라고 불평하게 된다.

물론 더 좋은 방법은 있다.

만일 하나님께서 부르신 사람들이 일을 하도록 하려면, 교회는 사역을 이루어 나갈 수 있도록 사역자들에게 권한을 위임해 주는 문화가 정착되어야 한다. 이 책의 제3부는 회중 안에서 권한을 위임하는 문화를 조성하는 일에 대해 다루고 있다. 허가를 유보하는 문화("허가 없이는 진행할 수 없습니다")에서 허가를 수락하는 문화("당신의 책임 영역 안에서는 허가 없이도 얼마든지 자유롭게 진행할 수 있습니다")로의 전환을 추구하고 있다. 리더들이 이끌고, 사역자들이 행동하며 회중들이 섬길 수 있도록 놓아 주고 풀어 주어야 한다. 그러할 때에 교회는 하나님께서 원하시는 모든 일을 행할 준비가 된다. 사역의 기회를 애써 발견하고 창조하는 곳마다 관료주의 체제가 발목을 잡아서는 안 된다.

관료체제와 통제의 역기능

나는 교회의 문화의 특성을 정의하는 두 가지 요소가 관료체제(bureaucracy)와 통제(control)라고 생각한다. 이 둘은 종종 세 번째의 요인으로 인해 부추겨진다. 곧 불신(mistrust)이다. 이 세 가지 역기능적 요소들이 사역의 권위를 빼앗고, 자유롭게 책무를 수행하지 못하도록 막고 있다. 공통적으로 표출되고 있는 좌절감의 목록들을 살펴보자.

국내와 해외의 여러 교회의 리더들과 대화를 해 보면, 교인들이 모든 결정사항들에 관여하고 싶어 한다는 좌절감어린 이야기를 듣는다. 회중이 교회에 일어나는 일들에 발언권을 가지는 것이 합법적이고 합당한 일이기도 하지만, 모든 결의안들이 항상 자신들에게 확인되어지기를 바라는 회중들의 욕구는 번거로운 결정과정과 리더들의 권위상실(만일 회중들이 모든 사안들을 결정한다면 리더가 왜 필요한가?), 그리고 제 때 일을 완수하지 못함으로 인한 사역자들의 좌절감을 불러올 수 있다.

우리가 길들여져 있는 관리 구조를 살펴보면 또 다른 절망감이 떠오르게 된다. 사역의 결정권이 여러 그룹들에게 분산되어 있는 관료주의적 체제의 악몽을 피할 길이 없다. 어느 그룹은 교회의 전반적인 방향에 결정권이 있고, 또 다른 그룹은 재정에 대한 결정권이 있으며(그렇다면 진정으로 방향을 결정하는 이들은 누구이겠는가?), 또 다른 하위그룹은 구체적인 주요 사안들을 가지고 위의 두 그룹들과 다시 협상해야 한다.

목회자들 또한 당회로부터 세세한 부분까지 통제와 간섭을 받으므로 인해 매우 절망하게 된다. 어떤 경우에는 담임 목사조차 의사결정권을 갖지 못하는 때도 발생한다. 이러한 문화에서 목회자들의 위치란 단순히 당회에 의해 고용된 일꾼에 불과하다. 건강하지 못한 모습임에 틀림없다.

사역자들은 마땅히 해야 할 사역의 일과를 당회의 관여가 없이는 자유롭게 진행할 수 없음으로 인해 괴로워하기도 한다. 결국에는 함께 연합하지 못한 채, 결정사안을 서로 저울질하는 두 개의 독립된 집단, 즉 사역 팀과 당회로 완전히 분리된다. 이러한 모습은 특히 충분한 자질을 갖춘 사역자들의 권위를 손상시키는 것인데, 이는 교회가 매일 필요로 하는 일에 능숙한 사역자들의 결정에 항상 의문을 제기하며, 그들을 어깨너머로 감시하는 꼴이 된다.

때로 사역자들을 통제하는 객체가 당회가 아니라, 그들에게 책임과 권위를 부여하지 않고, 자신이 모든 일을 조정하려는 담임 목사인 경우도 있다. 이러한 일들로 인해 선한 일꾼들이 애를 태우게 되고, 사역자의 집단 교체가 이루어지거나, 취약한 사역의 결과를 얻게 되기도 한다.

그렇게 생각하면, 시카고의 유료도로가 교회의 회중들보다 차라리 더 효율적이라 할 수 있겠다! 과장이 심하다고 여겨진다면, 그동안 내가 자문위원으로 도왔던 이러한 좌절감이 팽배한 수많은 교회의 상담 자리에 당신을 초대할 수도 있다.

관료주의와 통제가 항상 의도적으로 이루어지고 있다는 뜻은 아니다. 안타까운 현실의 모습이기는 하지만, 대부분의 경우 의도하지 않게 초래된 상황이다. 많은 교인들이 당회를 감시하려고 하는데, 회중 중심의 교회 구조에서 그것을 그들이 해야 할 당연한 '일(job)'로 믿고 있기 때문이다. 때로는 당회와 사역 팀들이 서로를 힘들게 하기도 하는데, 누가 어떤 책임을 가지는지가 분명하지 않기 때문에 그렇다. 관리 구조가 상황을 어렵게 만들기도 하지만, 대개는 통제하기 위해 정해진 것은 아니다(일부러 그런 것도 본 적은 있다). 사실 교회의 정책들은 회중의 규모가 작았을 때 만들어진 것들이 대부분인데, 성장하게 되면서 문제가 되는 경우들이 많다. 담임 목사들이 통제하고자 하는 욕망에서 사역자들을 세밀하게 관리하는 것이 아니라, 분명한 기준과 함께 그들이 자유롭게 사역하도록 만드는 훈련을 받지 못해서이다. 마찬가지로 사역자들이 성도들의 은사를 개발하고, 세워 주고, 마음껏 섬길 수 있도록 놓아 주지 못하는 이유도 그들에게 어떠한 반감이 있어서가 아니다. '통제' 상황이 발생하는 주된 이유는 리더들이 교회의 전반적인 사역 철학의 틀을 유지하는 가운데 어떻게 사람들을 풀어 주어야 하는지를 잘 모르기 때문이다.

의도적이든 그렇지 않든, 이러한 역기능들은 교회의 건강, 섬김의 보람, 사역의 효율성을 해치게 된다. 많은 교회에서 좌절감에 빠진 사역자들과 당회원들이 더 자유롭게 봉사할 수 있는 교회로 발걸음을 돌리는 성도들을 바라보며, 스스로 비효율적이라 생각하는 일이 이제는 그리 놀랍지 않다. 손실이 이만 저만도 아니다.

 **핵심질문**

사역 현장에서 당신은 어떠한 좌절을 겪고 있습니까?

불신의 역기능

우리가 경험하는 사역의 단면인 통제의 뒷면에는 무엇이 있는가? 교회 문화의 세 번째 역기능적 요소인 불신이 사역의 권위를 부여하지 않도록 만들고 있다. 교묘하고도 은밀한 방법으로 말이다. 회중들은 당회를 불신하기 때문에, 대부분의 결의된 사항들을 자신들에게로 다시 되돌리려 한다. 당회는 담임 목사를 불신하여 교회를 이끌도록 내버려 두지 않는다. 당회는 사역자들도 불신하여 그들의 일을 낱낱이 관여하려 한다. 그 결과, 사역의 권위가 세워지지 않기 때문에 모든 사역자와 목회자들은 당회를 불신하게 되고, 당회만이 '권력'을 행세하려 한다고 느낀다. 이러한 통제와 불신의 문화가 심지어 사역자들과 봉사자들과의 관계에게도 영향을 주어 그 누구도 자유롭게 섬기지 못하도록 만들고 있다("우리는 훈련받은 사역자들이고 저들은 평신도에 불과하다."라는 태도로 말이다).

불신은 통제를 낳고, 통제는 다시 불신을 부추긴다. 건강하지 못한 순환이다.

아마도 이 책을 읽고 있는 리더나 사역자들은 교회 안에서의 불신이 절망스런 상태를 만들었던 기억이 있을 것이다. 심지어 갈등을 초래한 경우도 있었는지 모른다. 때때로 불신의 근본 뿌리는 매우 간단하다. 죄악된 태도이다. 그러나 대개의 경우에는 불완전한 정책, 불합리적인 관리 조직, 부족한 의사소통의 결과이다. 의도하지 않았다고 할지라도 분명 고통을 가져다주고 있다.

 **핵심 질문**

당신 교회의 어떤 영역에서 불신이 있었습니까? 그 불신의 근본적인 원인이 무엇인지 잠시 생각해 보십시오.

*
____

* ____________________________________

* ____________________________________

* ____________________________________

예수님과 권한 위임

예수님의 삶과 사역에는 통제나, 관료주의, 불신의 모습을 결코 찾아볼 수 없다. 그와 정반대로 주님의 사역은 권위를 부여하고 자유롭게 풀어 주는 놀라운 성향이 드러난다. 말씀을 가르치신 후에 예수께서는 제자들을 사역 현장으로 보내셨다. 그분 없이도 말이다. 열두 제자들 외에도 72명의 제자들을 그분의 이름으로 보내기도 하셨다(눅 10:1-24). 우리는 예수께서 그들의 사역을 통제하고 조종하시는 모습을 단 한 번도 볼 수 없다. 주님께서 아무런 기준이 없으셔서가 아니다. 예수께서는 구체적인 지침을 내리셨고, 상황 보고를 받았으며 다시 가르치셨다.

예수께서는 타락한 인간의 문화에서는 통제하기를 좋아하고 놓아주기를 꺼려함을 잘 아셨다. 두 제자의 어머니가 하나님의 나라가 임할 때 한 명은 좌편에, 또 한 명은 우편에 앉게 해 달라고 예수님께 부탁했을 때, "이방인의 집권자들이 그들을 임의로 주관하고 그 고관들이 그들에게 권세를 부리는 줄을 너희가 알거니와"라고 응답하셨다(마 20:25). 그리고 나서 주님의 나라의 리더들은 반드시 다른 모습으로 인도해야 한다고 말씀하셨다. "너희 중에는 그렇지 않아야 하나니 너희 중에 누구든지 크고자 하는 자는 너희를 섬기는 자가 되고, 너희 중에 누구든지 으뜸이 되고자 하는 자는 너희의 종이 되어야 하리라. 인자가 온 것은 섬김을 받으려 함이 아니라 도리어 섬기려 하고 자기 목숨을 많은 사람의 대속물로 주려 함이니라."(마 20:26-28).

예수께서는 인류를 구원하시고 이 땅에서의 그분의 가시적인 임재인 교회를 세우기 위해 오셨다. 승천하시기 전에 주님께서 다시 돌아오시는 날까지 세상에 복음을 전파하고 제자를 삼으라는 사명을 교회에 주셨다. 성령을 부어 주시면서 교회에 모든 것을 거셨다.

예수께서는 제자들에게 그분의 교회를 의탁하심으로써 세기의 가장 위대한 도박을 하신 것이다. 생각해 보라. 주님께서는 그분의 가장 고귀한 소유를 마가, 베드로, 요한, 마태 그리고 당신과 나 같은 인간들에게 맡기셨다. 마치 이렇게 말씀하시는 것이다. "나의 가르침과 성령의 능력에 따라 그것을 가지고 한 번 달려가 보아라." 그분 자신에게만 모든 사역을 남겨 두지 아니하시고, 우리에게도 나누어 주시고 맡겨 주셨다.

이것이 곧 에베소서 4장의 요지이다. 바울은 그리스도께서 하늘로 오르셨을 때 교회에게 선물을 주셨다고 말한다. "그가 어떤 사람은 사도로, 어떤 사람은 선지자로, 어떤 사람은 복음 전하는 자로, 어떤 사람은 목사와 교사로 삼으셨으니"(엡 4:11). 그리스도께서는 개개인들에게 교회를 이끌고 훈련하는 그분의 사역을 나누어 주신 것이다. 그러므로 마찬가지로 그들도 다른 이들에게 사역을 나누어 주라고 말씀하고 계신다. "이는 성도를 온전하게 하여 봉사의 일을 하게 하며 그리스도의 몸을 세우려 하심이라. 우리가 다 하나님의 아들을 믿는 것과 아는 일에 하나가 되어 온전한 사람을 이루어 그리스도의 장성한 분량이 충만한 데까지 이르리니"(엡 4:12-13). 교회의 리더들은 그리스도의 모범과 명령에 초점을 맞추어야 한다. 따라서 사람들을 개발하고 권한을 위임하여 의미 있고 활기찬 사역의 현장으로 파송해야 한다(이는 4장에서 살펴본 다섯 번째 리더십의 측면이기도 하다).

심지어 그들의 연약함과 때로는 사역이 불완전하고 미숙할 것을 아시면서도 예수님께서는 그들을 신뢰하셨다. 그리고 그의 성령으로 권능을 주시며, 그분을 대신하여 교회를 세우고, 세상에 복음을 전하라고 하신 것이다. 통제와는 전혀 거리가 먼 사역의 권한을 위임해 주는 모습이다. 만일 예수님께서도 그분의 사역을 나누어 주는 위험을 무릅쓰셨다면, 우리도 또한 그분과 함께 위험을 무릅써야 한다.

 **실행연습**

건강한 교회는 신뢰하는 문화를 주도하며, 사역을 분담합니다. 건강한 회중은 리더를 신뢰하고 권한을 위임해 주며, 리더들은 사역자들을 신뢰하고 권한을 위임해 줍니다. 또한 사역자들도 성도들을 신뢰하고 권한을 위임해 주어 모두가 다양한 일들을 고르게 감당할 수 있도록 합니다.

가까운 한 친구가 일반적인 교회에 출석하기를 꺼려하는 불신자 전문인들을 전도하려는 열정을 가지고 있었다. 친구는 교회의 리더에게 가서 그들을 위해 한 달에 한 번 토요일 저녁모임을 하게 해 달라고 요청했다. 수차례의 협의와 논의 끝에, 그는 마침내 허가를 받아냈다.

첫 토요 모임에만 무려 삼백 명이 넘는 인원이 참석했다. 그로부터 얼마 후, 교회의 리더들은 그 친구에게 모임을 더 이상 허락할 수 없다고 통보했다. 교회의 공식적인 사역이 아닌 일에 그렇게 큰 호응을 얻는 것을 탐탁히 여기지 않았다. 그들은 두려웠던 것이다. 자신들의 통제권을 다시 찾기 위해 그 일을 멈추어야 할 필요성을 느꼈다.

결국 그는 교회에서 자신에게 어떤 봉사도 자유롭게 맡기지 않는다는 사실을 깨닫고, 그러한 상황에 처한 대부분이 그렇게 하듯이 교회를 떠났다. 그리고 현재 주말 출석 인원이 칠천 명이 넘는 새로운 사역을 펼치고 있다. 지역에서 가장 큰 규모의 회중으로서 높은 회심율을 가지며, 미국의 전역에 영향을 미치고 있다. 하나님께서 이 사역에 함께하신 것에 기뻐하면서도 그에게 권한을 주지 않고, 사역을 곧 철회하도록 했던 교회를 생각하면 안타까울 따름이다. 얼마나 큰 기회를 놓치고 말았는가?

 **핵심질문**

당신의 교회에는 돈독한 신뢰와 사역 권한을 위임하는 문화가 있습니까? 아니면, 명령과 통제의 문화가 잔재합니까?

"나도 다른 사람에게 사역의 권한을 주는 것이 어려울 때가 있다. 왜냐하면……." 이 문장을 완성하고, 함께 나누어 보십시오

* ____

* ____

* ____

사역자들을 위한 질문

현 교회의 구조 안에서 당신은 언제 권한 위임이 이루어졌다고 느끼고, 또 언제 사라졌다고 느꼈습니까?

왜 중요한가?

자신들의 은사를 온전히 사용하도록 사람들을 풀어 주면 어떤 일이 일어나는가? 사람들을 신뢰하고 성령 하나님을 의지할 때 어떤 일이 일어나는가? 신약 성경에서는 사람들이 의미 있는 사역을 하도록 허용하면 개인과 공동체가 함께 성숙해진다고 분명히 말하고 있다.

"이는 우리가 이제부터 어린 아이가 되지 아니하여 사람의 속임수와 간사한 유혹에 빠져 온갖 교훈의 풍조에 밀려 요동하지 않게 하려 함이라. 오직 사랑 안에서 참된 것을 하여 범사에 그에게까지 자랄지라. 그는 머리니 곧 그리스도라. 그에게서 온 몸이 각 마디를 통하여 도움을 받음으로 연결되고 결합되어 각 지체의 분량대로 역사하여 그 몸을 자라게 하며 사랑 안에서 스스로 세우느니라"(엡 4:14-16).

어떤 일이 일어나는가? 우리의 회중이 성숙해진다. 우리의 성도들이 하나님의 나라를 위해 생산적이 된다. 사랑이 넘치게 된다. 불신과 통제는 갈등, 다툼, 사역의 침체를 빚어내는 반면에, 신뢰와 권한 위임은 사람들이 보람 있게 섬기도록 만든다. 하나님의 나라를 위한 에너지와 연합, 열정과 열매들을 불러오게 된다. 어느 것을 선택하겠는가?

시카고의 유료도로는 고속도로 요금 자동 단말기를 이용하면 그다지 불편한 것은 아니다. 정지하지 않고도 계속 달리 수 있다. 권한을 위임하는 문화를 조성하는 목적은 지역 교회의 사역이 빠르고 효율적으로 주님이 의탁하신 사명에 따라 움직이게 하기 위함이다. 물론 정해진 내규와 몇 번의 개찰구를 통과해서 말이다.

성도에게 하나님의 나라를 섬기기 위한 특별한 은사들을 주심으로써 그리스도께서는 교회를 지구상에서 가장 자유롭게 권한을 가지고 일할 수 있는 기관으로 만드셨다. 다음의 세 장에서는 리더들이 어떻게 최대한의 자유로운 분위기를 창조하고 권한을 위임할 수 있는지 알아볼 것이다. 당신도 함께할 준비가 되었는가?

 **핵심질문**

당신의 교회는 사역의 권위를 세우고 있습니까? 아니면 빼앗고 있습니까? 1~5점의 점수를 매겨 보고(1점: 권한을 전혀 주지 않는다. 5점: 권한을 모두 준다), 당회원들과 나누어 보고, 사역자들이라면 어떻게 답변하겠는지 상상해 보십시오.

당신의 정책 구조는 사람들에게 권한을 위임하도록 되어 있습니까? 아니면 규제하도록 되어 있습니까? 각각의 예를 들어 설명해 보십시오.

리더와 사역자들의 임무는 사역을 분배하는 데 있고, 통제하는 데 있지 않다는 에베소서 4장의 관점에 대해 어떻게 생각하십니까?

 **마무리하기: 권한 위임의 문화**

* 관료주의와 통제의 문화는 효율적인 사역에 방해가 되고, 좋은 리더들과 사역자들을 힘들게 한다.

* 불신은 교회의 가장 위험한 역기능이다.

* 예수께서도 사역의 권한을 제자들에게 나누어 주시고 그들을 통제하거나 조종하지 않으셨다.

* 바울도 우리에게 다른 사람들과 사역을 분배하라고 명하고 있다.

* 건강한 교회는 신뢰와 권한 위임의 문화를 모든 수준에서 의도적으로 개발한다.

효과적인 당회는
자신들의 안건을 신중하게 규정하고,
그들의 임무에 우선순위를 매긴다.
진정한 리더십을 발휘하는 데
방해가 되는 모든 일더미를
다 끌어안아서는 안 된다.

바위, 자갈, 그리고 모래

교회의 리더십에 있어서 가장 절망스러운 일들 중의 한 가지는 현저하게 중요한 사안보다 사소한 일들에 더 신경을 쓰는 당회의 모습일 것이다. 이 장에서는 리더들이 '큰 바위'(당회가 반드시 다루어야 할 논제들)와 '자갈' 또는 '모래'(다른 사람들에게 맡겨도 충분한 사소한 문제들)를 구분하는 방법에 대해 논하고자 한다. 만일 당회가 큰 바위와 자갈과 모래를 적절하게 구분한다면, 현 상태에 머무르지 않고 미래를 주도해 가는 능력을 발전시키게 된다.

큰 바위는 교회 전체에 영향을 주며, 사역을 전진하게 한다. 영적 건강을 고려하고 사역이 보다 효과적으로 되도록 만드는 사안들로서 아래와 같은 미래지향적인 일들이다.

* 가치(value), "우리가 누구인지"를 말해 주는 타협할 수 없는 것들.
* 사명, 교회가 존재하는 이유

* 비전, 하나님께서 교회가 향해 나아가기를 원하시는 곳
* 사역달성계획, 비전 성취를 향해 교회가 나아가도록 돕는 사역
* 6차원 리더십 (영적 능력을 유지하라: 가르치고, 보호하고, 돌보
  고, 개발하고, 권한 위임하고, 지도하라.)
* 사역을 이끄는 정책들
* 교회의 건강을 책임지는 단계들

반면에 자갈과 모래와 같이 교회에 영향을 주는 작은 일들은 다음과 같다.

* 일상의 행정관리 문제들
* 사역자 관리
* 구체적인 사역 계획 또는 전략 개발
* 다른 사람들에게 위임할 수 있는 교회 생활의 사소한 일들

당회가 자신들의 일을 돌아보면, 언제나 제시간 안에는 감당할 수 없는 업무들이 산재해 있다. 그러나 여기 좋은 소식이 있다. 당회 리더들은 모든 사안들이 아니라 오직 큰 바위들만 다루면 된다. 돌멩이들도 여러 가지 크기가 다양하다. 크고 작은 바위에서 조그마한 자갈과 모래에 이르기까지 헤아릴 수 없을 정도이다. 당회는 가장 큰 바위들을 다루도록 세워졌다. 나머지 작은 돌멩이들은 교회의 하부 기관에서 처리하도록 내어 주면 된다. 자갈과 모래들도 다 중요한 것들이다. 그러나 당회가 맡아야 할 일은 아니다.

대부분 이렇게 생각할 것이다. **'좋은 아이디어이긴 하지만, 어떻게 사소한 일들에 빠지지 않고, 당회의 임무들만 처리할 수 있겠는가?'** 효과적인 당회는 자신들의 안건을 신중하게 규정하고, 그들의 임무에 우선순위를 매긴다. 진정한 리더십을 발휘하는 데 방해가 되는 모든 일더미를 다 끌어안아서는 안 된다.

이는 사역자들과 당회원들의 다양한 책임을 바르게 이해하는 데에서부터 출발할 수 있다.

다른 팀들과 다른 역할들

교회의 사역자들과 당회의 역할에 있어서 가장 핵심적인 구별은 일상의 관리적인 일들은 사역자들 혹은 봉사자들에게 주어지는 반면에, 감독하는 일(정책과 방향 설정)은 당회에 주어진다는 사실에 있다. 기본적으로 관리문제와 연관되는 일들은 사역자들에게 주어진다고 볼 수 있다.

규모가 작은 교회라면, 굳이 다양한 역할을 구분하여 언급할 필요는 없을 것이다. 교인 수가 150명 이하이거나, 사역자의 수가 1~2명에 불과한 교회라면 구분이 오히려 애매해진다. 그러한 곳에서는 당회원들이 어떤 상황에서는 때로 봉사자들로서 섬겨야 하는 경우도 있다.

그러나 교회가 커지면서 모든 것이 변한다! 이 책에서 살펴본 근본적인 원리들은 교회가 숫자적으로만 성장하는 것이 아니라, 여러 면에서 변화한다는 데 있다. 그렇기 때문에 현 상태의 규모에 걸맞은 정책

체제를 지속적으로 요구하게 된다. 교회가 성장할수록 결국 책임의 분산을 명확히 하는 일이 점점 중요해지기 마련이다. 선이 분명히 그어지지 않으면 자신들의 영역을 침해한다고 오해하며, 사역자들과 당회가 서로에게 실망하게 될 수도 있다. 800명 이상의 규모가 되는 교회에서는 교회 운영에 관한 사소한 결정사안들이 당회까지 자주 올라가서는 어려울 것이다.

책임 위임을 거부하는 당회원들을 보는 것도 그리 특별한 일은 아니다. 자신들이 더 잘할 수 있다고 믿거나, 당회와 사역자들 간의 역할 차이를 잘 이해하지 못하고 있기 때문이다.

위임하지 않으면, 세 가지 문제가 발생하게 된다. 첫째, 당회와 사역자들 간에 누가 더 힘이 있는지를 겨루는 줄다리기 싸움이 시작된다. 둘째, 좋은 사역자들을 잃게 될 수도 있다. 자신들이 하도록 훈련받은 일을 감당할 권한을 얻지 못하면, 남아 있을 이유가 없게 된다. 마지막으로 사역자들은 당회에 따라서 수동적이 된다. 당분간은 괜찮게 보일 수 있지만, 교인 수가 삼백 명을 넘어서게 되면 당회가 모든 일상의 업무를 주도하기는 버거워진다. 그럼에도 사역자들은 이미 당회가 주도하는 사역에 길들여져서 스스로의 적극적인 참여를 꺼려할 수 있다. 결국 당회는 자신들의 정책을 재고할 수밖에 없다.

내가 자문했던 한 교회가 실제로 이러한 문제를 겪고 있었다. 담임 목사가 사역자들을 제대로 감독하지 못하고, 사역자들도 자신감이 결여되어 있다고 생각하여 당회가 스스로 교회 운영과 관리를 주도해 갔다. 당회의 주도권이 시작된지 십 년 후에 담임 목사는 노력을 게을리했고, 사역자들도 당회가 요구하는 일만 하게 되었다. 결과는 좌절 그 자체였다. 그리고 결국 당회원들이 교회 관리 책무에서 손을 떼고, 담임 목사가 운영과 리더십의 지도를 받고 나서야 그 문제가 궁극적으로 해결되었다. 외부의 도움이 없었더라면, 담임 목사가 교회를 사임하게 되는 지경에까지 이르렀을지도 모른다.

당회가 일상의 운영 업무들을 하려고 주장하면, 좋은 관리 구조가 무너질뿐더러 그들의 진정한 임무인 큰 바위 덩어리 같은 일들을 간과하게 된다.

효과적인 당회 업무를 위한 원리

당회가 중요한 일들에만 초점을 맞추도록 적용하는 몇 가지 원리들이 있다.

관리보다 방향과 정책에 집중하라. 이미 보았듯이 당회가 아니라 전임 사역자들이나 봉사자들이 교회 생활에 필요한 일상의 업무들을 처리해야 한다. 운영의 결정 사안들이 당회로 올려지기 전에, "당회를 대신해서 이러한 일을 맡아 해야 할 사람은 누구인가? 다음에는 다른 사람들이 이러한 문제를 직접 다룰 수 있도록 정책을 개선할 필요가 있는가?"라고 질문해야 한다. 예를 들면, 교회의 주일학교를 비롯한 여러 사역에 봉사하는 이들에게 당회는 승인을 내리기에 바쁘다. 양질의 사역을 위한 관리 차원에서 필요하기는 하지만, 너무 세밀한 일상들이 귀한 시간을 빼앗고 있다. 각 사례마다 일일이 당회에서 관여하기보다는, 다른 이들이 결정을 내릴 수 있도록 정책을 마련해야 한다. 당회는 다양한 사역에 섬길 적임자를 선정하고, 사역자들과 리더들의 참여를 인정하도록 해야 한다.

현재의 사안을 다루기보다 미래를 계획하는 일에 시간을 투자하라. 리더는 회중들보다 앞서 생각한다. 만일 당회의 대부분의 시간을 일상 업무와 운영에 치중하고 있다면, 교회의 영적 건강, 가치, 사명, 비전 등을 우선으로 여기지 않고 있는 것이다. 현재와 미래의 균형을 맞추기 위해 현재에 시행하고 있는 일상의 일들과 미래의 계획이나 기회에 관한 일에 한 달 동안 투자하는 시간을 각각 비교해 보라.

이미 다 이루어진 사역의 장황한 보고(report)를 듣는 보편적인 관행이 당회의 리더십을 현실로 묶어 두게 된다. 그것은 당회의 시간을 허비하는 일이다. 대부분의 사역 보고는 당회 모임을 가지기 전에 이메일을 통해 이루어져야 한다. 그렇게 함으로써 당회의 귀중한 시간을 한 시간 가량 아낄 수 있다. 물론 당회가 반드시 다루어야 할 중요한 현안들도 있다. 그러나 만일 당신이 미래의 계획과 기회보다도 과거나 현재의 사역 보고에 더 많은 시간을 보내고 있다면, 당회의 우선순위가 거꾸로 뒤바뀐 것이다.

작은 사안보다 큰 일을 중심으로 모여라. 어떤 주제들은 당회가 다루어야 하지만 당회로 보고되는 다수의 내용들은 대부분 그럴 필요가 없는 것들이다. 회의를 준비할 때, "이 사안은 큰 바위인가 작은 돌멩이인가? 당회 외에 다른 부서에서도 다룰 수 있는 문제인가? 당회가 반드시 논의해야 하는 문제인가?"라고 물어야 한다. 회의의 인도자가 누구든, 의미 있는 사안만 거론되고, 부수적인 것들은 걸러지도록 권한을 행사해야 한다. 때로 성도들은 실무 책임을 가진 사역자에게 직접 물어보지 않고, 당회나 장로들에게 그 문제의 논의를 요구하기도 한다. 수년간 당회장으로 섬기면서 당회에 안건을 제출하는 이들에게 먼저 적합한 담당자와 논의하였는지 종종 확인할 때가 있었는데, 안타깝게도 대부분 그렇지 않았다.

때로는 당회원 중에서도 부적절한 안건을 첨가하는 경우도 있다. 그러나 단지 당회원이기 때문에 자신이 원하는 안건은 무엇이든지 제안할 수 있는 것은 아니다. 리더십을 가지고 있으면, 여러 주제에 대해 언급할 기회가 남들보다는 더 주어지기는 한다. 그러나 당회원들조차도 당회가 존재하는 목적에 부합하게 스스로 훈련되어야 한다. 당회는 좋은 리더십을 발휘하고, 다른 이들에게 권한을 위임해 주기 위해 존재하는 것이다.

회의의 의제들을 다듬어라. 당회의 주된 시간을 큰 바위를 다루는데 사용하려면 가장 중요한 사안을 당회 모임의 첫 번째 의제로 삼으라. 그리고 항상 기록된 문서로 사안을 다루라. 신중하게 정리된 사안의 문서는 당회가 일하는데 필요한 지침(road map)을 제공하고, 큰 바위와 작은 돌멩이들을 구분해서 중요한 것들을 우선으로 다루는 훈련을 한다. 덜 중요한 사안들까지 다룰 시간이 모자라면, 그 부분들은 다른 이들에게 위임하라. 대부분 그러한 것들은 애초에 당회에까지 올라올 필요가 없는 사안들인 경우가 많다.

정기적으로 위임하라. 여기 일반적인 법칙이 있다. 다른 이들도 할 수 있는 일이라면, 당회는 하지 마라. 우리는 사역자들과 봉사자들이 가진 능력을 무시하고 신임을 적게 주는 경향이 있다. 만일 다른 이들도 충분히 판단할 수 있는 문제라면, 위임하거나 딱 잘라 거절해야 한

다. 그러나 필요한 경우에는 대안도 함께 가지고 다시 당회에 가져오
도록 한다.

구상하지 말고, 개선하라. 당회는 프로그램을 구상하거나 복잡한 문
제를 다루는 곳이 아니다. 인적 자원, 보상(compensation), 교회 갈등
등과 연관된 일에 관한 계획이 필요하면, 다른 부서에 위임하는 것이
훨씬 낫다. 그 사안에 대해 전문성을 갖춘 두세 명의 개인에게 자신들
이 추천하는 방안을 당회에 제시하도록 요청하는 방법도 있다. 이미
검토하여 추천한 사항들에 응대하는 일이 당장 새로 구상해 내는 것보
다 쉽다. 사역자들이 구상해 내고, 당회에서는 그것을 바탕으로 개선
하면 된다.

 **실행연습**

만일 다른 부서에게 어떤 일을 한 번 위임했다면, 당회가 다시 그 일을 다루어서는 안
됩니다. 다른 부서가 주관하도록 하고 세부적으로 관여하지 마십시오. 만약 당신이 간
섭하고 있다면, 그것은 위임하는 것이 아니라 다른 부서를 통해 구상하는 행위이고,
타부서의 활동을 부정하는 것이 됩니다.

합의된 시간 한도 내에 마쳐라. 리더들에게 섬기도록 부탁하는 것은
그들의 가장 소중한 자산을 요구하는 것과도 같다. 곧 그들의 시간이
다. 당회는 반드시 회의 시작 시간을 엄수해야 한다. 만일 회의가 보통
2시간 30분 이상 걸린다면, 아마 회의 진행과 안건의 중요성을 구분
하는 훈련이 안 된 것일 수도 있다. 아니면 일상 업무를 관리하려 하거
나, 무엇인가 구상해 내는 것일 수도 있다. 당회의 주제를 가다듬고 회

의가 당회의 임무에만 집중할 수 있도록 당회장과 담임 목사에게 권한을 부여하라. 회의가 정체되고 합의가 이루어지지 않으면, 시간을 끌지 말고 다음 모임에서 다루도록 하라.

한 번은 사업를 위해, 또 한 번은 기도를 위해 한 달에 두 번 모여라.[13] 모임 중 한 번은 사안을 결정해야 하는 업무를 위한 모임이 되어야 한다. 그리고 두 번째 모임은 업무와 전혀 상관없는 "목회적" 차원에서 모여야 한다. 이는 교회와 서로를 위해 기도하고, 성경공부 하며, 신앙서적을 함께 읽고, 미래를 꿈꾸는 시간인 것이다.

특별한 경우를 제외하고는, 교회의 사역은 한 해의 열두 번 이루어지는 당회 시간에 마무리 되어야 한다. 기도와 말씀으로 또 다른 절반의 모임을 가지는 결정은 6차원 리더십을 발휘하는 당회로서 고양된 영적 분위기를 유지하기 위함이다. 목회적 모임을 실행하는 당회는 상당한 영적 성장과 더불어 보다 성숙한 연합을 이루게 된다. 그들은 또한 당장 결정해야 하는 중압감에서 벗어나 미래에 관해 이야기 나눌 시간적 여유를 갖게 된다.

목회적 모임은 우리 자신들이 교회의 머리요 참 목자장이신 예수 그리스도의 권위 아래 있는 목자들임을 상기시켜 준다. 주님의 뜻을 우리가 겸손히 구하는 시간이 필요하다. 그리스도의 능력과 권위를 배제하고, 우리들의 힘과 지혜로 그분의 교회를 이끌려 해서는 안 된다.

의사결정의 원칙에 합의하라. 리더십을 공유하는 팀의 장점은 은사를 가진 여러 사람들이 한 개인의 리더십보다 더 많은 것을 성취할 수

---

13) I am indebted to pastor and author Larry W. Osborne for this insight. Larry has a chapter on "The Shepherding Meeting" in his excellent book *The Unity Factor: Developing a Healthy Church Leadership Team*, 3rd ed. (Vista, CA: Owl's Nest, 2001), chapter 7.

있고, 더 효과적으로 일할 수 있다는 것이다. 단, 서로 간에 존중과 사랑, 열린 마음의 참여가 있어야 가능하다. 그러므로 건강한 당회에는 창의적인 대안을 가져오는 열정적인 대화[14]가 이루어진다.

당회는 종종 다음 세 가지 중에 하나의 실수를 범한다.

1) 갈등을 피하기 위해 창의적인 갈등에도 직면하지 않으려 한다.
2) 건강한 대립에 참여는 했으나 해결점을 찾지 못하고 결정에 어려움으로 이어진다.
3) 한두 명의 당회원이 나머지 당회원들의 업무를 방해하여 영구적인 갈등을 빚어내도록 내버려 둔다.

건강한 당회는 정직한 대화와 심지어 강한 거부의사도 흔쾌히 수용한다. 그러나 다음과 같은 의사결정의 기본 원칙에는 동의한다.

* 만장일치를 추구할 것인지, 아니면 합의점을 찾을 것인지가 공통의 질문이다. 나는 당회가 만장일치를 추구하도록 권하지만 합의점을 마련하는 훈련도 필요하다고 생각한다. 그렇게 함으로써 어느 특정 당회원 때문에 사역의 결정이 지연되지 않도록 막을 수 있다.
* 모든 관점들은 당회 내부에서 논의되어야 한다. 그러나 건강한 당회는 의사 결정이 이루어질 때(비록 만장일치는 아니라하더라

---

14) The concept of "robust dialogue" or "creative conflict" for healthy teams is well spelled out in Patrick Lencioni's book *The Five Dysfunctions of a Team: A Leadership Fable* (San Francisco: Jossey-Bass, 2002). This is a must-read for boards and staff teams.

도), 외부적으로는 모두가 그 결정을 지지하고 연합된 모습을 보여 주는 일에 동의한다. 결정적인 도덕적 결함이 없는 한 그 결정에 공식석상에서 반대하는 당회원이 있다면, 기본적인 정책에 우를 범하는 것이 된다.

* 의사결정을 위한 건전한 규칙에는 당회원들 간에 어떠한 의견 차이가 있을지라도 불친절한 언행이나 불량한 태도로 대하지 않는다는 원칙 또한 포함된다. 의견의 차이가 개인적인 감정으로 발전할 필요는 없다.

* 마지막으로 각자 겸손한 자세로 회의가 진행되어야 한다. 특히 분란의 여지가 있는 주제를 다룰 때는 더욱 그렇다. 예수님께서 스스로 낮추시고 우리와 같은 인간의 몸이 되셨다면 우리도 주님의 이름으로 서로에게 겸손히 대해야 할 것이다. 자신의 관점을 다른 사람의 관점보다 낮추지 못하는 사람은 궁극적으로 교회 리더십의 자격이 없는 사람이다.

5장에서 언급한 당회의 언약을 사역에 잘 적용하기 바란다. 이 책에서 단 한 가지 개념만 얻고 책을 덮으려 한다면, 당신의 영적 삶과 교회 생활에서 **'당회의 건강한 관계가 가장 중요하다'**는 사실만은 결코 잊지 않기 바란다.

개인적인 문제 해결을 위함이든, 당회를 건강하게 하기 위함이든, 상관없이 무엇이든 제발 그렇게 하기를 바란다. 회중들은 리더들보다 더 영적으로 높이 날아오르기 어렵다는 사실을 기억하라. 건강하고 창의적인 대화를 위한 당회의 규율을 만들라. 그 규범에 따라 살도록 노력하고, 지켜지지 않았을 때는 그 당사자와 은혜롭게 이야기하라.

정보의 하향전개를 실행하라.[15] 교회의 사역자들과 일하면서 공통적으로 들어왔던 그들의 고충은 당회가 무엇을 하고 있는지 알 길이 없다는 것이었다. 당회의 결정사안은 교회의 삶에 직접적으로 영향을 주게 된다. 특히 사역자와 봉사자들에게 우선적으로 그렇다. 더구나 리더들에 대한 사람들의 신뢰도는 리더들이 하고 있는 일에 대한 사람들의 인식 여부에 직접적인 연관이 있다. 사람들이 많이 알고 있을수록 더 많이 신뢰하게 된다. 그리고 더 리더들과 동맹 관계를 형성하게 된다.

그러므로 모든 당회의 업무 회의를 위한 주제의 마지막 자리에는 '정보의 하향전개'(cascading information)가 있어야 한다. 곧 **"우리가 논의하거나 결정한 것들 에 대해 어떤 것을 회중들에게 알려 주어야 하겠는가?"**라는 질문이다.

그리고 나면 사역자들의 모임에서 담임 목회자가 당회에서 결정된 사안들 중에 적절한 내용들을 전달한다. 그 정보들이 다른 사람들에게 당장 직접적인 영향을 주지는 않을지라도 그러한 과정을 통해 신뢰관계가 형성되고, 사역자들도 당회의 리더십과 함께 호흡을 맞출 수 있게 된다.

회중의 규모가 큰 교회에서는 리더십의 구조가 보다 더 다양하기 때문에 사역자들의 모임을 마치고 나면 다음 단계의 사역자나 봉사자들 모임에도 비슷한 방식으로 필요한 정보들을 선별하여 알려 준다. 이러한 과정은 필요한 정보가 각 모임의 수준에 맞게 모두 전달될 때까지 모든 종류의 사역 팀에 적용된다.

---

15) Again, I am indebted to Patrick Lencioni in his book *The Five Dysfunctions of a Team* for this insight.

당회의 일을 회중과 소통하라. 건강한 교회가 되기 위해서는 리더들에 대한 회중들의 신뢰가 가장 필수적이다. 당회가 하는 일들이 너무도 자주 장막에 가려지거나 비밀에 붙여지고 있다. 어떤 주제들은 기밀로 남겨져야 하겠지만 대부분의 일은 회중들에게 정규적으로 소통되어야 한다.

회중들도 모든 자질구레한 일들을 알 필요는 없지만 큰 바위 같은 굵직한 것들은 알아야 한다. 교회가 추구하는 가치와 사명, 사역 방향과 달성계획에 관해 회중과 의사소통함으로써 그 자체로서 자신들이 누구이고, 왜 존재하고, 어디를 향해 가고 있고, 목표를 향해 어떻게 가고 있는지 교육하게 된다. 일반적으로 이러한 의사소통은 아무리 해도 지나친 것이 아니다. 소통하면 할수록 회중들은 그러한 가치와 비전들을 더 잘 수용하게 될 것이다.

다수의 교회가 공동의회를 조직해서 이러한 소통이 이루어지는 시간을 가지지만 저조한 참여율로 인해 리더들은 좌절하고만 있다. 그런데 때때로 이러한 공동의회는 교회에서 이미 과거에 발생했던 사건들을 보고하는 형태를 이루고 있다. 그렇다면 사람들이 참석하지 않는 것에 놀랄 이유가 있을까? 나는 최근에 이천 명이 넘는 규모의 회중들에게 주요 규범과 정책의 변화에 대해 설명하도록 요청받은 적이 있다. 나는 주일 오전 예배 시간에 5분간 이야기했고, 그 날 저녁 회중들이 주최한 '마을회관 모임'에서 더 긴 시간 동안 이야기할 수 있었다. 왜인가? 몇 가지 이유들이 있다. 그 교회는 건강한 교회였다. 회중들은 큰 교회의 리더십 형태가 다르다는 것을 잘 이해하고 있었다. 리더들은 변화에 대해 적절하게 회중들과 소통했다. 그리고 사람들은 리더들이 잘할 것으로 신뢰했다! 이후의 공동의회에서 리더들에 의해 제안된 정책 변화는 압도적인 다수의 교인들에 의해 지지되고 통과되었다.

만일 당신의 업무 회의에 어떤 이유로든지 사람들이 참석하지 않는다면 그 모임을 철회할 것인가? 그럴 필요는 없다. 그러나 두 가지를 생각해 보라. 첫째, 만일 모임이 분기별로 있다면, 더 줄이는 편이 좋을지도 모른다. 둘째, 나의 제안인데, 모임을 '업무 회의' 또는 '공동의회'라고 부르기보다 '비전의 밤'(또는 이와 비슷한 이름)으로 명하는 것이 좋다. 그 모임을 미래의 비전과 가치를 소통하고 공유하는 시간으로 활용하는 것이 과거의 일들을 보고하는 것보다 훨씬 효과적이다.

이러한 시간은 정보 전달과 동기 부여뿐 아니라 미래에 대한 교회의 비전과 우리가 하나님 나라를 위해 기여할 수 있는 일들을 제시할 수 있는 훌륭한 기회의 자리가 된다. 이 자리는 매우 혁신적으로 계획되고 흥미롭게 구성되어 특히 사역의 주요한 위치를 담당하는 사람들에게는 놓치고 싶지 않은 자리가 되어야 한다. (풍성한 다과와 재미있는 볼거리를 준비하는 것도 나쁘지 않다.)

새로운 리더를 선출하고 예산안을 통과시키는 연례 모임에서도 사역적인 부분은 적게 다루고, 미래의 비전을 더 크게 다루도록 하라. 모임과 회의들을 비전을 전달하는 자리로 활용하라.

바위와 자갈 구분하기

교회의 규모에 상관없이 "사역자들이 구상하고, 당회는 개선"하는 원칙을 분명히 하라. 당회는 방향, 정책, 영성관리와 관련된 일을 하고, 사역자들은 일상의 업무와 사역을 한다. 이러한 원칙은 큰 교회에서는 거의 절대적이며, 중간 정도 규모의 교회에서는 상당 부분 적용하고, 작은 교회에서는 다소 유동적이다.

매년 자신들의 사역과 교회의 일을 되돌아보면서 당회는 "다른 사역자들에게 위임해야 하는 일들이 남아 있는가?"를 질문해야 한다. 사역자와 봉사자들에게 넘겨져야 할 작은 일들을 가늠하는 일은 당회가 리더십의 역할에 보다 더 집중할 수 있도록 만든다. 사역자들(또는 봉사자들)에게 사역의 권한을 부여할수록 그들과 당신 모두 더 효율적이 된다.

 **핵심질문**

당회로서 큰 바위들(가장 크고 중요한 일들)에 잘 집중하고 있습니까? 어째서 작은 돌멩이들(사사로운 일들)을 사역자들에게 맡기지 못하고 있습니까?

당회 모임 중 현재 또는 과거의 일을 다루는 데 드는 시간과 미래를 계획하는 데 사용하는 시간의 비율(%)은 각각 얼마나 됩니까?

당회는 구체적인 사역과 프로그램의 구상을 사역자들에게 맡기고 있습니까? 아니면 당회가 주도하고 있습니까?

당회 모임을 보다 건설적으로 만들기 위해 바꾸어야 할 것들이 있습니까?

* ____

* ____

* ____

* ____

 ## 마무리하기: 효과적인 당회의 실천사항

* 당회와 사역자들의 역할 차이를 이해하라.

* 관리가 아니라, 방향, 정책, 영성 관리에 집중하라.

* 현안 처리보다 미래 계획에 힘쓰라.

* 큰직한 사안들을 중심으로 모든 계획을 잡으라.

* 당회 모임의 회의 주제 목록을 만들라.

* 정기적으로 업무 책임을 위임하라.

* 구상하지 말고, 개선하라.

* 합의된 시간 범주 안에서 해결하라.

* 한 달에 두 번 모이라: 사역과 기도를 위해 각 한 번씩.

* 의사결정의 원칙에 합의하라.

* 당회의 일을 회중들에게 전하라.

13장

구조의 중요성

항상 멈췄다가 다시 출발하는 시카고의 유료도로를 기억하는가? 사역 허가와 재정 허락을 받고, 각종 진행의 동의를 받어야 하는 모든 곳이 바로 당신 교회에서의 통행료 개찰구라 말했었다. 이러한 개찰구들이 만일 존재한다면, 곧 당신 교회의 관리 구조에서 비롯된 것들이다. 규범과 정관 조항들이 위원회를 조직하게 하고, 절차를 따르도록 규정하고 있다.

교회의 관리 구조를 논하는 것은 다소 미묘한 주제이기는 하지만, 그것으로 인해 교회의 사명이 힘을 얻기도 하고 방해받을 수도 있으므로 매우 중요한 문제가 된다. 나의 경험으로는 다수의 관리 구조들이 권한을 위임하기보다 통제하는 방편을 따르고 있다. 결과적으로 교회가 마땅히 발휘할 수 있는 최소한의 효율성조차 박탈하는 모양이 되고 있다.

최근의 한 상담에서 500명 규모 교회의 한 목사가 재미있는 이야기를 들려 주었다. 노인 복지 사역에서 발생한 변경사항을 다루어야 하는 상황이었다. 노인 복지 사역자들을 책임지는 사람이 누구인지 물어보았으나 아무도 알지 못했다(통행료 개찰구). 그는 장로들에게 변경사항들을 설명하기 위해 찾아갔고(통행료 개찰구), 그 후에는 예산을 마련하기 위해 재정위원회로 찾아갔다(통행료 개찰구). 그리고 마침내 상대적으로 별로 작은 일에 불과했던 그 변경사항을 승인받기 위해 당회에 정식으로 다시 설명해야 했다(통행료 개찰구).

사명이 구조보다 더 중요하다고 믿고, 구조가 사명을 받쳐 주어야 한다고 믿는다면, 이러한 종류의 통행료 개찰구는 사라져야 한다. 그러나 어떤 이해하기 어려운 이유에서인지(적어도 나에게는), 교회의 규범(그리고 관리 구조)들이 종종 성경보다 더 신성한 것으로 여겨지고 있는 것만 같다! 동의하지 않는다면, 당신이 규범들을 바꾸자고 제안했을 때 거절당한 일들을 한 번 생각해 보라. 그러나 초대교회는 교회의 필요가 바뀔 때마다 그들의 구조도 융통성 있게 조정가능한 것임을 분명히 했다. 예를 들어 장로들이 더 이상 어떠한 일을 다룰 만한 시간적 여유가 부족해졌을 때는 집사들이 충원되었다. 교회가 성장하면서 선임 리더들이 사역의 주요 책무들을 다른 이들에게 위임하기도 했다. 그래서 오늘날에 신약 성경에 단 한 번도 언급되지 않았던 여러 종류의 위원회와 대표회가 교회 안에 자리 잡기에 이르렀던 것이다.

내 요지는 교회의 대부분의 리더십 구조가 그리 신성하게 여길 만한 것도 아니라는 점이다. 신약 성경에 명백히 드러나지 않은 관리 구조 또한 사람들에게 권한을 위임하고, 사역을 수행하는 데 돕기 위한 도구에 지나지 않는다.

그러므로 우리는 교회 구조의 역사적 기원과 이를 대하는 시각에 영향을 끼치는 문화 및 신학적 견해, 건강한 교회 구조로 나아가도록 하는 원리들을 반드시 이해해야 한다. 또한 우리의 사명을 뒷받침하고 섬길 수 있도록 구조를 바꿔 나가고자 하는 의지도 필요할 것이다.

태초에…

통상적으로 교회 설립 초기나 규모가 작을 때, 교회의 운영 조직이 형성된다. 150명 이하의 상대적으로 작은 규모의 교회 지도자들은 회중이 가족과도 같다는 사실을 명심해야 한다. 가족들의 의사결정은 형식적인 절차보다는 서로의 합의에 의해 이루어진다. 매년 나의 가족들은 휴가를 어떻게 보낼지 결정한다. 선택이나 투표와 같은 형식적인 절차 없이 저녁 식탁에 둘러 앉아 여름휴가에 대한 가족 네 명의 동의가 이루어질 때까지 이야기를 나눈다.

적은 회중들도 이와 크게 다를 바가 없다. 작은 교회의 명백한 특징은 사람들이 서로를 잘 알고, 모두의 목소리를 들을 수 있다는 점이다. 나는 열두 명의 가족들 속에서 자랐다. 감사하게도 부모님들께서는 자녀들 모두의 의견을 나름 존중해 주셨다. 건강한 가족들이라면 그렇게 할 것이다. 지금도 여전히 부모님들께서 최종 결정을 내리시긴 하지만, 그 과정 속에서 항상 우리 모두를 불러서 의논하신다.

작은 교회들은 이와 마찬가지로 중요한 결정을 내리기 전에 한 가족으로서 함께 이야기 나눌 방법을 찾아야 한다. 교인들이 모든 일에 투표하지 않더라도 말이다. 어떤 회중들은 모든 의견을 최종 조합하여 인준하는 대표당회 산하에 여러 개의 피선된 당회와 위원회를 포함하는 리더십 구조를 개발하기도 한다. '가족적인 조직'을 최선의 방법으로 고려하기 때문에 최대한 모든 성도들의 목소리를 듣고, 공통의 합의점을 마련하고자 하는 취지에서이다. 사실 건강한 관리 조직을 애초부터 도입하는 것이 가장 좋긴 하지만, 작은 교회라면 가족처럼 다룰 수 있기 때문에 어떤 조직이라도 적용 가능한 것이 사실이다.

그러나 교회가 성장하게 되면, 건강하지 못한 구조는 그 균열이 점점 드러나게 된다. 당신 교회의 현 구조가 교인들에 의해 초기에 고안된 것들이라면, 지금 상황에는 더 이상 맞지도 않는 복잡하고 난해한 조직으로 인해 많은 고충을 겪고 있을 것이다. 이러한 관리 조직은 신학적(성경)이기보다 사회학적(교회의 규모)으로 더 잘 규명된다. 보다 성경적이고 건강한 관리 조직으로 현재의 조직을 변경하라고 제안하면, 공통적인 반발을 얻게 되는데 곧 점검과 균형의 필요에 관한 것이다.

점검과 균형

"교회에 오직 하나의 당회만 존재하고, 상당한 권위가 그 당회에 기득권으로 부여된다면, 이 권력을 점검(checks)하고 균형(balances)을 잡을 방법은 어디에 있는가?"라는 질문을 받곤 한다. 이는 매우 좋은 질문이자, 우리가 잠시 후 다루게 될 회중교회주의(congregationalism)의 핵심을 건드리는 질문이기도 하다. 그러나 또한 미국교회가 성경적인 신학보다는 국가의 정치적 성향에 더 이끌리고 있음을 보여 주는 한 단면이기도 하다.

미국 정부는 신중하게 설계된 권력 균형과 안배의 원칙에 따라 어느 한 권력 기관이 나머지 두 기관에게 불균형적인 힘을 행사하지 못하도록 되어 있다(이론적으로는 그렇다). 헌법 개정자들은 인간의 전적 부패와 잠재적인 권력 남용에 대한 고도의 견해를 가지고 있었기 때문에 권력을 제한하고 잠재적인 남용을 방지할 관리 구조를 고안하도록 노력했다.

흥미롭게도 신약 성경 또한 건강한 리더십의 책임 안배를 제공하고 있지만, 그 모양은 다르다. 신약 성경은 언제나 감독들(overseers) 또는 가르치는 목사를 포함한 장로들(elders)의 그룹을 복수 형태로 표현하고 있다. 권력이 어느 한 개인의 기득권으로 치부되는 경우는 결코 없고 반드시 리더들의 그룹에게 주어진다. 게다가, 인성을 시작으로 해서 리더들에게는 엄격한 자질들이 요구된다. 리더들은 자신들이 원하는 대로 할 권리가 없다(3장과 4장의 6차원 리더십을 참조하라). 그들은 예수 그리스도의 인도 아래 있는 목자들로서 주님을 대신하여 섬기며, 사역의 질과 신실함에 대해 점검하게 될 것이다. 상당한 책임감을 지닌 것이다! 리더들은 회중들의 궁극적인 머리가 될 수 없다. 교회의 머리는 오직 예수님이시다.

중요한 사실은 권력의 균형이나 리더십의 점검을 위한 다수의 당회나 그룹들의 존재는 신약 성경에서 결코 찾을 수 없다는 것이다. 잠시 후에 보겠지만, 회중 자신들은 자체적으로 리더십의 결정사안들을 기각시킬 능력을 가지고 있다. 그러나 상위 리더십의 그룹을 견제하고 권력을 안배하는 일은 성경적이지도 않고 정당화되지도 않는다.

　미국 정부 조직의 이면에 내재하는 또 하나의 현실은 권력과 책임을 지닌 이들에 대한 뿌리 깊은 불신이다. 이 불신의 문화가 국민 정서에 흐르고 있다. 최근에 위스콘신 주의 메디슨에 위치한 이천 명 규모의 교회를 자문을 한 적이 있었다. 그들은 교회 규범을 바꾸고 있는 중이었다. 그 교회 안에 팽배한 문화에 담임 목회자가 자신의 관점을 피력했다. "이 지역(메디슨) 공동체에는 권위자에 대한 많은 불신의 감정이 있습니다. 이 곳 주민들은 자신들이 모두 의사결정에 참여하고 싶어 합니다. 리더들을 믿지 못하기 때문이지요."

　불행하게도 우리의 교회 안에서도 그러한 태도를 종종 감지하게 된다. 그러나 교회는 지역 의회가 아니다. 교회의 건전한 리더들은 신뢰할 만하고 추종되어야 한다. 히브리서의 저자는 "너희를 인도하는 자들에게 순종하고 복종하라. 그들은 너희 영혼을 위하여 경성하기를 자신들이 청산할 자인 것 같이 하느니라. 그들로 하여금 즐거움으로 이것을 하게 하고 근심으로 하게 하지 말라. 그렇지 않으면 너희에게 유익이 없느니라."(히 13:17)라고 말한다. 신약 성경은 명백하게 선임 리더들에게 권위와 책임의 특권을 부여하고 있으며, 그들의 특권은 궁극적으로 하나님 앞에서 책임져야 할 막중한 것임을 또한 말씀하고 있다.

　아이러니하게도 교회 권력 구조의 점검과 균형을 시도하는 체제들은 불신만 더 증가시키고 만다. 점검과 균형은 우리가 서로를 견제하고 제한해야 한다는 의미를 내재하고 있기 때문이다. 권력을 다른 그룹들에 할당하는 것은 오해를 불러일으키기 십상이다. 최악의 경우에는 노골적인 갈등이 뒤따를 수도 있다. 이러한 조직 아래에서는 단지 결정 사안만 개찰구를 통과해야 하는 것이 아니라, 불신의 눈이 가득한 개찰구 직원과도 협상해야 하는 난관이 따르게 된다!

교회에도 사람들 간에 신뢰 회복의 르네상스 운동이 필요한 시점이다. 사역자들과 당회 간에, 당회와 회중들 간에, 그리고 회중들과 사역자들 간에 신뢰 회복이 있어야 한다. 서로 신뢰하는 것이 성경의 요구라는 사실을 상기시키고 가르쳐야 한다. 한 번 신뢰 관계가 깨지면, 다시 회복하기란 어려운 일이다. 상호 간의 불신은 우리 사회의 현주소를 반영하고 있는 것이지만, 우리의 신학을 반영하고 있는 것은 아니다.

내가 관리 조직의 변화를 제안할 때, 점검과 균형에 대한 질문과 더불어 사람들은 종종 회중교회주의(congregationalism)에 대해 궁금해 하기도 한다.

회중교회주의를 어떻게 추진할까?

이 책을 읽고 있는 다수의 사람들은 회중교회의 관리 구조 안에 있을 것이다(저자는 미국 내의 상황을 반영하고 있음 – 역자주). 회중교회의 근본정신은 모든 신자들이 성령의 충만함을 받고 그리스도의 몸을 이루고 있기 때문에 지역 교회의 회중들이 그리스도의 권위 아래서 최종적인 권한을 가진다고 믿는 것이다. 그 의미는 어떠한 종류의 성직 계층도 교회에게 무엇을 하라고 명령할 수 없다는 뜻이다. 또한 필요할 경우, 회중들이 리더들의 결정사안조차 기각할 수도 있음을 뜻한다. 회중교회주의는 지교회의 독립성과 모든 신자들의 만민 제사장직에 대한 신학적 이해를 그 근본 바탕으로 하여 이루어졌다.

이러한 성경적인 개념도 얼마든지 비성경적인 형태로 쉽게 변질될 수 있기 때문에 회중교회주의가 의미하지 않는 것은 또한 무엇인지를 이해하는 것도 중요하다.

첫째, 회중교회주의는 회중에 속한 모든 개인이 동등한 발언권을 가진다는 것을 의미하지 않는다. 만일 모든 개인의 목소리가 똑같이 취급된다면, 리더들의 역할은 단순히 회중들의 여론을 수집하여 어떤 방향이든 상관없이 그 다수의 의견에만 따라 교회를 인도하는 것이 될 뿐이다. 그러나 신약 성경에서는 영적 동기로 무장된 개인에게 강력한 리더십의 권한과 책임을 위임한다. 실제로 성경은 비록 다수의 회중들은 그렇게 생각하지 않겠지만(여기서 우리는 잠시 고민해야 한다), 리더십을 고귀한 위치로 보는 견해를 가진다.

신약 성경의 모델은 은사와 재능과 인격을 갖추고 예수님을 대신하여 하나님의 뜻에 일치된 방향으로 양들을 인도할 수 있는 경건한 리더들을 선출해야 한다고 말한다. 회중들이 리더들을 선출하고 지명하는 중추적인 역할을 감당하는 것이 사실이지만, 한 번 선출된 리더들은 그들을 인도할 수 있도록 신뢰와 권위를 부여받게 된다. 회중에 속한 모든 교인들이 동등한 발언권을 가진다고 주장하는 사람들은 정부가 지향해야 할 정치구조를 잘 반영하고 있는 것일지는 모르지만, 지역 교회의 정치에 대한 성경적 모델을 따르고 있는 것은 아니다.

둘째, 회중교회주의는 모든 구성원들이 모든 문제에 있어서 발언권을 가진다는 것을 의미하지는 않는다. 이런 개념을 받아들이기 가장 어려워하는 사람들은 교회가 작았던 시절에 자연스럽게 모두의 합의에 의해 의사결정을 했던 추억을 가진 사람들일 것이다. 교회가 성장하고 리더들이 의사결정에 대한 더 많은 책임을 가지게 될 때, "우리는 더 이상 회중교회가 아니야!"라는 불평의 소리를 종종 듣게 된다. 그러한 불평소리가 발생한 것에 대해서는 이해를 가지고 민감하게 다루어야 하겠지만, 그것이 절대로 옳은 견해는 아니다. 회중교회주의는 교회들의 규모에 따라 다르게 나타난다. 교회는 회중들에게 많거나 적은 결정들을 가져올 수 있고, 그에 관계없이 여전히 회중적일 수 있다. 교회가 이 사실을 이해하지 못하고 계속해서 이의를 제기하고 문제시 하게 되면, 리더들은 고통을 겪을 수밖에 없다. 그렇다면 결국 모든 회중들에게 모든 결정에 대한 승인 서명을 받아야 하는데, 최악의 통행료 개찰구를 만들어 내는 것과 같은 이치이다. 결코 합당하지 않다.

궁극적으로 회중들이 리더와 담임 목회자를 선출하거나, 내규와 법을 바꾸고, 예산을 결정하고, 부지를 매입 또는 매각하는데 발언할 권한이 남아 있으면, 그것은 여전히 회중교회적인 모습인 것이다. 그들은 언제든지 리더들의 결정을 기각하거나, 심지어 리더들을 교체할 수도 있고, 예산 허가를 보류할 수도 있기 때문이다.

나와 일했던 교회의 리더십 그룹들은 자신들이 성경적인 신뢰를 증진시키고 회중의 권위를 유지할 수 있다는 사실을 깨닫고 난 다음에야 비로소 구조를 바꾸는 것을 생각했다.

건강한 관리 구조

리더십 구조에 관한 어떠한 글이나 이에 대한 수정도 건강한 관리 구조를 정의하는 원칙에 따라야 한다. 다음의 원리들은 바른 관리와 성경적 가르침에 일치하고 있다.

단 하나의 당회만 구성하라. 교회에는 오직 한 당회 또는 한 선임 리더십 그룹만 존재해야 한다. 그리고 당회는 교회의 리더십과 방향 설정이 6차원 리더십에서 언급된 책임들과 상응하도록 만드는 권위가 있어야 한다.

우리가 이미 보았듯이 어떤 관리 구조는 복수의 당회들 또는 위원회들을 조직하여 권력이 분배되도록 하는 형태를 취하기도 한다. 예를 들어, 많은 회중교회들이 당회의 리더십과 별개로 구분된 재정 당회 또는 재정 위원회를 통해 예산과 지출을 승인하고 있다. 여러 교회들을 자문하면서 어떤 교회들은 권위 구조의 점검과 균형에 대한 열망에 한술 더해 의도적으로 담당 권력 기관의 존재 자체를 모호하게 만들기도 한다는 사실을 깨닫게 되었다. 한 회중은 행정 당회가 교회를 이끄는 기관이었으나, 담임 목회자는 집사들의 당회라고 내게 답했다. 의도적이었는지, 실수였는지는 모르지만, 어느 당회가 궁극적인 책임을 가지는지에 대해 아무도 분명히 알지 못했다. 그 의미는 그 누구도 궁극적인 책임을 질 수 없다는 뜻이다.

이러한 종류의 애매함은 교회에 상처를 준다. 아무도 결정적인 행동을 할 능력이 없고, 책임을 지려는 사람도 없기 때문이다. 어느 한 그룹이 지나치게 권력을 남용할 가능성을 예방하고자 의도한 것이라면, 그러한 애매함은 성공적이라 할 수도 있겠다. 그러나 그러한 구조는 리더들의 사역과 교회의 진보조차 막아버리게 된다.

또 하나의 비효율적이면서도 일반적인 모델은 '총괄당회(general board)' 아래 여러 위원회와 당회들로 구성된 형태를 둘 수 있다. 이 모델에서는 선출된 여러 각 조직들의 구성원들이 또 다른 상위 조직(주로 15~30명)을 구성하여 별도의 위원회들로부터 결정된 사안들을 인준한다. 총괄당회는 전반적인(general) 책임을 가지고, 평의한(general) 결과물을 배출하는 일반적인(general) 결정만 만들어 낸다. 이러한 구조의 또 다른 문제는 하위 당회의 리더들은 종종 전체 회중들을 위한 리더십을 발휘하기보다 자신들의 이해관계의 필요들만 대변하게 된다는 것이다.

만일 당신의 회중들이 하나 이상의 리더십 그룹을 선발한다면, 나는 그들 중 오직 한 그룹만 당회로 부를 것을 강력히 권한다. 그리고 다른 모든 조직들은 당회의 리더십에게 자신들의 업무에 대한 책임을 분명히 해야 한다. 회중이 나아갈 방향에 대한 궁극적인 책임은 당연히 당회가 지게 되므로, 이 부분에 대한 질문과 모호함은 사라지게 된다. 추가적으로 당회가 책임져야 할 범주 또한 명확히 해야 한다. 교회의 방향성, 영적 건강, 예산, 재정 집행 감독 등이 그것이다.

역할, 책임, 권한, 의무를 명확히 하라. 누구에게 궁극적인 권한이 있는지, 회중들이 결정해야 할 사안은 무엇인지, 위원회들은 당회와 어떻게 관계해야 하는지를 분명히 정해야 한다. 이러한 부분들이 분명하지 못할 경우, 갈등과 혼란, 좌절의 원인을 제공할 수 있다.

당회와 재정위원회 사이에서 혼란이 일어나는 경우를 생각해 보자.

누가 예산을 결정하고, 누가 지출을 통제하는가? 종종 재정위원회는 자신들이 그 권한을 가진다고 생각한다. 그러나 당회 리더십이 추구하는 교회의 방향과 재정적 결정들이 서로 분리될 수는 없는 일이다. 이는 전통적인 교회 구조 안에서 자주 발생하는 갈등의 요인이기도 하다.

또 다른 취약 부분은 사역자들에 대한 책임의 영역이다. 좋은 관리 구조에서는 오직 한 사람만이 당회에 보고를 할 수 있고, 당회 또한 그 한 사람에게만 책임을 진다. 곧 담임 목회자이다. 그리고 다른 모든 사역자들은 담임 목회자에게만 보고한다(대형 교회에서는 사역자가 자신이 속한 부서의 담당 교역자에게 보고하고, 담당 교역자는 또 다른 선임 교역자에게 보고하도록 되어 있다). 사역자들이 당회와 담임 목회자 모두에게 책임을 지도록 되어 있는 구조는 다소 결함이 있는 구조라고 볼 수도 있다. 이러한 구조는 경영의 기본 원리를 침해하기 때문이다. 어느 직원(employee)도 한 명 이상의 고용주(boss)가 있어서는 안 된다는 원리이다. 사역자들은 당회가 원하는 것과 담임 목사가 원하는 것 사이에서 분별하지 못하고 갈등하게 될 수 있다. 누구에게 귀를 기울일 것인가?

위원회를 통해 사람을 관리하는 것도 비효율적이다. 이는 실질적으로 사역자들이 보고할 대상은 담임 목사이기 때문에 담임 목사가 사역자를 고용하는 데 주도적 역할을 해야 함을 의미한다. 담임 목사는 사역자들이 자신들의 사역에 대해 책임을 지도록 권위를 세워 주어야 한다. 그리고 담임 목사는 사역자들의 고용 관계를 종료할 수 있는 권한도 주어져야 한다. 너무도 자주 담임 목사는 사역자들의 사역에 책임을 져야 하면서도 그들을 고용하거나 해고할 권한이 주어지지 않는다. 그러면 담임 목사는 곤경에 처할 수밖에 없다. 현명한 당회는 담임 목사에게 조언을 하지만, 사역자들의 문제를 가지고 책임을 묻지는 않는다.

구조가 사명을 섬겨야 함에 동의하라. 관리 구조는 하나의 기능을 가진다. 회중들이 교회의 사명을 성취하도록 돕는 것이다. 규범들은 사명을 뒷받침하기 위해 존재하는 것이지 그 반대가 되어서는 안 된다. 모든 리더십 구조 또한 성경적이고 효과적인 리더십을 강화하기 위함이므로, 그렇게 하지 못하는 구조는 수정되어야 한다. 현재 교회들이 허용하고 있는 종류의 리더십 구조대로 실행하는 사업장은 모두 심각한 위기를 초래하거나 부도를 당하게 될 것이다. 교회의 사명은 그 어느 회사의 사업보다도 더 중요하다. 그리고 우리의 사역의 결과는 영원히 남는다. 필요할 경우에는 교회의 관리 구조를 바꿀 수도 있다는 사실을 회중들에게 분명히 설명하여 사명을 잘 감당할 수 있도록 해야 한다.

가능한 한 단순하고 간단하게 규범을 정립하라. 규범들은 관리 구조를 명시하는데 충분히 명확해야 하고, 책임을 분명히 해야 하며, 교회의 모든 일이 합법적으로 유지되도록 해야 한다. 또한 교회 구조적 틀 안에서 충분히 융통성 있게 일할 수 있도록 간단해야 한다. 예를 들면, 많은 교회의 규범들이 부수적인 위원회들을 명시하고 있다. 그러나 이 위원회들의 필요가 몇 년 안에 사라지는 경우가 대부분이다. 구체적으로 명시하기보다는 당회 리더십이 필요에 따라 사역 팀들을 구성하고 종료시킬 수 있다는 언급만 단순히 하는 것이 좋다. 만일 회중교회라면, 회중들이 반드시 결정해야 하는 사안들을 명시하라. 그리고 나머지 사안들은 사역자 또는 당회의 리더십 재량에 맡기도록 하라. 리더로서 회중들의 승인이나 제안을 받기 위해 언제든지 그들에게 새로운 사안을 제시할 수도 있겠지만, 이에 대한 규범은 최대한 간단히 만들어야 한다.

많은 사람들이 규범을 마치 무오한 것처럼 여긴다는 사실을 명심하라. 때로는 성경처럼 신성하게 여기기도 한다. 너무 취약하거나, 또는 너무 구체적으로 규범을 만들어서 당신이 곤경에 처하는 상황에 빠질 수도 있다. 그러므로 지혜롭게 작성해야 한다. 반드시 규범에 넣어야 할 것들만 넣되, '반드시 넣어야 할 것들' 외에는 넣지 말라.

당신의 당회원들 외에 피택자 수를 최소화 하라. 이 원리는 규모가 작고, 모두가 참여하기 원했던 시절에 교회의 관리 조직을 만들었던 많은 회중들의 관행과 어긋난다. 그들은 복수의 당회나 위원회들을 만들고, 그들 모두를 투표로 선출했다. 나는 최근에 삼백 명 교인 규모에서 팔십여 명의 임직 자리를 개설한 교회를 방문한 적이 있다. 물론 그 공석 자리를 채울 충분한 인원이 결코 선발되지 못했다.

왜 당신의 당회 리더십 외에는 임직 자리를 최소화해야 하는가? 가장 근본적인 이유는 교회 규모에 따라 세월이 흐를수록 필요가 변화할 것이기 때문이다. 그러므로 당회는 교회의 필요에 따라 새로운 위원회와 사역 팀을 조직할 수 있고, 또한 필요가 사라질 경우에 그 조직을 해체할 수 있다는 점을 규범화하는 것이 좋다.

두 번째 이유는 회중들이 임직자리를 채우려고 혈안이 된 상태에서 적절한 은사와 자질을 가진 사람을 찾지 못하면 자격이 불충분한 자들이 그 자리를 채우게 되기 때문이다.

마지막으로, 회중들에 의한 공동의회에서 선거로 피택된 사람에게는 정당한 '권위'가 부여되기 때문에 피택된 임직자들이 많을수록 당회의 정책 방향과 상관없이 '자기 눈에 보기에 좋은 대로' 행하는 일들이 자주 발생하기 때문이다. 그러할 경우, 혼란과 오해, 심지어 노골적인 대립 관계가 형성될 수도 있다. 우선적으로 당회가 회중의 선거를 통해 피택되고, 이후에는 당회의 리더십에 의해 필요한 사역 팀들이 지명/조직되는 시스템이 보다 안정적이며 서로 신뢰할 수 있다.

사역을 완수하기 위해 사역 팀을 활용하라. 내가 최소한의 인원만 선출하고, 오직 한 당회만 세우라고 권할 때, 필연적으로 받게 되는 질문은 "그러면 그 많은 일들을 다 어떻게 처리합니까?"라는 것이다. 훌륭한 질문이다. 그럴 때마다 나도 문제의 또 다른 이면을 제기한다. "현재 있는 모든 위원회와 기관들이 일을 다 잘 처리하고 있습니까?" 솔직히 말해서 우리가 모여서 회의하는데 시간을 많이 보낼수록 실질적으로 세상에 영향을 미치는 시간은 더 줄어들기 때문에 사탄은 위원회들이 많이 생겨 의사결정이 느려지는 상황을 즐기고 있다고 생각한다. 좋은 관리 구조는 사람들이 더 많은 사역의 기회를 가지고 힘 있게 일하는 결과를 가져오며, 관료주의를 타파하게 된다.

사역 팀은 이러한 일에 매우 적합하다. 사역 팀이란 특정 사역에 필요한 열정과 은사를 갖춘 개인들로 구성된 그룹을 말한다. 사역 팀의 리더는 당회에 의해 지명되거나 인준을 받는다. 그리고 그 리더는 특정 사역 업무를 위한 팀을 조직한다. 청소년 사역 팀이 될 수도 있고, 미혼모들을 돕기 위한 팀이 될 수도 있다. 또는 장애우들을 섬기는 긍홀 사역 팀이 될 수도 있다. 사역 팀은 또한 당회를 도와서 특정한 업무를 진행하는 팀이 될 수도 있다. 예를 들어, 많은 교회들이 인적 자원의 영역에서 전문 사역 지식이 부족한 것이 현실이다. 그러나 인적 자원(HR: human resource) 문제는 상당히 중요할뿐더러 법적인 함의를 가지기도 한다. 당회는 인적 자원 문제와 관련한 정책과 절차를 개발하고, 당회에 조언할 전문인들로 구성된 팀을 지명할 수도 있다. 이러한 사역 팀들은 교회 규범에 명시되지 않기 때문에 필요에 따라 팀을 증원하거나 일정 기간 계약을 맺을 수도 있다. 팀의 사역자들이 선거로 선출된 것은 아니기 때문에 또한 특정 사역에 열정을 가진 사람들로 채워질 수 있게 된다.

당회는 사역팀을 위한 안내서를 발행하여 어떻게 팀이 시작되는지, 그들이 당회와 사역자들과 어떻게 관계를 맺어야 하는지, 그들에게 맡겨진 사역의 계획이 무엇인지, 도움이 될 만한 정책들은 어떤 것인지에 대해 기준을 제시해 주어야 한다. 안내서는 당회 리더십의 필요에 따라 얼마든지 수정 가능한 작업용 문서이어야 한다.

교회의 규모를 반영하는 관리 구조로 바꾸라. 한 가지 크기의 옷에 모든 사람이 맞을 수는 없다. 어떤 원리들은 교회의 규모에 상관없이 좋은 관리 조직으로 적용될 수 있다. 그러나 삼백 명 규모의 교회와 육백 명 규모의 교회는 분명히 다르다. 기억하라. 교회는 크기만 성장하는 것이 아니라 내용도 변하게 되어 있다. 효율적으로 운영되기 위해서는 일해 왔던 방법들도 달라질 것이 요구된다. 이러한 이유로 미네소타(Minnesota) 주 에덴프레리(Eden Prairie)에 위치한 우드데일교회(Wooddale Church)의 레이 앤더슨(Leith Anderson) 목사는 회중들에게 그들이 필요하든 필요하지 않든 교회의 규범을 매년마다 수정할 것이라고 말했던 것이다. 그러므로 교회의 각기 다른 단계마다 사명에 충실하고 효과적으로 일할 수 있도록 필요하다면 구조나 규범도 변경할 수 있다는 사실을 회중들에게 이해시켜야 한다.

구조의 중요성

내가 이 글을 쓰는 동안, 한 소형 경비행기가 도시 상공을 날고 있었다. 소형 경비행기는 비행기이지만 정말 느리다. 주기적으로 우리의 관리 구조를 조절하지 않는 이상, 한 때 '전투기'처럼 강하고 추진력 있던 리더십 조직도 율법주의자를 제외한 나머지 모두를 실망시키는 경비행기로 전락하고 말 것이다.

현재 당신의 관리 패러다임은 소형 경비행기인가? 전투기인가? 아니면 최소한 보잉747여객기인가?

다음의 도표 '취약한 관리 구조'에서 우리는 지금까지 이야기한 내용들의 요약을 볼 수 있다. 화살표의 방향들은 의사결정이 이루어지기 전에 어느 곳에서부터 허락, 재정지원 또는 동의를 얻어야 하는지를 가리키고 있다. 최종 결정은 다른 부서들로부터 한 차례 이상의 승인을 받아야 한다. 총괄 당회는 일반적으로 다른 여러 당회와 위원회들의 대표로 구성된다. 그렇기 때문에 종종 교회의 전반적인 상황보다는 자신들이 속한 부서의 특정 사역에 아무래도 더 많은 관심을 기울이게 된다. 최선의 경우라 해도 이 시스템은 혼돈스럽고 시간만 낭비할 뿐이다. 최악의 경우에는 비효율성과 더불어 갈등까지 초래하게 된다.

반면에, 그 다음 도표인 '건강한 관리 구조'에서는 회중, 당회, 전임 사역자, 사역 팀마다 각각의 책임이 명확히 배정되어 있다. 각 부서의 규범에 의해 존속되어 있지 않은 권한은 다음 단계의 부서로 위임된다. 이것이 곧 일의 진행 허가를 유보하는 구조가 아니라, 사역의 권한을 부여하는 구조의 모델이다. 필요에 따라 사역 팀이 증강되기도 하며, 적절한 은사와 열정을 가진 이들로 구성된다. 이러한 모델은 관리와 책임을 명확히 할 뿐만 아니라 영적 은사에 따라 성도들을 훈련하고 배치한다는 에베소서 4장의 말씀의 원리를 잘 반영하고 있다.

건강한 교회도 취약한 관리 구조의 모델로 운영될 수 있다. 또한 건강한 관리 구조를 따르면서도 건강하지 못할 수도 있다. 그러나 효과적인 사역에 걸림돌이 되는 것들을 제거하고자 한다면, 리더들이 성경에 근거한 리더십을 가지고 이끌 수 있도록 세워 주고, 최대한 많은 사람들이 의미 있는 사역에 투입되도록 하며, 마지막으로는 반드시 관리 구조의 개선을 점검해 봐야 한다.

취약한 관리 구조

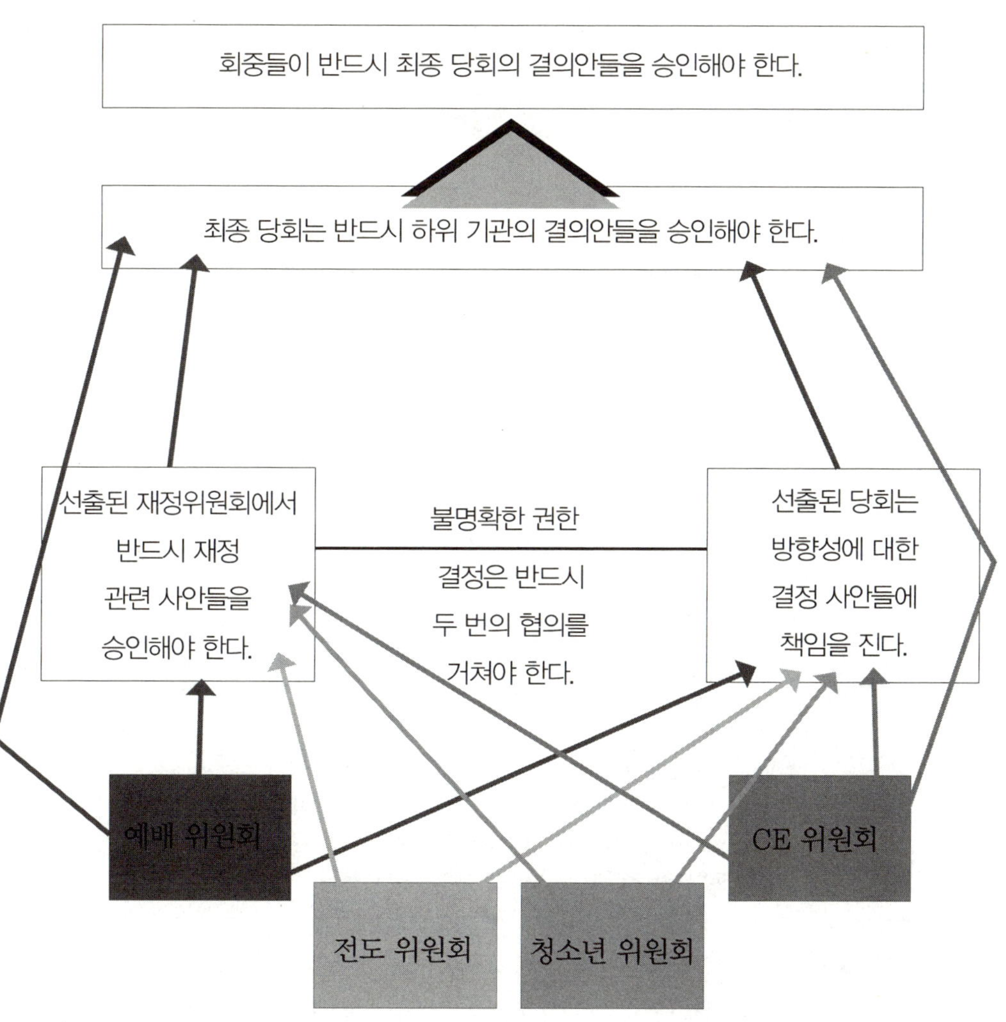

회중들이 반드시 최종 당회의 결의안들을 승인해야 한다.
최종 당회는 반드시 하위 기관의 결의안들을 승인해야 한다.
선출된 재정위원회에서 반드시 재정 관련 사안들을 승인해야 한다.
불명확한 권한 결정은 반드시 두 번의 협의를 거쳐야 한다.
선출된 당회는 방향성에 대한 결정 사안들에 책임을 진다.
예배 위원회
전도 위원회
청소년 위원회
CE 위원회

건강한 관리 구조

회중들이 당회를 교회의 리더(장로)들로서 선출하고, 예산, 토지/주택 매입 등의 승인과 담임 목회자의 청빙 그리고 교회 규범 또는 법의 수정을 제외한 다른 모든 결정권을 리더들에게 위임한다.

당회의 리더들(장로들)은 회중들의 사명, 방향, 정책에 책임을 진다. 참다운 가치와 추구하는 미래를 향해 나아가도록 하며, 새로운 사역의 개시를 공인한다.
당회는 사역자들에게 세부 사항들과 전략들을 위임한다.
담임 목회자도 당회의 리더십에 포함되어 함께 섬긴다.
당회는 6차원 리더십의 책임을 완수한다.

전임 사역자들은 일상의 업무들과 당회에서 승인된 비전을
어떻게 사역에 적용할 것인지 결정한다.
사역자들은 회중들을 그들의 은사와 열정에 기초하여 훈련하고 배치한다.

전임 사역자팀은 일상의 관리 업무들을 사역 팀에게 위임한다.
각 사역 팀들은 전임 사역자들의 지도를 받으며,
교회의 사역 철학에 준하여 자신들이 사역을 주도하도록 권한을 받는다.
사역 팀들은 당회에서 정의한 범주 내에서 운영되어진다.

사역 팀	사역 팀	사역 팀	사역 팀	사역 팀

 **핵심질문**

위의 도표와 비슷한 방식으로, 당신 교회의 관리 구조를 칠판에 그려 보십시오.

* 우리 교회의 현 구조는 효과적인 사역에 도움이 되고 있습니까? 아니면 방해가 되

  고 있습니까?

* 우리 교회의 현 구조와 위의 건강한 관리 구조를 비교해 보십시오.

* 리더들에게 힘을 실어 주고, 사역을 성취하도록 하려면 어떤 구조적 변화를 주어야

  하겠습니까?

 **마무리하기: 건강한 관리 구조의 원리**

  * 오직 하나의 당회

  * 역할, 책임, 권한, 의무 관계의 명료성

  * 사명이 구조를 섬기는 것이 아니라 구조가 사명을 섬긴다.

  * 간단명료한 규범들

  * 당회 리더십 외에 최소한의 선출된 임직자들

  * 사역 업무를 감당하기 위한 사역 팀들

  * 교회의 규모를 반영한 관리

우리는
종종 왜 그토록 변화에 대한
저항을 받게 되는지
궁금해 한다.
그 해답은 사람에게 있다.
일반적으로 사람들은
변화 온건파가 아니라
변화 반대파에 속한다.

14장

변화의 급류 타기

이 정도 시점에 오면, 당신의 교회 안에서 다루어야 할 문제들을 깨닫게 되었을 것이다. 실제로 그 문제들을 알면서 계속 읽고 있는 중이거나, 최소한 몇 가지 문제들을 의심스럽게 떠올렸을지도 모르겠다.

이제 질문은 "변화의 과정을 통과할 수 있겠는가?"이다. 변화가 위험을 초래한다는 사실을 알면서도 덤벼들 자신이 있는가? 조직에 변화를 가져오는 일은 안정(equilibrium)을 깨뜨린다. 결과적으로 초래된 불균형은 리더들을 포함한 많은 사람들에게 위협을 준다. 반발이 생기기도 하고, 큰 목소리를 높이기도 한다.

급류 타기(whitewater rafting)를 해 본 적이 있다면, 평온한 물가에서 갑자기 속력을 낼 때의 불안정감이란 무엇인지 잘 알 것이다. 마치 강물의 수중에 자신의 운명을 모두 맡겨야 하는 것 같이 보인다. 즐기는 수준을 넘어 지나치게 빠른 속도에 휘말린다. 온 몸이 다 물에 젖는다.

레프팅 보트는 위험천만하게 오르락내리락 하고, 심장이 터질 것만 같고 간은 콩알만해진다.

위험을 좋아하는 이들은 외친다. "야호, 신난다! 덤벼라!"

위험을 싫어하는 이들은 절규한다. "내가 왜 이걸 탔지? 나 좀 빨리 내려 줘!"

바로 그때 보트 뒷자리에서 안전 요원이 주목하라고 소리치며 지시하는 소리가 들린다. 그의 지시대로만 하면 아무 문제없을 것이라고 말이다.

그가 어떻게 아는가? 그는 급류 타기의 전문가이다. 그는 강을 연구한 사람이다. 그는 안전하게 조정할 방법을 알고 있다. 그리고 다행히도 아직까지는 아무 사고도 없었다(그의 말에 따르면). 급류 타기를 출발하기 전에, 안전 요원은 그가 지시한 대로만 하면 당신도 물살을 잘 통과하게 될 것이라고 말해 주었다. 위험을 두려워하면서도 그의 말에 모든 희망을 걸게 된다.

변화는 종종 급류 타기와도 같다. 보트에 오르는 순간, 통제 불가능한 상황이 벌어진다. 몸이 흠뻑 젖게 되고, 주변을 분간하기도 어렵다. 큰 소리가 들리고(안내 요원의 소리뿐 아니라), 동료들은 보트를 강가로 내밀려고 힘을 가하고, 이제 변화 따위는 안중에도 없이 다시 상류의 잔잔한 물가로 이동하려 하기도 한다.

사실 많은 리더들이 그렇게 한다. 두려움이 그들을 다시 과거로 돌려보낸다. 고요하고 안정적이던 시절로 말이다. 그 결과 리더들은 성령을 따라 새로운 사역의 물결로 뛰어드는 모험을 놓치고 만다.

이 장은 책의 마지막 장일뿐 아니라 가장 치명적인 것일 수도 있다.

단지 두려움이 리더십이나 구조의 필연적인 변화를 이루는 것을 가로
막고 있게 하려고, 지금까지 이 책의 모든 내용을 읽었다면 말이 안 된
다. 만일 지금에서야 꺼림칙하다면, 시간을 낭비한 것이다. 이 장에서
의 나의 목표는 당신의 보트 뒷자리에서 안전한 급류 타기를 마치도록
안내하는 것이다. 만일 올바른 방법으로 올바른 변화를 추구한다면,
급류를 무사히 통과할 것이라는 확신을 심어 주면서 말이다.

변화에 대해 사람들은 어떻게 반응하는가

　실수하지 마라. 급류가 올 것이다. 우리는 종종 왜 그토록 변화에
대한 저항을 받게 되는지 궁금해 한다. 그 해답은 사람에게 있다. 일
반적으로 사람들은 변화 온건파(change-friendly)가 아니라 변화 반대파
(change-resistant)에 속한다. 에버렛 로저스(Everett M. Rogers)는 획기적
인 책 『혁신의 확산(*Diffusion of Innovations*)』에서 사람들이 혁신(변화)을
수용하거나 거부하는 이유에 대해 연구했다. 그의 책은 어떻게 해야
변화가 일어나는지, 왜 그 변화는 반발을 일으키는지, 그리고 그러한
반발이 극복되는 방법에 관한 탁월한 이해를 보여 준다.
　저자 로저스는 페루와 이집트의 마을 주민들에게 물을 끓여 마셔야
하며 수질오염에 의해 전달되는 질병을 줄이기 위해 어떻게 물을 사용
해야 하는지를 교육하는 공공 보건 사업의 노력을 다루고 있다. 어떤
주민들은 새로운 개념을 받아들였던 반면에, 다수의 주민들은 여전히
병에 자주 걸리면서도 받아들이지 않았다. 혁신을 처음 수용한 이들은

'초기 사용자(early adopters)'로서 후에 다른 이들에게도 영향을 주고 안
내하는 연합 세력이 되었다. 사람들이 자신들의 방식을 바꾸는 데에는
다소 시간이 걸리기 마련인데(early and late majority), 어떤 이들은 절대
로 바꾸지 않는다(laggards: 게으른 느림보).

그 조사는 이러한 변화의 방식이 단지 페루와 이집트의 외딴 마을
에서만 적용되는 것이 아니라, 모든 지역의 사람들이 변화에 대응하는
모습을 반영하고 있음을 밝혔다.

로저스는 일반인 인구 비율을 다음과 같이 제시했다.

* 2.5% – 혁신가(innovators)
* 13.5% – 초기 사용자(early adaptors)
* 34% – 빠른 대다수(early majority)
* 34% – 느린 대다수(late majority)
* 16% – 게으른 느림보(laggards)[16]

혁신가들은 어떠한 일을 하는데 있어서 새로운 방법을 꿈꾸는 사람
들이다. 초기 사용자들은 재빨리 반응하고, 좋은 것으로 여겨지는 것들
을 수용한다. 빠른 대다수는 혁신된 내용을 의도적으로 면밀히 생각해
보고, 고려한 후에 수용한다. 느린 대다수는 혁신에 대해 냉소적이면서
도 그 유익들을 보고난 후에야 수용하게 된다. 게으른 느림보들은 결코
반응하지 않는 전통주의자들이며, 혁신을 나쁜 것으로까지 여긴다.

단지 16%만이 '변화 온건파(change-friendly)'로 지칭될 수 있다

---

16) Everett M. Rogers, *Diffusion of Innovations*, 5th ed. (Free Press: New York, 2003), 281.

는 사실에 주목하라(혁신가들과 초기 사용자들). 겨우 삼분의 일이 조금 넘는 사람들(빠른 대다수)만이 '신중한 변화 수용파(change-cautious but open)'이고, 나머지 50%의 사람들은 '변화 냉소파(change-skeptical)' 또는 '변화 거부파(change-averse)'라고 볼 수 있다(느린 대다수와 게으른 느림보들). 이 조사는 최선의 아이디어조차도 어느 그룹이든지 대다수의 사람으로부터 의심과 냉소 또는 부정적 시각을 접하게 되는 이유를 잘 설명하고 있다(혁신가들과 초기 사용자들은 이것을 이해할 수 없다).

현 시대의 상황에서 예를 들면, PDA(개인정보이동단말기, personal digital assistants)가 있다. 대부분의 우리들은 프랭클린 플래너(Franklin Planner: 다이어리)에 만족하고 살았던 반면, 이 세상에는 PDA가 필요하다고 생각하던 혁신가들이 있었다. 그래서 그들은 결국 스마트 폰과 같이 전화뿐 아니라 인터넷, 일정표, 이메일, 문자 등 모든 것들을 할 수 있는 새로운 기기들을 고안했다.

이러한 제품들이 시장에서 성공을 거두자마자 나와 같은 초기 사용자들은 구입해야 한다는 사실을 알았고, 아내들에게도 꼭 구입해야만 한다는 구실을 만들어 냈다("저게 있어야 보다 생산적으로 일할 수 있지 않겠어?"). 나의 부친은 빠른 대다수에 속한다. 우리는 내 사무실 근처의 한 커피숍에서 만나곤 했는데, 그는 나의 스마트 폰을 한 번 보자고 하며 이렇게 말했다. "이게 다 전부 무슨 소용 있어?". "그런데 나도 하나 필요할까?" 몇 년이 걸리긴 했지만 결국 부친은 자신과 나의 모친을 위해 두 개를 구입했다.

느린 대다수는 PDA가 이제 스마트 폰 등의 개발로 인해 막 사라지려 하기 전에 그것들을 구입할 필요성을 느낀다. 게으른 느림보들은 PDA나 스마트 폰을 절대로 구입하지 않으며 그들의 필기구에 항상 만족한다.

더 진행하기 전에, 변화에 대한 어떤 반응도 그 자체로서 좋거나 나쁜 것은 아니라는 사실을 분명히 밝힌다. 변화에 완강하게 행동하는 모습은 대부분 나쁜 태도에서 기인하는 것이 아니라(설령 어떤 이들은 그렇다 하더라도), 자신의 성향이 설정되어(hard-wired) 있는 상태로부터 나오는 것이다.

회중들의 80% 이상이 혁신가이거나 초기 사용자가 아니라는 사실은 리더들이 새로운 방향으로 사람들을 인도하려고 할 때, 겪게 되는 어려움을 잘 보여 준다. 대부분의 주요한 변화들은 급류처럼 위험한 물살을 타게 될 것이다. 최소한 초기에는 더욱 그렇다.

 **핵심질문**

당신은 어떤 변화의 범주에 속합니까?

당회 또는 사역자들은 어느 범주에 속하는지 이야기해 보십시오.

회고해 볼 때, 당신의 회중들이 변화에 반응한 모습은 어떠했습니까?

예배 유형에 변화를 준 적이 있었다면, 어떤 과정과 결과를 초래했습니까?

느림보들에 관하여

아무리 좋은 가치를 제시하며 이끌어 간다고 해도 모두가 그 변화의 흐름에 합류하지는 않는다. 느린 대다수의 범주에 속하는 이들로부터 강한 저항을 받게 될 수도 있다. 특히 변화에 게으른 느림보들에게는 더욱 그렇다. 그들은 모든 회중 안에 존재한다. 그들은 변화에 매우 부정적이다(전통적이며, 항상 그대로인 상태를 좋아한다). 캘리포니아 주(California)의 비스타(Vista)에 위치한 노스코스트교회(North Coast Church)의 목사이자 나의 친구인 래리 오스본(Larry Osborne)은 그러한 사람들을 "목소리가 큰 사람들(squeaky wheels)"이라 부른다. 느림보들은 대개 소수의 무리들이지만 리더들에게 많은 상처를 안겨 준다. 그들은 매우 크게 소리를 지르기도 하고, 결코 설득당하지도 않는다. 공동 의회에서 가장 자주, 크게, 부정적으로 이야기하는 사람들이다. 그들의 목소리가 큰 관계로 그것이 마치 다수의 의견인 것처럼 잘못 다루게 되기도 한다. 큰 목소리는 리더들에게 위협을 주기 때문에 그들을 달래느라 지나치게 많은 시간을 허비하기도 한다. 목소리가 큰 그들을 설득하기 위해 얼마나 많은 시간을 투자했든지 상관없이 당신은 성공하지 못할 것이다. 그들은 선천적으로 매우 완강한 '변화 반대파'들이기 때문이다. 그들은 언제나 소리를 낼 꼬투리들을 발견하기 때문에 괜히 그들과 시간 낭비할 필요는 없다.

아무리 시간과 에너지를 투자해도 결코 설득될 수 없는 사람들에게 허비하지 말고, 그들이 목소리를 크게 내도록 내버려 둔 채 차라리 다른 사람들을 설득하고 확신을 심어 주는 것이 더 낫다.

 **실행연습**

현명한 리더들은 목소리가 큰 사람들로 인해 흔들리거나 위협을 느끼지 않습니다. 그들을 사랑하면서도 그들의 목소리를 작게 줄이는 방법을 생각합니다. 그들은 회중의 다수를 대변하지는 않을뿐더러 자신들이 변화를 싫어한다고 해서 하나님 나라의 진행을 막을 자격도 없는 자들입니다.

 **핵심질문**

우리 회중 가운데 누가 목소리가 큰 사람들입니까?

그들을 다루는 우리의 전략은 무엇입니까?

그들의 불쾌감 때문에 리더로서 교회를 위해 추구하는 일이 타협된 적은 없었습니까?

 **실행연습**

변화의 과정에 적합한 사람들을 선택하십시오. 혁신가나 초기 사용자가 아니어도 됩니다. 당신이 잘 설명하고 이해시키면, 대부분 함께할 것입니다. 또한 느림보들을 설득하려고 애쓰지 마십시오. 그들은 결코 이해하지 못할 것입니다. 그들의 목소리가 당신의 계획을 가로막지 않도록 '적당히' 다루십시오. 당신의 주요 표적(target)은 회중의 대부분을 차지하고 있는 빠른 대다수와 느린 대다수들입니다. 변화가 교회의 사명에 유익을 준다는 확신을 가지게 되면, 그들은 대체로 당신의 의견에 동의하게 될 것입니다.

가치는 모든 것을 능가한다

리더는 이들 다양한 그룹들 가운데서(느림보들을 제외한) 변화를 불러오기 위해 어떻게 기초 작업을 해야 하는가? 여기에 주요 원칙들이 있다. 높은 가치가 낮은 가치를 정복한다. 만일 그 제안된 변화가 그들이 높이 사고 있는 가치와 일치한다는 사실을 확신한다면 대부분 그 변화를 수용하게 될 것이다. (그러나 그들이 변화의 어느 곡선에 있는지에 따라 그들 마음의 수용 여부가 결정됨을 기억해야 한다.)

예를 들면, 나는 권한을 위임하는 문화를 반영하도록 교회의 관리 구조를 바꾸는 일에 여러 회중들을 도와 왔다. 거의 예외 없이 변화에 대해 처음 소개했을 때, 느린 대다수와 게으른 느림보들은 부정적이었다. 빠른 대다수들조차도 의심스러운 기색이 역력했다. 그러나 교회가 사람들의 의문에 하나씩 답을 하기 시작하면서 회중들은 점차 관리 구조를 바꾸는 일이 도리어 더 많은 사람들을 그리스도께로 인도하는 기회가 될 수 있다는 사실을 깨닫기 시작했다. 그 사실은 신자들에게 위대한 가치로 여겨지는 것이고, 대다수가 결국 변화를 고려하거나 수용하게 되었다. 자신들의 관리 체계를 유지하는 것보다는 생명을 구원하는 일이 더 가치 있었기 때문에 가능한 일이었다.

이 책의 제2부에서 사명, 비전, 추구하는 미래를 다루는 동안, "왜 이런 것들을 걱정하지?"라고 정색했던 사람들도 있었으리라 생각된다. 여기에 그 중요한 이유가 있다. 당신의 회중들이 사명, 비전, 추구하는 미래로 뛰어들 때, 그러한 요소들이 교회가 필요한 변화를 설명하기 위한 주춧돌이 되기 때문이다. 심지어 변화 반대파 사람들도 애초부터 진정 중요한 가치를 끌어안고 한 배를 탔기 때문에 만일 그 변화들이 실제로 그러한 사명과 비전에 더 좋은 결과를 가져온다는 사실만 입증하면, 충분히 설득될 여지가 있다.

모든 성도들이 함께 모여 한 가지의 형태로 예배드리는 것을 매우 중요한 가치로 여기는 교회에 자문을 하러 간 적이 있었다. 내가 이 부분을 건드리며 리더들에게 도전하자 "그것만큼은 절대로 바꿀 수 없습니다."라는 공격적인 반응을 얻었다. 나는 예배 형식에 대한 그들의 가치가 많은 사람들에게 복음으로 다가가자는 그들의 또 다른 가치와 대립된다고 말했다. 그들이 현재 드리고 있는 예배의 형식에 편안함을 느끼지 못하는 사람들은 함께할 수 없도록 만들고 있기 때문이었다. 이 말에 그들은 주목했다. 그리스도께로 사람들을 인도하는 일이 모두 함께 예배드리는 것보다 훨씬 가치 있는 것이었다. 오늘날 이 교회는 예배의 다양한 형태를 제공하고 있으며, 지금까지도 상당한 성장을 보이고 있다.

선두 질주

급류 타기를 하기 전에 좋은 안전 요원은 모두를 앉혀 놓고, 앞으로 어떤 일들이 생길 것인지 설명한다. 이유는 간단하다. 앞에서 무엇이 기다리고 있는지 미리 알면 불안심리가 다소 내려가기 때문이다. 참가자들은 급류에 휘말리면서도 최소한 스스로 이렇게 말할 수 있다. **"안전 요원이 이렇게 될 것을 이미 말해 주었지."** 여기에 변화의 통과과정에서 직면하게 될 현실이 있다. "이렇게 될 거라고 그가 책에서 말해 줬지."라고 말하게 될 것이다.

* 당신은 반발을 사게 될 것이다. 그것은 자연스러운 일이다. 사람들이 즉각적으로 당신의 새로운 위대한 생각들을 수용하지 않더라도 염려하거나 실망하지 마라. 사람이란 원래 그러한 존재로 만들어져 있다.

* 변화를 막기 위해 군데군데마다 큰 목소리가 나기도 할 것이다. 이것 역시 자연스러운 현상이다. 그들의 목소리가 당신이 해야 할 일을 못하도록 방해하게 내버려 두지 마라. 그러나 탁월한 분별력을 가지고 그동안 신실하게 당신의 리더십을 따른 사람의 말에는 물론 예외적으로 주의를 기울여야 한다. 그리고 당신과 회중들 사이에 "연결 고리"를 가진 이들의 말에도 귀를 기울여 신중해야 한다.

* 어떤 이들은 교회를 떠날 것이라며 으름장을 놓기도 할 것이다. 이것도 충분히 예상되는 일이다. 더 계획적으로 의도를 가지고 이끌려고 할수록 더 많은 반발과 저항을 얻게 된다. 당신이 그들의 현재의 평온함을 깨뜨리기 때문이다. 교회가 방향 설정에 있어서 주요한 사안을 결정할 때, 사람들이 떠나는 것은 그리 특별한 일도 아니다. 위협에 무너지게 되면, 몇 개의 시끄러운 소리들 때문에 사명을 이루지 못하고 타협하게 되고 마는 것이다. 절대로 굴복하지 마라!

* 처음에는 당신과 동의했던 리더들도 변화를 철회하도록 다시 권할

지도 모른다. 불행한 일이기는 하지만, 이 역시 있을 수 있는 일이다. 변화는 파도 물결과도 같다. 파도 물결에 버티지 못하는 리더들은 애초부터 잘못 들어선 것일 수 있다. 진정한 리더들은 단순히 반발로 인해 자신들이 옳다고 믿는 것으로부터 물러서지 않는다.

* 변화가 클수록 더 불편하게 느껴질 수도 있다. 자연스러운 일이다. 급류 안에서 차분하게 생각하기란 어려운 일이다. 변화는 회중들 안에서 불안을 조성하고, 이로 인해 당신도 불안해질 수 있다. 안전표지 안에서의 노선을 유지하고 과정을 하나씩 밟아가라.

* 당신은 흠뻑 젖게 된다. 당연한 일이다. 보트가 흔들릴 때마다 물이 넘쳐 온다. 안정감이 흔들릴 때, 사람들은 악한 말도 내뱉고, 파도의 원인 제공자에게 욕을 하기도 한다. 긴장을 낮추는 방법으로 응대하고, 계속 유지하라.

여기의 주제를 파악했는가? "자연스러운 일이다." 빠른 속도에 휩쓸릴 때, 우리는 종종 결정한 것에 의문을 품게 된다. 물러서려는 유혹에 빠진다. 자신감이 없어지고, 망쳐버렸다는 생각을 하기도 한다. 아니다! 이 모든 것은 자연스러운 현상이다. 그러한 일들을 미리 예상하는 가운데 지혜와 인내를 가지고 불안해하지 말고 차분하게 대처하라.

 **실행연습**

변화의 급류에서 겪는 자연스러운 현상들을 구분하십시오. 현명한 리더들은 이러한

현실을 마음에 새기고 있어서 실제로 발생해도 놀라지 않습니다. 변화의 과정에 들어가기 전에 이러한 일들을 함께 이야기해 보십시오. 모두에게 편안한 요트 타기는 아니라고 미리 알려 주십시오.

 **핵심질문**

회중들을 변화의 길로 인도했을 때, 어떤 종류의 자연스러운 현상을 볼 수 있었습니까?

그러한 반응들을 보면서 리더들이나 사역자들이 건강하거나 건강하지 못한 방법으로 대응하지는 않았습니까? 예를 들며 나눠 보십시오.

건강한 변화 과정

자, 이제 무엇을 기대할지도 알았다. 건강한 변화 과정의 모습이 어떠한지 한 번 그려보도록 하겠다. 변화(change)의 절반은 도전(challenge)으로 이루어진다. 또 다른 절반은 원하는 결과를 가장 잘 얻을 수 있는 과정을 고안하는 일이다. 여기서 중요한 단어는 '과정(process)'이다. 변화에 문제가 생기는 경우는 대개 허점이 있거나 허술하게 돌아가는 진행 과정과 연관이 있다.

이 책을 다 읽은 후에 당신도 교회의 관리 조직에 변화가 필요하다고 결정할 확률이 높기 때문에 관리 조직의 변화 과정을 예로 설명하도록 하겠다. 다른 영역에서도 주요한 변화의 원리는 모두 같다고 보면 된다.

다가올 변화에 대비하여 사람들을 준비시켜라. 변화의 과정은 사람들을 준비시킴으로써 시작한다. 사람들은 놀라는 일을 좋아하지 않는다. 당회의 리더들이 변화(예를 들면 교회 규범의 수정과 같은)가 시작될 것을 알게 되면, 회중들에게도 앞으로 일어날 일과 그 이유에 대해 알려 주어야 한다. 여기서 최종 결정을 전달하는 것은 아니다. 단지 그 과정을 준비할 기초를 닦는 것이다.

정보를 수집하라. 다른 리더들도 당신과 마찬가지로 변화를 이끌어 왔다. 당신이 목사라면 동료 목회자들에게 물어보라. "지금 우리가 시도하고 있는 변화의 과정을 성공적으로 진행한 목회자는 누구인가?" 그리고 나서 그들이 올바르게 한 것과 다르게 할 수 있었던 것들을 알아보라. 그들이 피해야 할 '불필요하게 지불하는 세금(dumb tax, 정부발행 복권에 대한 익살스러운 표현)'이 무엇인지 물어보라. 변화 또는 사역달성계획이 사명을 이루는 데 어떤 도움이 되었는지 물어보라. 이러한 방식으로 배우는 내용들은 단지 소중한 통찰력만 제공해 주는 것들이 아니라, 회중들에게 신뢰를 얻을 수 있게 한다. 당신이 숙제를 잘 준비했다는 증거이기 때문이다.

사역 그룹을 지혜롭게 선택하라. 법규 수정, 교회 건축 또는 사역의 주요한 변화를 고려한다면, 회중들에게 호응을 받을 수 있는 사역자들을 모으라. 당신이 좋은 팀을 가질수록 회중들에게 인정받을 확률도 높아진다. 그들로부터 좋은 조언을 얻게 될 뿐 아니라 회중들 속에서도 긍정적인 목소리를 높여 영향력을 발휘하게 할 수도 있다. 변화에 반대하는 사람들을 의도적은 아니라도 회중의 각 기관을 대표하는 사람들로 선발하는 것은 최악의 시나리오다. 교회의 평화를 위해 의도적으로 그러한 방법을 택한 리더를 본 적이 있으나, 너무 순진한 행동이었고 좋은 결과를 얻지 못했다.

외부의 관점에서 도와줄 자문위원을 초빙하는 것도 고려할 만하다. 공동의회를 비롯한 회중들의 모임에서 외부인사가 내부 지도자를 대신하여 회중들에게 질문하고 관찰하는 것은 충돌을 피하고 서로 객관적으로 상황을 파악하는 데 도움이 된다.

교회의 가치, 사명, 추구하는 미래를 항상 함께 연결시켜라. 당신이 변화를 언급할 때마다 언제나 교회가 붙드는 가치와 사명, 그리고 추구하는 미래의 모습들과 연결시켜야 한다. 근본적으로 프로그램이나 구조적인 사항이 아니라 사명 성취에 관한 문제이다. 이러한 점을 자주 소통할수록 사람들이 더 잘 따르게 된다.

교회의 규범을 왜 바꾸려고 하는가? 한때 잘 적용되었던 관리 구조가 더 이상 현 회중의 모습과는 맞지 않기 때문이다. 회중들에게 신성한 것은 사명이지 구조가 아니다. 구조가 효과적인 사역에 방해가 되는 상황이라면, 이제는 구조가 사명을 뒷받침하고 섬길 수 있도록 전환시켜야 한다.

변화 과정 전문가인 존 코터(John Kotter)는 사람들의 주목을 끌고 변화의 필요에 대해 확신을 주기 위해서는 반드시 '위기의식(create a crisis)'[17]을 조성해야 한다고 주장한다. 회중들에게 '위기'란 '변화를 주지 않으면, 그리스도께서 명하신 사명을 감당하는 일에 지장을 초래한다.'라는 생각이다. 변화는 곧 사명에 관한 것이다.

---

17) John P. Kotter, *Leading Change* (Boston: Harvard Business School Press, 1996), 35-49.

이끌어 줄 연합세력을 선발하라. 주요 변화의 시기 때마다 공적으로나 사적으로 그 과정을 지지해 줄 연합세력이 필요하다.[18]

이 연합세력은 물론 모든 당회원들과 사역자들을 기본적으로 포함한다. (만일 당회 장로들이나 사역자들 중에 당신을 공적으로 지지하지 않는 사람이 있다면, 또 다른 문제가 된다.)

연합세력은 교회 안에서 긍정적인 영향을 끼치는 사람들로서 빠른 대다수와 느린 대다수들에게 변화의 필요성을 납득시킬 수 있는 사람들이어야 한다. 규범을 바꾸는 예를 들면, 가장 반발이 심한 사람들은 가장 오래된 교인들이다. 그들은 원 규범을 만들었던 사람일 수도 있고, 단순히 그 규범들을 편안하게 사용해 왔던 사람들일 수도 있다. 만일 그들 세대 가운데서 영향력 있는 사람이 변화의 필요를 긍정적으로 대언한다면, 그들도 더 열린 마음으로 그 과정을 지켜볼 수 있게 된다.

로비(lobby)를 하라는 것이 아니다. 단지 사람들은 사람들에 의해 영향을 받고, 모든 회중들 속에는 영향력이 강한 사람들이 있다는 사실을 염두에 두어야 한다는 말이다. 그 영향력을 가진 사람들이 당신의 사역 방향과 그 이유를 이해하게 되면, 그들이 나머지 회중들에게 설득하고 격려하는 목소리가 되기 때문이다.

만일 영향력을 가진 이들이 당신의 제안에 반대한다면, 더 이상 추진하기 전에 기초 작업을 더 해야 할 것이다. 결국 현명한 리더들은 성공을 위해 필요한 지원(support)이 마련되지 않는 일은 제안하지 않는다.

---

18) I am indebted to John P. Kotter, *Leading Change*, for this insight.

 **실행연습**

주요 변화를 제안하기 전에 당신의 최선의 노력과 능력에 따라 성사(成事)가 달렸음을 인식하십시오. 당신이 필요로 하는 연합세력의 의사를 타진함으로써 먼저 상황을 진단해 보십시오.

회중들의 의견을 반영할 수 있는 통로를 제공하라. 교인들이 질문하고 건의할 수단을 제공하는 일은 특히 고난이도(high-stakes)의 변화 과정에서는 더욱 중요하다. 지도자가 넓게 열린 마음을 품고 있다는 사실을 회중들이 인지할수록 그 변화의 과정과 결과에 회중들도 더 많은 지지를 하게 된다.

이러한 논의들에 대해 공동의회가 언제나 최선의 토론 장소가 되지는 못한다. 큰 모임일수록 사람들은 질문과 의사 교환을 꺼린다. 자신들의 견해에 부끄러움도 없는 유일한 그룹은 목소리가 큰 사람들일 뿐이다. 그러므로 큰 모임에서 이러한 토론의 자리를 가지면 목소리가 큰 자들이 모임을 주도하게 되고, 나머지들은 마치 그들의 의견이 다수의 목소리인 것으로 오해하게 되는 위험을 초래할 수 있다.

작은 규모의 모임을 주기적으로 진행하여 사람들이 편안하게 리더들과 이야기할 수 있는 분위기를 만드는 것이 좋다. 발표할 때 주눅도 적게 들고, 사적인 분위기를 조성하며 목소리가 큰 자들이 끼어들지 못하게 하고, 리더들도 성도들의 제안에 귀를 기울이게 되고, 갈등의 위험을 줄일 수 있다. 또한 회중 전체 모임의 시간을 가지게 되더라도 무제한으로 길게 토의를 진행할 필요도 없게 된다(대부분 원하지도 않는다). 이미 진행되고 있는 작은 모임들 가운데 의견을 제시할 기회들이 앞으로도 많이 있기 때문이다.

주일 오전 예배 이후에 이러한 모임이 가능하다고 제시하는 것이 좋다. 내 경험에 의하면, 사람들이 많이 오지는 않는다. 이는 교인들이 대부분의 사안에 대해서 리더를 신뢰하고 있다는 증거이기도 하다.

작은 모임들 가운데서 리더는 최종 결정된 사안이 아니라 반드시 어느 정도의 윤곽만 제시해야 한다. 그래야만 회중들도 자신들이 최종 결정에 영향을 줄 수 있다고 느끼기 때문이다. 리더는 또한 다른 대안을 제시하는 사람에게도 대립적인 자세를 취해서는 안 된다. 토의가 사명이라는 주제에 연결되도록 하고, 사람들의 의견에 고마움을 표하라. 그렇다고 해서 그들의 관점에 모두 동의할 필요는 없다. 서로가 위협적이지 않은 분위기 속에서 서로에게 귀를 기울이고 의견을 나누고자 함에 감사할 수 있는 기회가 되는 것이다.

그 모임들을 통해 그리 대단해보이지 않는 결과를 얻었다고 할지라도, 리더는 자부심을 가져야 한다. 이미 회중들에게 리더가 열린 마음으로 그들의 제안에 귀를 기울이고 있다는 메시지를 전달한 것이기 때문이다. 이러한 모임의 기회는 리더들에게 교회 안에서 부정적인 영향으로 돌 수 있는 쟁점들에 관해서도 깨어 있도록 도움을 준다. 이러한 역동적인 이해를 통해 리더들은 자신의 제안을 보완할 수도 있고 회중의 관심사항에 관해 설명할 준비를 하게 된다.

성공의 가능성이 높은 최종안을 제시하라. 회중들과의 이러한 대화를 통해 사역 계획에 수정 보안할 점들을 발견하게 될 것이다. 여기서 신중하게 선택해야 한다. 만일 회중의 80%를 원하는 방향으로 인도하고 나머지 20%에게는 어찌할 수 없다 하더라도, 아무 지지를 얻지 못하는 것보다는 훨씬 바람직한 일이다. 후에 해결될 수도 있고, 그리 중요하지도 않은 문제로 인해 리더십의 주도권을 희생시켜서는 안 된다.

내가 당회장으로 있던 때에 교회의 규범을 상당량 수정한 적이 있었다. 가장 큰 저항을 받은 주제는 사업계획을 위한 회의 때 의사결정에 유효한 회원의 정족수(定足數)를 50%에서 25%로 줄이자는 제안이었다. 이것이 난제(sticking point)라는 사실을 알고서는 그 제안을 철회하고, 다른 제안에서는 대부분 만장일치를 이루어 냈다. 원하던 바의 95%는 성취했던 것이다. 언제든 다시 추가적인 개선을 제안할 수 있다는 사실을 명심하라.

회중들과 충분히 소통하라. 변화의 과정 속에서 리더가 겪을 수 있는 가장 큰 실패는 회중들과의 정확한 의사소통의 부재일 것이다. 이는 대개 의도적이지는 않다. 리더들은 어떤 일이 일어나고 있는지를 알고 있으며, 다른 이들도 그럴 것이라고 단정하기 쉽다. 또한 리더들이 회중과 한 번 의사소통하고 나면, 마치 모든 의무를 다한 것으로 여겨지기도 쉽다. 반드시 여러 차례에 걸쳐서 같은 주제를 설명해야 한다는 점을 간과한 것이다. 정확한 의사소통이 없는 리더는 냉담하고, 거만하며, 신뢰할 수 없고 권력에만 굶주린 사람으로 회중들에게 비쳐질 수도 있다.

변화에 대한 신뢰는 사명 강조하기, 의사소통 잘 하기, 경청하기라는 세 가지 간단한 훈련에 의해 얻어질 수 있다. 첫째, 회중들과 이야기할 때마다 모든 것을 사명과 연관 지으라. 만일 변화가 사명에 관계된 것이라면, 그것은 더 이상 리더나 사역자들의 계획이 아니라 하나님의 뜻인 것이다. 대부분의 사람들에게 이는 큰 차이를 가져온다. 둘째, 진행되고 있는 일, 당회가 고민하는 문제와 그 이유들에 대해 꾸준히 의사소통해야 한다. 다시 이러한 것들을 사명에 비추어라. 셋째, 정기적으로 사람들의 의견을 듣고 리더들과 소통할 수 있는 편안한 자리를 마련해야 한다. 적은 인원이 온다고 하더라도 이를 통해 신뢰를 형성하게 된다.

당회와 사역자들에게 충분히 의사소통했는지 물어보면, 대부분 "물론이지요."라고 대답한다. 그러나 회중들에게 당회와 사역자들이 충분히 의사소통을 했는지 물어보면, "아니요."라고 대답한다. 공정한 판단이 아니라 할지라도 현실은 그렇다.

변화로 인한 불안과 갈등을 줄일 수 있도록 최선을 다하라. 살펴본 바와 같이 변화에 대한 불안은 종종 최악의 사태를 초래하기도 한다. 가족들 간의 결혼이나 장례가 그런 경우이다. 가족 조직 안에서 불안의 요소가 존재할 때(회중은 가족과도 같다.), 가장의 중요한 역할 중 한 가지는 최대한 그 불안의 요소를 줄이는 것이다.

불안감은 회중들에게만 발생하지 않는다. 리더들은 자신들이 만든 제안(proposal)에 상당한 투자를 감행했기 때문에 사람들이 반대하거나 심지어 공격할 경우, 방어적인 태도를 취하는 것은 자연스러운 현상이다. 목회자의 한 사람으로서 우리 목회자들은 자기 방어적인 성향이 강하다는 것을 깨달았다. 사실 이미 우리는 성도들을 위해 우리의 삶을 드린 자들이다. 우리는 그들의 가장 주된 관심사를 마음에 품어야 한다. 우리의 자아상이 때로는 다른 사람들의 판단과 반응에 의해 포장될 때가 많다. 그렇다면 나의 조언은? 극복해라. 가장 최선의 방법은 우리 자신과 우리의 계획을 분리해야 한다. "잘 될 것도 없고, 잃을 것도 없다."라는 식의 태도를 가지고, 우리를 공격하든, 부정적이든 또는 지지하든 상관없이 모두에게 친절히 대하라.

좋은 리더는 불안감을 감소시키고 갈등을 완화시킨다. 당신의 리더들 중에 그러한 은사가 있는 사람을 찾아서 크고 작은 회중들과의 만남의 자리에서 활용하도록 하라. 목자는 양들을 참고 인내하며, 심지어 함께하기에 고통스러운 이들도 모두 돌보고 먹여야 한다는 사실을 기억하라.

주요 사역 발의를 위한 기도를 등한시 하지 말라. 어떻게 하든지, 변화와 개혁의 기간 동안 회중들이 기도하도록 만들라. "우리의 씨름은 혈과 육을 상대하는 것이 아니요 통치자들과 권세들과 이 어둠의 세상 주관자들과 하늘에 있는 악의 영들을 상대함이라"(엡 6:12). 사명을 이루는 데 크게 일조를 할 수 있다는 사실을 알고 변화를 추진하려고 하면, 사탄도 그 계획을 알고 최대한 수단과 방법을 가리지 않고 방해하려고 덤벼들 것이다. 당신의 계획이 대범한 것일수록 사탄도 대범하게 대응하려 할 것이다. 분열과 부정적이고 악한 태도들을 불러올지도 모른다. 단순히 규범을 조금 바꾸려 하는 것조차도 공격의 충분한 이유가 될 수 있다. 왜? 당신이 추구하려는 변화가 당신의 사역을 보다 효율적으로 만들 것이기 때문이다. 사탄은 그러한 상황을 원치 않는다.

변화의 과정에서 사명에 초점을 맞추는 것처럼 기도가 변화의 모든 과정이 되게 하라. 결국 우리의 미래는 우리가 추구하는 것들이 아니라 하나님께서 뜻하시는 바대로 이루어지는 것이다. 기도는 개인뿐 아니라 교회에게 있어서도 하나님의 뜻에 가까이 다가서는 최선의 방편이다.

여유를 가지고, 인내하며 담대히 이끌어 가라

변화는 우리의 일이 아니다. 사역의 진보도 우리의 소관이 아니다. 하나님께서 우리를 부르셔서 담대히 지도하도록 하셨을 뿐이다. 리더들은 지혜로워야 하고, 모든 과정과 사람들을 존중해야 하며, 결과를 하나님께 맡겨야 한다. 우리가 변화를 잘 이루어 낼 때, 혁신가나 초기 사용자들이 아닌 대다수의 회중들조차 긍정적으로 반응한다는 사실에 놀라게 될 것이다. 왜냐하면 그들도 우리처럼 하나님께서 영광을 받으시고 그분의 나라가 확장되는 것을 보기 원하기 때문이다.

대부분의 경우에 변화의 가장 큰 두려움은 회중들에게 있지 않고 리더들 자신에게 있다. 우리는 사람들의 반응을 두려워한다. 우리는 회중들에게 변화를 도전할 때도 약해질까 봐 두려워한다. 때로는 소수의 반대자들에 의해 의기소침해지기도 한다. 나는 여러 번 반복해서 머뭇거리는 리더들에게 그들이 옳은 일을 옳은 방법대로만 하면, 모든 것이 잘될 것이라고 격려하곤 했다. 실제 결과적으로도 그랬다.

리더로서 우리는 주님을 대신하여 그리스도의 몸된 교회를 섬긴다. 교회는 우리의 것이 아니라 주님의 것이다. 우리보다도 주님께서 더 효과적인 사역을 원하신다. 그러므로 우리가 주님의 양떼들을 푸른 초장으로 인도하고자 하는 마음을 주님께서도 기뻐하실 것이다.

그리스도의 영토를 확장하고, 그러한 계획을 추진하며, 회중들에게 힘을 인정받고, 건강한 구조 안에서 섬기는 리더십에 있는 것만큼이나 흥분되고 신나는 일은 없을 것이다. 이 책을 공부함으로 인해 당신의 당회가 그렇게 되기를 진심으로 바란다.

우리가 교회의 리더십을 발휘하는 데 있어서 현실적으로 많은 어려움과 위기에 처해 있다. 우리의 회중들의 영적 건강이 위기에 처해 있고, 지역 공동체와 세상에 대한 그들의 영향력도 위기에 처해 있으며, 새로운 신자들의 수도 위기에 처해 있고, 심지어는 교회의 하나 됨도 위기에 처한 상황이다. 이 모든 것들은 경건한 리더들의 영적 건강과 권한 위임에 달려 있다.

나는 당신이 하나님께서 원하시는 리더로의 부르심을 심각하게 고민하며, 그분이 원하시는 방법으로 이끌고, 사역의 열매도 그분께 온전히 신뢰하기를 기도한다. 그렇게 할 때, 당신의 사역이 깊은 만족과 기쁨을 가져다 줄 것이다.

핵심질문

우리가 회중들과 함께 반드시 도전해야 하는 변화나 사역의 방향이 있습니까?

우리의 두려움으로 인해 기회를 놓친 것들은 없습니까?

회중들에게 실질적인 변화를 소개할 때 어떤 두려움이 수면 위로 떠오릅니까?

마무리하기: 건강한 변화 과정

* 다가올 변화에 대비하여 사람들을 미리 준비시키라.

* 정보를 수집하라.

* 사역그룹을 지혜롭게 선택하라.

* 변화의 과정을 항상 가치와 사명에 연결시켜라.

* 연합 세력을 선발하라.

* 회중들이 의견을 반영할 수 있는 통로를 제공하라.

* 경청 후에 성공의 가능성이 높은 최종안을 제시하라.

* 회중들과 충분히 소통하라.

* 변화로 인한 불안과 갈등을 줄이도록 최선을 다하라.

* 주요 사역 발의를 위한 기도를 등한히 하지 말라.

* 여유를 가지고 인내하며 담대히 이끌어 가라.

후기

사실 나는 혁신가(innovator)이기보다는 초기 사용자에 가까운 편이다. 그래서 내가 당신과 지금까지 나눈 내용들은 많은 실수를 통해, 여러 모양의 리더십 경험을 통해, 상담과 자문을 통해, 다른 사람들을 관찰하고 그들로부터 얻은 교훈을 통해, 힘들게 배운 것들이다.

이 책을 읽는 동안, "아하!" 하는 순간이 있었기를 바란다. 아마도 "이게 무슨 말이지?" 또는 "동의할 수 없는데?"라고 말하는 순간들도 있었을 것이다. 어쩌면 이 책의 향후 개정판에 도움이 될 통찰력을 제시할 수 있을지도 모르겠다.

나누고 싶은 것이 무엇이든지 간에, 나는 들어보고 싶다. 어떠한 의견이나 비평, 어떤 제안이라도 좋으니 언제든지 나의 이메일 tj@AddingtonConsulting.com으로 연락해주기를 바란다. 서로 배우게 되기를 바라며.

T. J. 애딩턴